Knaur

Von Andreas Kasprzak ist außerdem erschienen:

Hinter den Kulissen von Akte X (Band 77356)

Über den Autor:

Andreas Kasprzak, Jahrgang 1972, ist Autor, Übersetzer und freier Journalist. Neben mehreren Sachbüchern, die sich unter anderem mit der Geschichte des Horrorfilms, den Stephen-King-Verfilmungen und Mystery-TV-Serien befassen, ist unlängst auch sein erster Roman erschienen. Zusammen mit seiner Frau lebt Kasprzak in einem Dorf nahe der deutsch-dänischen Grenze.

Andreas Kasprzak

Die wahren Fälle von MILLENNIUM

Knaur

Die Bilder auf den Farbseiten 3 und 8 stammen aus dem Privatarchiv des Autors; alle anderen Bilder: Inter News, München

Originalausgabe Oktober 1998

Umschlaggestaltung: Agentur Zero, München
Umschlagabbildung: Bavaria Bildagentur, Gauting
Satz: Ventura Publisher im Verlag
Druck und Bindung: Clausen & Bosse, Leck
Printed in Germany
ISBN 3-426-77364-3

2 4 5 3 1

Für Joachim Körber.
Besser spät als nie.

»Und wenn du lange in einen Abgrund blickst,
blickt der Abgrund auch in dich hinein.«

Friedrich Nietzsche
Jenseits von Gut und Böse

Die deutschen Titel der 2. Staffel standen zum Redaktionsschluß noch nicht fest. Gerne stellen wir sie Ihnen nach Bekanntgabe zur Verfügung; bitte schreiben Sie mit einem frankierten, selbstadressierten Rückumschlag an

Droemer Knaur Verlag, Stichwort »Millennium«,
Rauchstraße 9–11, 81679 München

Inhalt

2. Staffel

Vorwort

Das Millennium geht zu Ende. Die Menschheit bewegt sich mit gewaltigen Schritten auf das dritte Jahrtausend nach Christi Geburt zu. Noch etwas mehr als zwölf Monate, dann wird das Jahr 2000, das man sich vor einiger Zeit höchstens als Science-fiction vorstellen mochte, schließlich Wirklichkeit werden. Allein das ist bereits ein bedeutendes Ereignis, das vor uns nur wenigen Generationen vergönnt war. Glaubt man Politik und Wissenschaft, wird das nahende Millennium in vielerlei Hinsicht ein Aufbruch in ein vollkommen neues Zeitalter sein. Doch die Jahrtausendwende wirft auch dunkle Schatten voraus, denn zahlreiche Prophezeiungen aus den verschiedensten Quellen kündigen mit dem Millennium den Untergang der Welt an, wie wir sie kennen.

Schon der bemerkenswert »treffsichere« Seher Michel de Nostredame, besser bekannt unter dem Namen Nostradamus, legte 1555 in seinen über 900 rätselhaften, in den *Centurien* festgehaltenen Versen ein apokalyptisches Ereignis auf den »siebten Monat des Jahres 1999« fest; dann soll der »große König des Schreckens vom Himmel herabsteigen«, um den »Herrscher der Mongolen ins Leben zurückzurufen, vor und nach Mars mit großem Glück regierend«. Der Bestsellerautor Charles Berlitz gibt in einem seiner Bücher ebenfalls den Juli 1999 als Datum für den Weltuntergang an und offeriert eine ganze Palette von Möglichkeiten, wie die Menschheit zugrunde gehen könnte – von selbstverursachter Zerstörung durch Atombomben über eine Polverschiebung samt damit einhergehender neuer Eiszeit bis zur Kollision mit einem riesigen Meteoriten –, in der Hoffnung, daß zumindest eine seiner Theorien doch bitte zutreffen möge, um sein Honorar zu rechtfertigen.

Aber auch wissenschaftlichere Quellen gehen davon aus, daß die Erde zum Millennium – genauer gesagt, am 5. Mai 2000 – von einer verheerenden Katastrophe heimgesucht wird. Der bekannte Geophysiker Dr. Tomascheck ist der Ansicht, daß es sich dabei vermutlich um ein gewaltiges Erdbeben handeln wird, das in Zusammenhang mit einer extrem seltenen Planetenkonjunktion stehen soll, da an diesem Tag zum ersten Mal seit sechstausend Jahren die sieben inneren Planeten dieses Sonnensystems, darunter Uranus, Jupiter und Saturn, sozusagen in einer Reihe stehen; angeblich gab es beim letzten Mal, als dies der Fall war, eine biblische Sintflut. Mit seiner Meinung steht Dr. Tomascheck nicht alleine da. Auch andere Wissenschaftler glauben, daß am 5. Mai 2000, verursacht durch die Planetenkonstellation, eine Kumulation von Erdbeben, Vulkanausbrüchen und anderen geothermischen Aktivitäten die Oberfläche der Erde gravierend umgestalten wird, indem sie die Lage der magnetischen Erdpole verändert. Da selbst der Bibel zufolge das Millennium den Endpunkt des tausendjährigen Reiches Jesu Christi ankündigt, scheint es nicht weiter verwunderlich, daß Menschen überall auf der Welt diesem historischen Datum mit, gelinde gesagt, einer gewissen Unruhe entgegensehen. Selbstverständlich wissen wir alle rein verstandesmäßig (oder *hoffen* zu wissen), daß die gute alte Mutter Erde zu diesem Zeitpunkt nicht einfach von einem Tag zum anderen aufhört zu existieren, weder aufgrund von Erdbeben noch durch Vulkanausbrüche oder eine Invasion von kleinen grünen Männchen vom Mars, die schon lange scharf auf unsere Heimat sind (auch so eine Theorie). Doch selbst als rationaler Mensch kann man nicht umhin, sich Gedanken darüber zu machen, was das dritte Jahrtausend bringen wird, welche neuen Probleme und Ängste auf uns zukommen. Wird das Sterben unserer Natur weitergehen? Werden weiterhin Kinder in der dritten Welt verhungern, während irgendwelche Präsidentensöhne aus Äquatorial-Guinea drei Monate im Jahr in St. Tropez damit verbringen, ihr halbes Dutzend Nobelkarossen spazierenzufahren? Werden sich noch mehr psychisch kranke Serienkiller und Massenmörder aufmachen, um ihre Triebe auszuleben? Schlägt man in diesen Tagen die Zeitung auf, kann man sich des Eindrucks nicht ganz erwehren, daß die Angst davor nicht völlig unbegründet ist. Kaum eine Woche vergeht, in der nicht irgendwo auf der Welt jemand zur Waffe greift – egal, ob nun fünfzehn oder sechzig Jahre alt – und ein Massaker anrichtet. Glaubt man den Statistiken, nimmt die Zahl der Gewaltverbrechen beständig zu, und vor allem die jüngste Vergangenheit hat gezeigt, daß immer mehr junge Leute, praktisch noch Kinder, bereit sind, andere Menschen zu töten, ohne daß es dafür einen ersichtlichen Grund gibt.

Gleichzeitig werden die Medien immer brutaler, ohne mit der Gewalt in angemessener Form umzugehen; Serien wie *The A-Team* (dt. *Das A-Team*), in denen die Verfolger von Hannibal Smith & Co. auch nach mehrfachem Überschlag noch unverletzt aus ihrem Jeep krabbeln, oder Filme wie *Scream* von Wes Craven, die Mord geradezu zelebrieren, sorgen dafür, daß man den dahinterstehenden Ernst – die Realität – mehr und mehr aus den Augen verliert. Man zahlt vierzehn Mark dafür, sich im Kino einen mit Millionenaufwand inszenierten Schiffsuntergang anzusehen, bei dem über tausend Menschen in den eisigen Fluten des Ozeans den Tod fanden, und redet hinterher darüber, als hätte man gerade die Sportschau gesehen. Der Tod wird zu einem rührseligen Ereignis mit hohem Unterhaltungswert, doch das Blut und die bitteren Tränen, die an jedem der Opfer kleben, sind vielen nicht einmal einen Gedanken wert.

Millennium, die neue Serie von Chris Carter, dem Schöpfer der TV-Kultshow *The X-Files* (dt. *Akte X*), ist da von anderem Kaliber. Hier wird der Tod so gezeigt, wie er ist: kalt, grausam, tragisch, blutig und immer sinnlos. Doch Carter gibt uns in dieser dunklen Welt, in der das Böse allgegenwärtig scheint und nichts und niemand sicher

ist, einen Führer an die Hand, jemanden, der uns den Weg aus der Finsternis ins hellere Licht weist: Frank Black. Mit dieser Figur, die gemeinsam mit der geheimnisvollen *Millennium*-Gruppe versucht, die Katastrophe, den Untergang, zu verhindern, hat Carter erneut sein Gespür für aktuelle, interessante Themen dokumentiert. Sein jüngstes »Baby« stellt Serienkiller und Endzeitpropheten in einen direkten Zusammenhang mit der Jahrtausendwende und spielt damit geschickt mit modernen Ängsten, gegen die trotz aller Ratio niemand von uns wirklich gefeit ist. Dies und der Umstand, daß *Millennium* mit Lance Henriksen und der bezaubernden Megan Gallagher über zwei Hauptdarsteller verfügt, die auf ihre Art ein ebenso perfektes Paar wie David Duchovny und Gillian Anderson bilden, machen die Serie zu einem Highlight der aktuellen Fernsehlandschaft.
Sicherlich mag es noch immer Zuschauer geben, die nach wie vor der Meinung sind, daß Chris Carter besser daran getan hätte, eine deutlicher an *The X-Files* angelehnte Show ins Rennen zu schicken, doch spätestens nach der bemerkenswerten zweiten Season ist klar, daß *Millennium* über ein wesentlich größeres Potential verfügt, als Skeptiker der Serie anfangs zugetraut haben. *Millennium* hat es inzwischen geschafft, sich trotz der nicht unerheblichen Startschwierigkeiten zu etablieren, und man kann wirklich gespannt darauf sein, wie sich die Serie in Zukunft weiter entwickeln wird.
Was wird das nahende *Millennium* für Frank Black bringen? Werden er und Catherine wieder zusammenfinden? Kann die *Millennium*-Gruppe den Kampf gegen das Böse gewinnen? Bis zur Antwort auf diese Fragen werden wir uns wohl oder übel noch etwas gedulden müssen. Dieses Buch, in dem die ersten beiden Seasons der Serie ausführlich vorgestellt und kommentiert werden, wird jedoch helfen, die Wartezeit bis dahin zu verkürzen. Der Autor Andreas Kasprzak, der wohl führende Phantastik-Kenner hierzulande und zudem Autor einer Reihe unheimlicher Thriller, hat dabei ebenso viel Wert auf die

Serie an sich wie auch auf die realen Hintergründe gelegt, die sich hinter den einzelnen Folgen verbergen, und mit *Die wahren Fälle von Millennium* ein Werk vorgelegt, das nicht nur kompetent und unterhaltsam über eine der besten Fernsehserien der letzten Jahre informiert, sondern auch als faszinierend-erschreckender Reiseführer in die Abgründe der menschlichen Seele gelten kann.

Walther Wiesheier*

* Walther Wiesheier ist Herausgeber des Magazins *Screem* (Verlag Phantastische Welten, Badanger 33, 91358 Kunreuth), das sich vierteljährlich in kompetenter Weise mit allen Spielarten des Horrors in Film, TV, Literatur und Comic auseinandersetzt. Er ist Mitautor von *Zelluloid-Horror*, einer Abhandlung über die Geschichte des Horrorfilms, die in Zusammenarbeit mit Andreas Kasprzak entstand, und gilt als Fachmann für Medienzensur.

Einleitung

Zwei Themenkomplexe haben Chris Carter, den Schöpfer der Kultserie *The X-Files*, die in gewisser Weise die derzeitige Mystery-Welle ausgelöst hat, schon immer ungemein fasziniert: das Böse und das Ende der Welt, und beide vereinigen sich in seiner neuen Serie *Millennium*, dem düstersten Stück Fernsehen, das jemals den Weg auf den Bildschirm gefunden hat. Dabei deutet eigentlich nichts in der Biographie des Produzenten darauf hin, woher diese Neigungen zur dunklen Seite stammen könnten, denn Chris Carter, der am 13. Oktober 1956 in Bellflower, einem beschaulichen Vorort von Los Angeles, als Sohn eines Bauarbeiters zur Welt kam, verlebte zusammen mit seinem vier Jahre jüngeren Bruder Craig eine relativ normale Kindheit. Seine Jugend war geprägt von seiner Begeisterung für Baseball und Surfen, was ihn nach seinem Abschluß an der University of California in Long Beach im Fach Journalismus im Jahr 1979 auch dazu bewog, als Reporter für das Magazin *Surfing* zu arbeiten, wo er sich schließlich zum Chefredakteur hocharbeitete und diese Position fünf Jahre lang bekleidete. In dieser Zeit lernte er auch seine Frau Dori Pierson kennen, eine Drehbuchautorin, von der unter anderem die Vorlage zu dem Streifen *Big Business* stammt, die ihn dazu ermutigte, sich ebenfalls mit dem Verfassen von Drehbüchern zu beschäftigen. Durch die Kontakte seiner Frau wurde bald der damalige Vorsitzende der Disney-Studios, Jeffrey Katzenberg, auf Carter aufmerksam. Katzenberg bot ihm einen Vertrag für die Konzeption dreier Kinofilme an und stellte ihm zudem in Aussicht, für diverse Fernsehserien arbeiten zu können, die Disney damals produzierte oder produzieren wollte. Doch das Problem war, daß die Kinoabteilung von Disney erst 1989 anläßlich der Premiere von

Liebling, ich habe die Kinder geschrumpft wieder eröffnet werden sollte, so daß Carter im Grunde genommen ein Autor ohne Wirkungsfeld war. Daher schrieb er in den folgenden Monaten statt dessen zusammen mit seinem damaligen Co-Autor Patrick Goodman die Skripts zu TV-Filmen wie *B.R.A.T. Patrol* und *Meet the Munceys*. Zudem brachte er eine Comedy-Serie mit dem Titel *The Nanny* auf den Bildschirm, wo er neben seiner Funktion als Autor auch zum ersten Mal die Rolle des Produzenten übernahm, da er erkannt hatte, daß man nur in dieser Position wirklichen Einfluß auf eine Produktion besitzt. *The Nanny* (dt. *Die Nanny*) lief hierzulande bei RTL und erzählt die Geschichte einer hochnäsigen ›höheren Tochter‹, die durch eine Reihe von Zufällen im Haus eines nicht weniger wohlhabenden Geschäftsmannes als Kindermädchen engagiert wird, was einiges an Problemen nach sich zieht. Sieht man sich *The Nanny* an, dann ist dort nichts von der Brillanz zu spüren, die Carters spätere Serien *The X-Files* und *Millennium* auszeichnet, da *The Nanny* als schnell heruntergekurbelte, wenig experimentierfreudige Standardsitcom daherkommt und eine schrecklich naive Wir-lieben-uns-alle-Bilderbuchfamilie dazu benutzt, moralinsaure Botschaften zu verbreiten. Kein Wunder, daß Carter sich heute nicht mehr zu seiner Mitwirkung an der Serie äußert.

Nichtsdestotrotz stand er jedoch bald in dem Ruf, Programme zu entwickeln, die nicht nur Jugendliche, sondern auch deren Eltern ansprachen, und sein Name begann in der Branche die Runde zu machen. Da Carter in seiner Freizeit zusammen mit einigen Leuten aus dem Film- und Fernsehgeschäft Softball spielte, lernte er einige Zeit später Brandon Tartikoff kennen, den damaligen Präsidenten von NBC Entertainment. Nachdem Tartikoff einige Drehbücher von Carter gelesen hatte, holte er ihn von Disney zum Sender NBC, für den Carter mehrere Serien entwickelte, darunter *Cameo by Night*, eine Art detektivische Abenteuerserie mit Sella Ward in der Hauptrolle, die aber über den Pilotfilm nicht hinauskam, und *Brand New Life*, eine modernisierte Fassung der alten Kultserie *The Brady Bunch.* Darüber hinaus produzierte er die kurzlebige Serie *Rags to Riches*, eine mäßige Musicalkomödie mit Joseph Bologna, und konzipierte die Science-fiction-Actionserie *Copter Cop*, die Tartikoff unbedingt realisieren wollte. Doch bevor es dazu kam, hatte er einen schweren Autounfall, der ihn für mehrere Monate ins Krankenhaus brachte, und kurz nach seiner Genesung wechselte Tartikoff schließlich von NBC zu Paramount Pictures, um dort den Vorsitz zu übernehmen; damit war das Projekt gestorben. Eigentlich hatte er vor, Carter dorthin mitnehmen, doch war dessen Vertrag mit NBC noch nicht ausgelaufen, so daß daraus nichts wurde.

Allerdings war Tartikoff nicht der einzige, der Carters Arbeit schätzte. Auch Peter Roth, der damals Präsident von Stephen J. Cannell Productions war, zeigte sich an ihm interessiert und versuchte, Carter als Autor/Produzent bei der CBS-Serie *Palace Guard* unterzubringen, die jedoch vorher bereits wieder eingestellt wurde. Als Roth aber kurz darauf von Cannell zu Twentieth Century Fox wechselte, um dort Leiter der Abteilung TV-Produktion zu werden, dachte er an Carter und nahm ihn 1992 zusammen mit einigen weiteren relativ unbekannten jungen Produzenten unter Vertrag, um für Fox Television, eine Tochtergesellschaft von Fox Broadcasting, neue Programme zu entwickeln. Als Carter zu Fox kam, erkundigte man sich bei ihm, was er gerne machen würde, und da er trotz seiner bisherigen Arbeiten auf den Gebieten von Comedy und familienorientierter Unterhaltung bereits seit Jahren mit der Idee schwanger ging, einmal eine wirklich unheimliche Serie zu machen, sprach er Peter Roth eines Tages beim Essen darauf an. Da es schon seit langem keine Serien dieser Art mehr im Fernsehen gegeben hatte, war Roth dem Gedanken gegenüber nicht abgeneigt, und sie wälzten diverse Ideen hin und her, um letztlich zu dem Schluß zu gelangen, daß der Versuch, eine zeitgemäße Version der alten Kultserie *Kolchak: The Night Stalker* (dt. *Der Nachtjäger*) mit Darren McGavin zu realisieren, von der Chris Carter als Kind immer beeindruckt gewesen war, vermutlich der richtige Weg war, um an die Sache heranzugehen. Gleichwohl wußten sie, daß es nicht einfach werden würde, ein solches Projekt durchzubekommen, da die Senderverantwortlichen aus Gründen der Risikominimierung prinzipiell eher dazu neigen, bereits erfolgreiche Konzepte zu kopieren, als kreative, neue Wege zu beschreiten. Hinzu kam, daß der noch junge Sender Fox mit einer *unheimlichen* Serie überhaupt keine Erfahrung besaß, da man sich bis dahin vor allem auf Comedies wie *Married ... with Children* (dt. *Eine schrecklich nette Familie*) und *The Simpsons* (dt. *Die Simpsons*) spezialisiert hatte.

Doch Carter ließ sich dadurch nicht entmutigen. Nach seinem Gespräch mit Roth begann er, ein Konzept für eine unheimliche Serie zu entwickeln, unter der Maßgabe, daß vermieden werden sollte, in dasselbe Loch zu fallen, das zwanzig Jahre zuvor schon *Kolchak* zum Verhängnis geworden war. Die Serie aus den Siebzigern handelt von den Abenteuern des Reporters Carl Kolchak, der in der Glitzermetropole Las Vegas immer wieder »rein zufällig« über Vampire, Werwölfe, Zombies und andere Kreaturen stolpert, was ziemlich rasch unglaubwürdig wurde und schließlich dazu führte, daß die Serie bald wieder vom Schirm verschwand. Carter suchte nach einem Weg, diesen Fehler zu umgehen und zugleich eine größere inhaltliche Bandbreite zu bieten als bei *Kolchak*, wo es immer nur um das »Monster der Woche« ging. Während er an seinem Konzept arbeitete, lief in den Kinos gerade der Thriller *The Silence of the Lambs* (dt. *Das Schweigen der Lämmer*) von Jonathan Demme nach dem grandiosen Roman von Thomas Harris in den Kinos an. Dieser oscarprämierte Kinohit brachte ihn auf die Idee, das FBI als ständige Ausgangsbasis für seine Ausflüge in die Welt des Paranormalen zu benutzen, indem er voraussetzte, daß es bei dieser Behörde eine Abteilung gab, die sich nur mit der Bearbeitung von Fällen befaßte, denen mit normalen Ermittlungsmethoden nicht beizukommen war. Carter dazu: »Ich fand, daß es interessant wäre, eine Serie über zwei FBI-Agenten zu machen, die Fälle des Übernatürlichen untersuchen, reale und fiktive. Das war ein reifes und fruchtbares Gebiet für eine TV-Serie.« Doch während *Kolchak: The Night Stalker* sich selbst nicht ganz ernst nahm, sollte seine Serie unbedingt ernst genommen werden und – vor allem – *glaubwürdig* wirken.

Aber obgleich Carter sehr zufrieden mit der Richtung war, in die sich sein Konzept entwickelte, fand er den wahren Aufhänger erst, als ihm ein befreundeter Psychiater, der als Berater bei einem TV-Zweiteiler mit dem Titel *Intruders* fungiert hatte, in dem es um die Entführung durch Außerirdische ging, einen Bericht der Roper Organization zeigte. Daraus ging hervor, daß drei Prozent aller Amerikaner glauben, daß sie tatsächlich schon einmal von Aliens gekidnappt wurden. Aus diesen Zutaten entwickelte sich schließlich die Serie *The X-Files*, und der Rest ist, wie man so schön sagt, Geschichte.

The X-Files ist seit über fünf Jahren ein Selbstläufer in über sechzig Ländern der Welt und die mit Abstand erfolgreichste Serie, die sowohl Fox Television als auch der deutsche Sender Pro 7 im Programm haben. Die Show zog eine Sintflut anderer Mystery-Serien wie *Strange Luck* (dt. *Strange Luck – Dem Zufall auf der Spur)*, *VR.5*, *Nick Knight*, *Poltergeist – The Legacy* (dt. *Poltergeist*) oder *Dark Skies* (dt. *Dark Skies – Tödliche Bedrohung*) nach sich und schaufelte Fox mehr Geld in die Kassen, als man dort jemals zu hoffen gewagt hätte. Deshalb ist es auch nicht weiter verwunderlich, daß Chris Carter mit Fox einen Vertrag aushandeln konnte, von dem andere Autoren oder Produzenten nur träumen können. Niemand mischt sich mehr in seine Arbeit ein, weil Erfolg alles ist, was im harten TV-Geschäft zählt, und als Carter dem Sender schließlich anbot, eine zweite

Serie zu kreieren, wurde nicht wie üblich gefragt, wie hoch die Kosten lägen, ob sich dafür ein Zielpublikum finden ließe, worum es gehen sollte oder wer die Hauptrollen spielen würde, sondern nur noch, wann diese neue Serie frühestens auf Sendung gehen könnte.
Und obwohl *Millennium* inhaltlich zu den interessantesten Shows der letzten Jahre gehört, ist ihre Entstehungsgeschichte vergleichsweise unspektakulär. Wenn man Carters Worten Glauben schenken darf, wurde *Millennium* lediglich deshalb geboren, weil der Produzent sich darüber ärgerte, daß er immer wieder Ideen für Geschichten hatte, die einfach nicht in den Rahmen von *The X-Files* passen wollten, Geschichten, in denen es mehr um den Schrecken in der Seele der Menschen als um eine übernatürliche Bedrohung ging. Da er außerdem schon seit langem mit dem Gedanken spielte, die Offenbarungen des Johannes aufzugreifen, in denen das Ende der Welt prophezeit wird, entwickelte er einfach eine zweite Serie, die ihm den Rahmen für all jene Stories bieten sollte, für die bei *The X-Files* kein Platz war. Carter: »In diesen Geschichten ging es vorwiegend um psychologischen Horror. Sie spielten in der realen Welt, es ging um reale Morde, um menschliche Monster. (...) Die Idee hinter *Millennium* ist die, daß wir in einer Kultur leben, in der wir nicht mehr auf Gerechtigkeit hoffen dürfen. Die Menschen haben ihr Vertrauen in das System verloren. Da liegt eine Menge Wut und Unsicherheit in der Luft. Und darüber wollte ich schreiben. Zugleich wollte ich aber auch einen wirklich strahlenden Helden schaffen, der die Last der Welt auf seine Schultern nimmt und versucht, sie für seine Frau und sein Kind zu einem sicheren Ort zu machen.«
Im Mittelpunkt von *Millennium* steht die Figur des Frank Black, eines ehemaligen FBI-Profilers, der einige der gefürchtetsten Serienkiller aller Zeiten hinter Gitter gebracht hat. Nach einem Nervenzusammenbruch quittiert er den Dienst beim FBI und kehrt zusammen mit seiner Frau Catherine und seiner kleinen Tochter Jordan in seine

Heimatstadt Seattle zurück, um fortan als Berater für eine geheimnisvolle Organisation zu arbeiten, die sich Millennium-Gruppe nennt. Die Gruppe, so erfahren wir zu Beginn, besteht aus ehemaligen Polizisten, FBI-Agenten, Richtern und anderen Ex-Mitgliedern von Strafverfolgungsbehörden, die sich mit dem Ziel zusammengeschlossen haben, ihre besonderen Fähigkeiten in den Dienst der Allgemeinheit zu stellen. Wer hinter der Gruppe steckt, warum und wann sie gegründet wurde, wird erst in der 2. Staffel beantwortet. Von Anfang an ist allerdings klar, daß ihr Hintergrund bis zu einem gewissen Grad religiös geprägt ist, da die Mitglieder der Gruppe davon ausgehen, daß mit dem Ende des Jahrtausends immer schrecklichere Verbrechen begangen werden, die in direktem Zusammenhang mit der Angst vor dem Eintreffen der biblischen Offenbarungen des Johannes stehen, und deshalb versuchen, inmitten einer zunehmend chaotischeren Welt die Ordnung aufrechtzuerhalten und das Böse zu bekämpfen.

Ursprünglich sollte *Millennium* ausschließlich in Seattle spielen, eingebunden in die alltäglichen Geschehnisse der Stadt quasi als Mikrokosmos der gesamten Welt dienen, doch bald kam Carter zu dem Schluß, daß dies den Rahmen der Serie zu sehr eingeschränkt hätte. Carter: »Plötzlich erkannte ich, daß das Böse viele Gesichter hat und daß es da draußen viele Geschichten gibt, die man darüber erzählen kann. Außerdem kann man diese Geschichten viel interessanter machen, wenn man, wie bei *The X-Files*, die gesamten Vereinigten Staaten von Amerika, um nicht zu sagen, die ganze Welt, als Spielwiese hat.« Auch andere Dinge des Konzepts haben sich im Lauf der Planung gewandelt, einzig die Figur des Frank Black, der nach dem früheren Frontmann der Band *Pixies* benannt wurde, von denen Carter ein großer Fan ist, war bereits von Anfang an als Familienvater gedacht: »Ich wußte, daß ich nicht schon wieder eine platonische Beziehung einbauen konnte – obwohl auch die Beziehung zwischen Frank und Catherine oft überaus platonisch zu sein scheint. (...) Aber Frank brauchte etwas, das er beschützen konnte, für das er kämpfen konnte. Mulder hat nichts, das er beschützen müßte, außer vielleicht seine eigene Kraft, weiter nach der Wahrheit zu suchen.«

Da die Chefetage von Fox Television nach dem überragenden Erfolg von *The X-Files* absolutes Vertrauen zu Carter hatte, gab man ihm bei der Realisierung des Projekts völlig freie Hand, noch bevor überhaupt eine Zeile des Drehbuchs auf dem Tisch lag. Um Weihnachten 1995 tauchten dann doch erste Probleme auf, da Carter versprochen hatte, bis Anfang Januar 1996 ein komplettes Script für den Pilotfilm vorzulegen, und der Sender allmählich nervös wurde, weil Carter zu diesem Zeitpunkt nicht einmal sagen konnte, um was genau es darin eigentlich gehen sollte. Um sich vor Ort inspirieren zu lassen und einige Nachforschungen anzustellen, packte Carter am 27. Dezember seine Koffer und flog zusammen mit dem Regisseur David Nutter, der einige der besten Folgen von *The X-Files* gedreht hat und die Pilotepisode zu *Millennium* auf den Weg bringen sollte, nach Seattle. Und als hätte es dieses Anstoßes bedurft, fügten sich die einzelnen Teile des Serienkonzepts in Carters Vorstellung endlich zu einem einheitlichen Ganzen zusammen. Plötzlich war ihm klargeworden, wie er die Sache anpacken mußte, und Ende Januar konnte er den Fox-Chefs schließlich das Skript für den Pilotfilm vorlegen. Nachdem es vom Vorstand des Senders abgesegnet worden war, konnte sich Carter, wiederum unterstützt von David Nutter, daran machen, ein Produktionsteam zusammenzustellen. Carter da- zu: »Eine der schwierigsten Aufgaben bei einer Serie ist, gute Leute dazu zu bewegen, für einen zu arbeiten. Es ist eigentlich immer dasselbe, man kann nur die Augen schließen und hoffen, daß sie ihren Job so erledigen, wie man es sich vorstellt. Man kann nur schwer aus der Arbeit, die jemand zuvor geleistet hat, schließen, ob er gut in das

Team paßt oder nicht. (...) Du kannst dich wirklich glücklich schätzen, wenn du die richtigen Leute dazu bewegen kannst, an deinem Projekt mitzuarbeiten, und bei einigen hatte ich bei *Millennium* dieses Glück.« Damit verweist Carter auf die Produzenten und Drehbuchautoren Frank Spotnitz und Chip Johannessen sowie auf die später hinzugekommene Autoren Robert Moresco und Ted Mann. Mit dabei waren außerdem John Kousakis, ein Kollege von David Nutter, der die Filmaufnahmen in Vancouver beaufsichtigen sollte, der Produktionsdesigner Gary Wissner, der zuvor in David Finchers apokalyptischem Thriller *Sieben* sein Gespür für düstere Settings bewiesen hatte, der Koproduzent Ken Dennis, der *X-Files*-Stammkomponist Mark Snow und der Co-Executive Producer Ken Horton.
Nachdem das Personal hinter der Kamera schließlich vollständig war, ging Chris Carter daran, die Rollen *vor* der Kamera zu besetzen. Hatte sich die Auswahl der Hauptdarsteller bei *The X-Files* als großer Glücksfall entpuppt, ging Carter diesmal auf Nummer Sicher und engagierte einen bereits bekannten Schauspieler für die Hauptrolle: Lance Henriksen, den er von Anfang an für den Part des Frank Black im Auge hatte, da er bereits seit langem ein Bewunderer des kantigen Akteurs mit der tiefen Stimme ist und ihn im Hinterkopf hatte, als er das Skript für den Pilotfilm schrieb. Dabei war es zunächst gar nicht so einfach, an Henriksen heranzukommen, da sein Agent bei jeder Anfrage kategorisch erklärte, Mr. Henriksen sei nicht an Fernseharbeit interessiert, sondern würde nur Kinofilme machen. Aber Carter ließ sich davon nicht abschrecken, und als Henriksen im Frühjahr 1996 in Vancouver weilte, um dort den Actionthriller *Cliff Seven* zu drehen, machte der Produzent kurzerhand das Hotel ausfindig, in dem der Schauspieler wohnte, und schob eine persönliche Notiz unter seiner Zimmertür durch, in der stand, daß sie beide zusammen »große Dinge« schaffen könnten. Dennoch war Henriksen skeptisch – bis er das Drehbuch für den Pilotfilm auf den Tisch bekam und zustimmte,

sich mit Carter zu treffen, um über die Serie und Frank Black zu sprechen. Danach war Henriksen Feuer und Flamme für das Projekt und unterschrieb umgehend einen Vertrag. Auch bei der weiblichen Hauptrolle schwebte Carter von Anfang an eine bestimmte Frau vor, nämlich die Schauspielerin Megan Gallagher. Er hatte sie in der kurzlebigen Verschwörungsserie *Nowhere Man* gesehen, und als ihm zu Ohren kam, daß diese Show die erste Season nicht überleben würde, engagierte er sie für *Millennium*, ohne auch nur ein einziges Casting mit anderen Darstellerinnen abzuhalten. Die übrigen Rollen waren mit Bill Smitrovich, Brittany Tiplady und Terry O'Quinn ebenfalls rasch besetzt, so daß im März 1996 schließlich im kanadischen Vancouver, wo inzwischen fünf Staffeln von *The X-Files* produziert wurden, die Dreharbeiten zum Pilotfilm von *Millennium* beginnen konnten, die insgesamt achtzehn Tage dauerten. Danach folgte ein Monat der Nachbearbeitung, und schon im Mai wurde »The Frenchman« den Verantwortlichen von Fox Television zur Begutachtung gezeigt – allerdings nicht auf einem normalen Fernseher, sondern in einem Kino, wie der Co-Executive Producer und Präsident von Carters Produktionsfirma Ten Thirteen Productions, Ken Horton, berichtet: »Wir wollten, daß die Bosse von Fox den Pilotfilm auf die richtige Art und Weise sahen. Nicht auf einer kleinen Mattscheibe – sie sahen ihn in einem Lichtspieltheater, mit Dolby-Surround und allem Drum und Dran; es war wirklich spektakulär!« Offenbar war es das tatsächlich, denn Fox gab anschließend die erste Staffel mit einundzwanzig Episoden in Auftrag, woraufhin Carter und sein Team umgehend mit der Arbeit begannen, um *Millennium* rechtzeitig zum Serienstart Ende Oktober 1996 auf den Weg zu bringen.

Da in den Vereinigten Staaten jeden Herbst Dutzende von neuen Fernsehserien ihre Uraufführung erleben und die Macher jeder dieser Sendungen die Zuschauer bereits im Vorfeld davon zu überzeugen

versuchen, daß ihre Show das Einschalten lohnt, lief auch die Werbetrommel für *Millennium* bereits Monate vor der Premiere an. Und Fox legte sich dabei mächtig ins Zeug. Tatsächlich war die Werbekampagne für *Millennium* selbst für amerikanischc Verhältnisse gigantisch. Der Leitspruch der Serie – »Wait! Worry! Who cares?« – wurde an unzähligen Wänden, auf Bussen und an Haltestellen plakatiert. Anzeigen in sämtlichen Zeitungen wiesen auf die Serie hin, und bereits Wochen vor dem Start liefen regelmäßig Teaser im Programm von Fox Television. Eine Kino-Vorpremiere wurde simultan über das Internet in alle Welt übertragen, und im fernen Schottland veranstaltete man eine Party, bei der zahlreiche geladene Gäste in den Genuß von »The Frenchman« kamen.
Dann brach schließlich am 25. Oktober 1996 der Tag X an. Die Einschaltquoten der Pilotepisode waren mit zwölf Nielsen-Punkten bzw. knapp zwanzig Millionen Zuschauern schlichtweg sensationell und übertrafen alle Erwartungen. Doch bereits in der nächsten Woche stellte sich Ernüchterung ein, denn die erste reguläre Folge »Gehenna« hatte bereits nur noch fast halb so viele Zuschauer wie die Premiere, und die Einschaltquoten sanken immer weiter; die Meinung vieler Skeptiker, daß die Jagd nach dem »Serienkiller der Woche« auf Dauer kein tragfähiges Gerüst für eine Serie sei, schien sich zu bestätigen. Daran war zum Teil auch schuld, daß die angepeilte Zielgruppe, nämlich die Fans von *The X-Files*, *Millennium* zum Teil ausgesprochen ablehnend gegenüberstand, wofür weniger die Serie, sondern vielmehr der Sender Fox die Verantwortung trug. Die Querelen begannen damit, als Fox erklärte, *The X-Files* würde seinen angestammten Sendeplatz am Freitagabend für *Millennium* räumen und auf Sonntagabend verlegt werden, was bei vielen X-Philes großen Unmut auslöste. Zudem hatte Fox gerichtlich die Schließung etlicher »inoffizieller« *Millennium*-Fanpages im Internet erzwungen. Da viele dieser Seiten urheberrechtlich geschütztes Material ohne

Genehmigung verwendeten, ist dieser Schritt zwar rein rechtlich nachvollziehbar, doch die Art, wie Fox sich zum Big Brother aufschwang und eine Zensur über alle nicht offiziell genehmigten Informationen zur Serie verhängte, wirkte auf viele Fans abschreckend. Man konnte sich des Eindrucks nicht erwehren, daß der Erfolg dem Sender und auch Chris Carter, der damals vehement gegen die *Millennium*-Internetgemeinde zu Felde zog, so zu Kopf gestiegen war, daß sie darüber völlig vergaßen, daß *The X-Files* ohne die Aktionen der Fans im World Wide Web niemals zu dem geworden wäre, was es ist; tatsächlich wäre die Serie ohne sie nach der ersten Staffel zweifellos den Weg alles Irdischen gegangen.
Die Folge davon war, daß sich die Quoten von *Millenium* bald im Mittelfeld bewegten, und zu allem Überfluß stellte sich auch noch heraus, daß der Konkurrenzsender NBC mit *Profiler* schon Wochen vor der Premiere von *Millennium* eine vergleichbare Show auf Sendung gebracht hatte, so daß *Millennium* statt einer bahnbrechenden TV-Revolution lediglich eine Variante einer neuen Thrillergattung wurde und noch härter um die Zuschauergunst kämpfen mußte. Carter zog daraus seine Konsequenzen und engagierte sich noch stärker für seine neue Serie, um sie auf jeden Fall auf Erfolgskurs zu bringen. Dennoch hatten viele Kritiker *Millennium* zu diesem Zeitpunkt bereits abgeschrieben und erhoben den Vorwurf, die Show kultiviere die Darstellung von Gewalt »zum kleinsten gemeinsamen Nenner« und würde »ausschließlich auf Schockeffekten« beruhen. Mehr und mehr kamen auch in der Fox-Chefetage Zweifel auf, ob Chris Carters jüngstes Baby wirklich der Geniestreich war, den man nach *The X-Files* von ihm erwartet hatte. Mittlerweile jedoch hat sich *Millennium* in den USA ein treues Stammpublikum erobert, und da auch die Auslandsverkäufe eine Menge Geld in die Kassen des Senders spülen, wird im Herbst 1998/99 in den USA die dritte der insgesamt fünf geplanten Seasons auf Sendung gehen. Für diesen

Erfolg mitverantwortlich sind zum Großteil die Autoren/Produzenten Glen Morgan und James Wong, die während der 2. Staffel als Executive Producers das Steuer der Serie in Händen hatten und dafür sorgten, daß *Millennium* letztlich doch nicht zum »Serienkiller der Woche« verkam, sondern die Handlung in vollkommen neue Richtungen lenkten. Außerdem dämmten sie die Gewalt merklich ein und stellten statt dessen das mystische Element in der Vordergrund, so daß *Millennium* nach dem Kurswechsel letztlich eine düstere, interessante Welt erschafft, die die Zuschauer international in ihren Bann zieht und gute Chancen hat, die Jahrtausendwende tatsächlich auch zu erreichen, um so ihrem Namen gerecht zu werden.

Ein Interview mit Chris Carter

Obwohl man Ihnen diese Frage wahrscheinlich schon tausendmal gestellt hat, würde ich eingangs gerne wissen, wie Sie auf die Idee zu Millennium *gekommen sind.*

Chris Carter: Um ehrlich zu sein, habe ich darauf selbst keine befriedigende Antwort. Es gab da eigentlich bloß eine Reihe von Geschichten, die ich im Rahmen von *The X-Files* nicht erzählen konnte, weil sie nicht zum Grundtenor der Serie paßten. In diesen Stories ging es zumeist um psychologischen Horror. Sie spielen in der realen Welt, es ging um reale Morde, um menschliche Monster. Das wollte ich verarbeiten. Hinzu kam, daß ich der Meinung bin, daß wir in einer Kultur leben, in der wir nicht mehr auf Gerechtigkeit hoffen dürfen. Die Menschen haben ihr Vertrauen in das System verloren. Es liegt derzeit überall eine Menge Wut und Unsicherheit in der Luft, und da ich zugleich einen wirklich strahlenden Helden schaffen wollte, der die Last der Welt auf seine Schultern nimmt und versucht, sie für seine Frau und sein Kind zu einem sicheren Ort zu machen, habe ich das einfach alles zusammen in einen Topf geworfen. Aus dem Grund gibt es in *Millennium* auch diese etwas idealisierte Mann-Frau-Beziehung – weil ich zwischen ihnen keine Konflikte wollte. Ich wollte, daß sich die Konflikte um die Probleme ranken, die entstehen, wenn man sein Kind in einer Welt aufziehen will, in der es sich sicher fühlen kann. Und dann bringe ich die Schwierigkeiten, die Dunkelheit und das Böse direkt in ihr Haus, um zu sehen, was daraus wird.

Wie kamen Sie auf den Namen Frank Black?

Chris Carter: Ich bin ein großer *Pixies*-Fan, deshalb habe ich ihn nach dem früheren Frontmann der Band benannt. Mir gefielen besonders die harten Konsonanten dabei: Frank Black. Außerdem war der Mädchenname meiner Mutter Black, also ist das wie Mulder ein Teil meiner eigenen Vergangenheit. Abgesehen davon hatte ich einfach das Gefühl, daß der Name irgendwie genau richtig für die Figur war.

Anfangs wurde der Serie vorgeworfen, sie sei ausgesprochen brutal in ihrer Gewaltdarstellung. Wie sehen Sie das?

Chris Carter: Millennium ist nun einmal eine Thrillerserie, und in Thrillern werden eben hin und wieder unerfreuliche Dinge gezeigt. Obwohl wir eigentlich ja gar keine aktive Gewalt zeigen, sondern nur das *Resultat* davon. Im übrigen würde ich niemals irgendwelche Grausamkeiten auf den Schirm bringen, nur um die Zuschauer zu schockierten. Dennoch gehört Gewalt einfach zu den Geschichten dazu, die wir erzählen. Wenn Leute glauben wollen, daß es dort draußen nirgendwo Menschen gibt, die diese Sachen tun, dann können sie das meinetwegen. Aber die Wahrheit ist, man braucht nur die Zeitung aufzuschlagen und stößt dort jeden Tag auf genau diese Dinge. Ich versuche nur, irgendeinen Sinn darin zu finden, genau wie es jeder gute Geschichtenerzähler tun sollte; er versucht, einer Sache Kontext, Sinn und Hoffnung zu geben. Darum ist *Millennium* meiner Meinung nach auch eine sehr hoffnungsvolle Serie.

Hoffnungsvoll?

Chris Carter: Das Hoffnungsvolle dabei ist, daß es irgendwie gelingt, den Strom der Gewalt und der Angst einzudämmen, der wie eine immer weiter anschwellende Woge über die Welt kommt. Genau das ist es, was Frank versucht. Er will, daß seine Familie an einem sicheren Ort lebt. Es ist kein Zufall, daß er sein Haus gelb gestrichen hat. Er wollte damit die Dunkelheit wegmalen. Ich persönlich denke – auch wenn das vielleicht ziemlich grimmig sein mag –, daß *alles* den Bach runtergeht. Der Schmutz breitet sich aus. Und wir versuchen immer wieder, ihn wegzuwaschen. Wir machen sauber. Wir organisieren. Doch das Chaos regiert trotzdem. Gleichwohl gibt es eine wunderbare, physikalische Gesetzmäßigkeit auf der Erde – alles scheint irgendwie Sinn zu machen, wenn man es aus der rein biologischen Perspektive betrachtet, in der Art, wie wir atmen und all das. Und wir versuchen unser Bestes, aus dem Dschungel des Chaos Städte mit Ordnung zu meißeln, wo wir wie Menschen miteinander leben und umgehen können. Darum handelt *Millennium* im Grunde auch von einer optimistischen Einstellung gegenüber der Zukunft. Es geht um einen Helden, der in einer gefährlichen Situation die Initiative ergreift, weshalb ich finde, daß die Serie ein sehr positives Thema hat, weil sie den Unterschied zwischen Gut und Böse aufzeigt, und wie wir beides erforschen.

Glauben Sie an das Böse?

Chris Carter: Ja. Ich bin ihm selbst begegnet, habe ihm direkt ins Gesicht gesehen. Ich habe in das Gesicht des Bösen geblickt und es in seiner reinsten, primitivsten Form gesehen … Ich habe es in den Augen anderer Menschen gesehen. Ich weiß, daß das Böse existiert, und ich weiß, daß sein Anblick die Seele in ihren Grundfesten erschüttert. Da gab es einen Jungen in unserer Nachbarschaft, damals, als ich noch ein Kind war, der eines Tages von der Polizei wegen Mordes verhaftet wurde. Er war so alt wie ich, und es stellte sich heraus, daß er seine Freundin getötet hatte, und außerdem noch eine AVON-Beraterin. Ich kannte den Jungen recht gut. Wir gingen in dieselbe Klasse. An dem Tag, als die Sache publik wurde, trug ich sogar ein T-Shirt, das ihm gehörte … Das war einer von diesen Momenten, wo man sich über gewisse Dinge plötzlich vollkommen klar wird. In diesem Fall wurde mir bewußt, daß jemand weitaus mehr sein kann als der nette Helfer vom nächsten Gemüseladen. Ich glaube, daß ich durch diesen Jungen ein großes Maß an Unschuld verloren habe, weil ich erkennen mußte, daß dieser Mensch, den ich zu kennen glaubte, dazu fähig war, solche grauenhaften Verbrechen zu begehen. Und damit wurde mir auch klar, daß *jeder* so etwas tun kann. Jeder, der einen Wutanfall hat, reagiert möglicherweise auf diesen mörderischen Impuls, der sich von außen in das Bewußtsein drängt. Ich glaube, daß jeder Mensch dazu fähig ist, jemand anderen zu töten, und das macht mir angst. Überhaupt macht es mir angst, wie selbstverständlich wir mit Verbrechen dieser Art umgehen. Ich bin wirklich nicht abergläubisch, aber ich glaube, daß es eine Art kollektives Bewußtsein gibt, und wenn Dinge wie Mord oder Gewalt ganz allgemein mehr und mehr akzeptiert werden, wird das soziale Netz der Sicherheit und die Anstrengungen, die gegen diesen Wahnsinn unternommen werden, immer mehr beiseite geschoben. Es beginnt eine neue, unheilige Ordnung, die sich ausbreitet wie ein Krebsgeschwür. Auch ein Krebsgeschwür folgt einer gewissen Ordnung. Es wird vom Körper toleriert; das Immunsystem erkennt zwar, daß es da ist, aber es wird nicht bekämpft. Mit dem Bösen ist es genauso. Wir sehen, daß es existiert, doch die Gesellschaft akzeptiert es. An den Türen werden zusätzliche Schlösser angebracht, im Auto wird eine Alarmanlage eingebaut, und man beauftragt vielleicht sogar einen Wachdienst, der im Wohnviertel Streife fährt. Man versucht, sich zu schützen, aber man kämpft nicht konkret gegen den Quell dieses Übels an. Anders Frank Black. Er muß erkennen, daß die Kriminalität in Seattle genauso trügerisch und

Die Familie Black: Jordan *(Brittanny Tiplady)*, Frank *(Lance Henriksen)* und Catherine *(Megan Gallagher)*.

Jenseits der trauten Familienidylle: In *Einmal ein Star* wacht Catherine am Bett ihres verletzten Manns, um ihn vor einem verrückten Bombenleger zu schützen.

hinterhältig ist wie in jeder anderen Stadt in den USA. Und es bleibt ihm nichts anderes übrig, als sein Heim und seine Stadt, in die er seine ganze Hoffnung gesetzt hat, für seine Familie so sicher wie möglich zu machen. Er muß wieder in seinen alten Beruf zurück und am Aufbau eines Netzes der sozialen Sicherheit mitarbeiten, damit seine Frau und seine Tochter ohne Angst in den Supermarkt an der Ecke gehen können, um einzukaufen.

Man hört, daß Sie einige Probleme damit haben, daß man Skripts zu Millennium *bereits im Internet finden kann, bevor die entsprechenden Episoden überhaupt im Fernsehen gelaufen sind.*

Chris Carter: Das stimmt zwar, aber ich habe bereits einen Propagandaminister ernannt, der gefälschte Drehbücher ausgibt … Nein, im Ernst, ich bin wirklich besorgt darüber, daß diese Drehbücher im Internet aufgetaucht sind, denn Kontrolle ist hier fast nicht möglich. Ich war bei *Millennium* immer bemüht, die Skripts geheimzuhalten, also wurden sie durchnumeriert und nur denen gezeigt, die sie unbedingt sehen mußten. Manchmal hatten wir sogar einen Assistenten, der einer Person, die es fertig gelesen hatte, das Drehbuch umgehend wieder entriß. Als es an die Dreharbeiten der ersten Staffel ging, wendeten wir einen Monat lang eine ähnliche Strategie an. Dann mußten wir sie aufgeben, da die Serie schließlich eine Besetzung und Mitarbeiter benötigt, die wissen müssen, worum es geht. Trotzdem war die Pilotepisode von *Millennium* schon auf dem Schwarzmarkt vertreten, bevor wir sie überhaupt zu Ende produziert hatten. Es ist wirklich nicht einfach, unsere Arbeit vor solchen Übergriffen zu schützen.

Wie war die Produktion der ersten Millennium-*Staffel für Sie?*

Chris Carter: Das erste Jahr war wirklich mörderisch wegen der ständigen Deadlines, die wir einhalten mußten, und auch wegen des riesigen Arbeitspensums, das es zu bewältigen galt. Es gab viele Probleme, und die Serie wurde zu einem echten Abenteuer, aber bei *The X-Files* war es damals nicht viel anders. Da war zu Anfang auch nicht alles perfekt, obwohl manche Leute diesen Eindruck hatten. In beiden Serien hatten wir unsere Höhen und Tiefen, wir mußten lernen, was funktioniert und was nicht. Es gab einige Folgen in der ersten Staffel von *Millennium*, mit denen ich eigentlich nicht zufrieden bin, weil ich denke, daß sie nicht ganz dem entsprechen, was ich machen wollte, aber mit der Zeit lernt man einfach, viele verschiedene Meinungen und Stimmen mit einzubeziehen, weil ein Projekt dadurch nur gewinnen kann.

Wird Millennium *im weiteren Verlauf die Düsternis verlieren, die von verschiedenen Seiten immer wieder kritisiert wurde?*

Chris Carter: Ich denke, wir werden sie mit Charakteren bevölkern, die eine gute Portion Humor mitbringen und das Ganze ein wenig auflockern. Es gibt da eine Figur namens Giebelhouse, der uns bereits einen netten humoristischen Kontrapunkt liefert, also werden wir ihn einfach herauspicken und die Aspekte akzentuieren, die in der Serie zur Zeit gut ankommen. Aber es wird auch in Zukunft keine großen Änderungen im Konzept geben. Ich möchte gute Geschichten über mysteriöse Mordfälle erzählen, das ist alles.

Hat der Erfolg auch für Sie seinen Preis?

Chris Carter: Worauf Sie sich verlassen können. Die letzten fünf Jahre haben mich wirklich völlig ausgelaugt. Ich habe Opfer bringen müssen. Ich bin unentwegt müde, schlafe jede Nacht nur vier, fünf Stunden. Ich habe Freunde verloren. Meine Ehe ist ... nun, nicht im eigentlichen Sinne in Gefahr. Sie liegt nicht auf Eis oder so was. Es ist nur so, daß ich meine Frau kaum noch zu Gesicht bekomme. In den letzten drei Wochen waren wir vielleicht sechs Stunden zusammen, und das nur, weil ich den ganzen Tag hier in meinem Büro sitze, denn ich weiß, wenn ich mich verdrücke, geht alles den Bach runter. Und ich will nicht, daß es so kommt. Dafür habe ich einfach zu hart gearbeitet.

Sie haben in letzter Zeit verschiedentlich geäußert, daß Sie in Zukunft lieber Kinofilme als Fernsehen machen würden. Heißt das, daß Sie der Mattscheibe in absehbarer Zeit den Rücken kehren werden?

Chris Carter: Ich mache eigentlich gerne TV-Serien, weil es meiner Ansicht nach sehr befriedigend ist. Es ist ein Betätigungsfeld, auf dem man viel bewegen kann: Man kann Standpunkte verändern und die Art und Weise beeinflussen, wie die Leute denken. Jede Woche schauen sich allein in den USA fast dreißig Millionen Menschen *The X-Files* an. Dreißig Millionen! Das ist wirklich ehrfurchteinflößend, irgendwie extrem. In anderen Medien hat man nicht unbedingt die Möglichkeit, so viele Menschen auf einmal zu erreichen. Wenn dreißig Millionen Leute ins Kino gehen, dann ist das nur bei einem Tophit wie *Jurassic Park* der Fall. Fernsehen kann, wenn es den richtigen Nerv trifft, sehr aufregend sein. Deshalb kann ich mir durchaus vorstellen, weiterhin Serien zu machen, aber man braucht gute Leute dazu. Und wenn ich diese Leute nicht finde, dann interessiert mich das Fernsehen nicht mehr. Natürlich habe ich Ideen, was man noch machen könnte, und dadurch bin ich zwischen dem, was ich tun möchte, und dem, was ich wirklich davon realisieren kann, hin und her gerissen. Eine der anstrengendsten Sachen im TV-Geschäft ist wirklich die, daß du gute Leute brauchst, die mit dir arbeiten wollen und die dann auch wirklich *mit dir und für dich* arbeiten, und die sind leider Gottes schwer zu finden. Die meisten Menschen wollen nicht so hart arbeiten, wie sie bei uns müssen, wollen nicht *für jemand anders* arbeiten. Es liegt wohl in der Natur der Sache, daß die meisten Autoren keine besonders guten Teamarbeiter sind – schließlich sind sie ja Autoren geworden, weil sie eigene Welten erschaffen wollen, anstatt an den Schöpfungen anderer mitzuarbeiten. Ein solches Arrangement *kann* einfach nicht perfekt funktionieren. Aber wenn ich trotzdem die richtigen Leute finde, werde ich aller Voraussicht nach weiterhin TV-Serien machen, wenn auch nicht unbedingt mehr solche wie *The X-Files* und *Millennium*, sondern wohl eher etwas vollkommen Neues.

DIE DARSTELLER

Lance Henriksen
(Frank Black)

Während sich die Biographien vieler bekannter Schauspieler ohne bemerkenswerte inhaltliche Einbußen in wenigen Sätzen wiedergeben lassen, muß man bei Lance Henriksen schon etwas weiter ausholen, da der vielseitige Akteur in den letzten zwanzig Jahren nicht nur in mehreren Dutzend Kinoproduktionen und TV-Serien aufgetreten ist, sondern zudem auf einen Lebenslauf zurückblicken kann, der abenteuerlicher als so mancher Hollywoodfilm daherkommt – und das, obwohl Henriksen sich mit Informationen über sich selbst stets sehr zurückgehalten hat.

Laut *People's Magazine* erblickte er 1943 das Licht der Welt, doch tatsächlich wurde er bereits am 5. Mai 1940 in New York City geboren. Seine Eltern kamen aus bescheidenen Verhältnissen; während seine Mutter erfolglos als Model und Tänzerin arbeitete, versuchte sich sein Vater mit kaum größerer Resonanz als Boxer und Schriftsteller, bevor er als Seemann bei der Handelsmarine anheuerte. Zwei Jahre nach der Geburt ihres Kindes ließen sich die Eltern scheiden; Lance wuchs bei seiner Großmutter auf, die allerdings von Anfang an Probleme mit seiner widerspenstigen Art hatte, da sich Henriksen, statt wie andere Kinder die Schule zu besuchen, die meiste Zeit am Hafen aufhielt. Drückte er ausnahmsweise doch mal die Schulbank, verweigerte er sich dem Unterricht. Nachdem sie sein Treiben einige Zeitlang hilflos mit angesehen hatte, steckte seine Großmutter ihn schließlich in eine Militärschule, damit er dort Zucht und Ordnung – und Lesen und Schreiben – lernte. Doch Henriksen widersetzte sich auch hier dem strengen Schulregiment und lief immer wieder davon, bis er nach einem Jahr von der Schule gewiesen wurde.

Danach kehrte er für kurze Zeit zu seiner Mutter zurück, bevor er New York schließlich endgültig den Rücken kehrte und mit kaum dreizehn Jahren begann, kreuz und quer durch die Vereinigten Staaten zu reisen. Da er wesentlich älter aussah, als er war, gelang es ihm, sich mit Gelegenheitsjobs bei Tankstellen, auf Farmen oder Obstplantagen über Wasser zu halten, bevor er mit sechzehn Jahren mit dem Gesetz in Konflikt geriet und für zwanzig Tage in einem Gefängnis in Yuma, Arizona, landete; über den Grund für die Inhaftierung schweigt Henriksen sich bis heute hartnäckig aus. Gleichwohl hatten die unerfreulichen Erlebnisse in Arizona einen heilsamen Einfluß auf den jugendlichen Streuner, denn fortan bemühte sich Henriksen, ein anständiges Leben zu führen, was jedoch gar nicht so einfach war, da er noch immer nicht lesen und schreiben konnte und jede halbwegs qualifizierte Arbeit deshalb nicht für ihn in Frage kam. Doch das Schicksal meinte es gut mit ihm. Als er sich, inzwischen im sonnigen Kalifornien gelandet, für eine Statistenrolle in einem Kinofilm mit dem damals sehr populären Schauspieler Lee Marvin bewarb, entschied man sich prompt für ihn. Obwohl er bei einer Szene lediglich im Hintergrund herumstehen mußte, kein Wort zu sagen brauchte und lediglich fünf Dollar für den Part erhielt, fand er dennoch großen Gefallen an der Filmarbeit. Fortan war es sein Traum, Schauspieler zu werden, doch er war Realist genug, um zu wissen, daß er als Analphabet kaum eine Chance hatte, in Hollywood als Akteur die Karriereleiter zu erklimmen. Darum bewarb er sich statt dessen als Stuntman für das Team der Stunt-Legende Rex Rossi und wurde vom Fleck weg engagiert, da es kaum Stuntmen für jüngere Schauspieler gab. Also lernte er, wie man reitet, stürzt, prügelt und sich hinter Postkutschen herschleifen läßt. Zwar hielt sich die Bezahlung des Jobs in Grenzen, doch es reichte, um ein ordentliches Leben zu führen. Auch heute noch macht Henriksen die meisten seiner Stunts selbst. Während seiner Zeit als Stuntman begann

Henriksen auch endlich lesen und schreiben zu lernen, selbst wenn er seinen Analphabetismus erst mit siebenundzwanzig endgültig überwunden haben soll.

Als er sich reif genug für eine Laufbahn als Schauspieler hielt, verließ er Rossis Stuntteam und kehrte nach New York zurück, um dort das renommierte Actor's Studio, *die* Schauspielschule der Vereinigten Staaten, zu besuchen. Es stellte sich jedoch heraus, daß er die Rechnung ohne den Wirt gemacht hatte, denn abgesehen davon, daß man ihn dort für zu jung hielt, waren die Kosten für die Ausbildung höher, als er geglaubt hatte, weshalb er zunächst in die Fußstapfen seines Vaters trat und als Seemann anheuerte. Für einige Zeit arbeitete er auf einem schwedischen Frachter, danach auf einem Segelschiff in der Karibik, um anschließend drei Jahre in der Navy und zwei weitere bei der Handelsmarine zu dienen. Als er schließlich nach New York City zurückkehrte, schrieb er sich im Actor's Studio ein und ließ sich nebenbei zum Töpfer und Keramiker ausbilden, um freiberuflich arbeiten zu können. Da er beim Töpfern beachtliches Talent an den Tag legte, dauerte es nicht lange, bis einige der größten New Yorker Hotels auf ihn aufmerksam wurden. Noch heute zieren viele seiner Werke die Eingangshallen und Zimmer zahlreicher Herbergen am Hudson. Da er mit seiner Töpferei genügend Geld verdiente, war es ihm möglich, sein Schauspielstudium ohne Hast zu beenden.

Nach vier Jahren schloß er seine Ausbildung ab und brauchte nicht lange zu warten, bis ihm aufgrund seines markanten Äußeren erste Rollen am Theater angeboten wurden. Nachdem er in New York, Boston und San Francisco in kleineren Rollen in so unterschiedlichen Stücken wie *Moses and Aaron*, *The Brig*, *Hello Out There*, *Antigone* und *Three Plays of the Sea* zu sehen war, stand er 1972 mit immerhin bereits zweiunddreißig Jahren zum ersten Mal vor einer Filmkamera. *It Ain't Easy* hieß der Streifen, der in Deutschland nie auf den Markt kam und die Geschichte eines Schneemobilfahrers erzählt, der wenige Tage vor einem großen Wettkampf in den Verdacht gerät, seine Freundin und einen Heroindealer ermordet zu haben. Der Film wurde kein großer Erfolg, und da nahezu alle Rollen mit ehemaligen Schülern des Actor's Studio besetzt waren, liegt der Verdacht nahe, daß es sich bei *It Ain't Easy* lediglich um einen besser budgetierten Studentenfilm gehandelt hat.

Doch bereits der zweite Film, in dem er auftrat, katapultierte Henriksen auf die nächste Stufe der Karriereleiter, selbst wenn er nur einen kleinen Part hatte. Unter der Regie von Kultregisseur Sidney Lumet, mit dem er später noch einige Male zusammenarbeiten sollte, stand er 1975 für *Dog Day Afternoon* (dt. *Hundstage*) vor der Kamera. Der Film basiert trotz der grotesken Geschichte auf einer wahren Begebenheit. Der junge Sonny, gespielt von Al Pacino, der zur selben Zeit das Actor's Studio besuchte wie Lance Henriksen, überfällt mit einem Komplizen eine Bank, um die Geschlechtsumwandlung seines Freundes Sal bezahlen zu können. Aus dem einfachen Überfall entwickelt sich jedoch ungewollt eine Geiselnahme. Als über die Presse das Motiv für den Bankraub bekannt wird, schlägt den Gangstern von der Bevölkerung zwar Sympathie entgegen, doch die Polizei ist dadurch gezwungen, mit aller Härte gegen Sonny vorzugehen. Henriksen ist hier in der Rolle des Cops Murphy zu sehen, der am Ende den Fluchtwagen der Geiselnehmer fahren soll – und ihre Flucht verhindert, indem er Sonny überwältigt und seinen Komplizen erschießt. *Dog Day Afternoon* war sowohl an den Kinokassen als auch bei der Kritik ein beachtlicher Erfolg und verhalf Henriksen zu einigen weiteren Engagements, so daß er das Töpfern schließlich an den Nagel hängte und sich seinen Lebensunterhalt ausschließlich als Schauspieler verdiente.

Eine größere Rolle hatte er dann bereits in seinem nächsten Streifen, einem mittelprächtigen Horrorschocker namens *Mansion of the Doomed* (dt. *Das Haus mit dem Folterkeller*), dem US-Remake von

George Franjus' *Augen ohne Gesicht.* Henriksen erhielt darin den Part des Assistenten eines Arztes, der seiner blinden Tochter das Augenlicht wiedergeben will und zu diesem Zweck mehrere Leute entführt, um diese als unfreiwillige Organspender zu benutzen. Kurze Zeit später wurde er erneut von Sidney Lumet engagiert, diesmal für die bissige Mediensatire *Network*, bei der er allerdings nur einen Kurzauftritt als Anwalt hatte, bevor ein Jahr später *Close Encounters of the Third Kind* (dt. *Unheimliche Begegnung der dritten Art*) folgte, einer der ersten Filme von Hollywoods Wunderkind Steven Spielberg. Lance Henriksen ist hier an der Seite des großen französischen Regisseurs François Truffaut zu sehen und spielt einen Mitarbeiter des von Truffaut dargestellten Dr. Lacombe, der mit den Außerirdischen Kontakt aufzunehmen versucht. Danach trat er als teufelsanbetender Sergeant in dem Horrorstreifen *Damien: Omen II* auf, bevor er sich auf den Weg nach Italien machte, um dort neben bekannten Regisseuren und Darstellern wie John Houston, Mel Ferrer, Sam Peckinpah und Glenn Ford in einem weiteren Horrorfilm mitzuwirken. Der Streifen hieß *The Visitor* (dt. *Die Außerirdischen*) und erzählt die Geschichte eines Vaters, der entdeckt, daß seine Tochter satanische Kräfte besitzt, die er ausnutzen will, um die Weltherrschaft zu erlangen.

Ein Jahr später arbeitete Henriksen schließlich zum ersten Mal fürs Fernsehen. *A Question of Honor* (dt. *Polizei-Komplott* bzw. *Das Komplott*) ist eine für damalige TV-Verhältnisse überraschend anspruchsvolle Produktion, die sich mit Polizeikorruption befaßt und seinen Reiz aus dem Zwiespalt bezieht, ob man als Beamter gegen seine Kollegen aussagen sollte oder ob der »Ehrencodex« als Polizist dies verbietet. Während *A Question of Honor* von der Kritik hochgelobt wurde, ist *Return to Earth*, der zweite TV-Film, den Henriksen in diesem Jahr drehte, kaum der Erwähnung wert und heute zu Recht längst vergessen.

1981 kam es dann zu einer schicksalhaften Begegnung mit einem ehemaligen Cutter namens James Cameron, der im Auftrag des legendären B-Movie-Königs Roger Corman die Fortsetzung des äußerst erfolgreichen Horrorreißers *Piranha* von Joe Dante (*The Howling*, *Gremlins*) drehen sollte. Zwar gab sich Cameron alle Mühe, aus der dünnen Story um fliegende Piranhas, die durch geheime Experimente der US-Navy entstanden sind und über die Touristen einer Karibikinsel herfallen, einen zumindest halbwegs anständigen Film zu machen, doch nachdem er es gewagt hatte, Anweisungen von Corman offen zu widersprechen, wurde er kurz vor dem Ende der Dreharbeiten gefeuert – auch wenn die Legende besagt, daß er sich eines Nachts heimlich ins Kopierwerk geschlichen hat und dort trotz allem die endgültige Schnittfassung des Streifens erstellte. Da Henriksen und Cameron sich von Anfang an sympathisch waren, weil sie einen ähnlichen Berufsethos pflegten, der besagt, immer hundertfünfzig Prozent Leistung zu bringen, egal, wie schlecht das Skript oder die Arbeitsbedingungen auch sein mögen, versprach Cameron, Henriksen in seinem nächsten Film nicht zu vergessen. Doch bis dahin sollte noch einige Zeit vergehen, deshalb stand er zunächst in dem Polizeithriller *Prince of the City* einmal mehr für Sidney Lumet vor der Kamera, bevor er in dem mehrfach preisgekrönten Astronautenepos *The Right Stuff* (dt. *Der Stoff, aus dem die Helden sind*) von Philip Kaufman in der Rolle des amerikanischen Raumfahrtpioniers Walter Schirra zu sehen war. Nach einigen weiteren Nebenrollen in Streifen wie *Nightmares* und *Blood Feud* sowie Gastrollen in den TV-Serien *The A-Team* (dt. *Das A-Team*) und *Riptide* (dt. *Trio mit vier Fäusten*) bekam er schließlich tatsächlich einen Anruf von James Cameron, der ihm erfreut mitteilte, daß er das Budget für sein neues Projekt nach drei Jahren endlich zusammengebracht habe. Da Camerons Drehbuch zu *The Terminator* (dt. *Der Terminator*) aber noch nicht vollständig war und Henriksen sich bereits mehrfach mit dem

Gedanken getragen hatte, sich eines Tages selbst in diesem Metier zu versuchen, ließ Cameron ihm kurzerhand das Skript zukommen, damit er Ideen und Änderungsvorschläge einbrachte. Henriksen entwickelte vor allem jene Szenen weiter, in denen Polizisten auftreten sollten, auch wenn er später in den Credits auf eine Nennung als Drehbuchautor verzichtete. Zu sehen ist er in *The Terminator* zudem in der Rolle des Cops Vokovich, der während des legendären Polizeiwachenmassakers vom Terminator Arnold Schwarzenegger niedergemetzelt wird. In der Zeit darauf wurde Henriksen noch mehr von Arbeitswut gepackt und verlagerte seinen Wohnsitz Mitte der Achtziger nach weiteren Auftritten in unbedeutenden B-Movies wie *Jagged Edge* (dt. *Das Messer*) und *Savage Dawn* (dt. *Die Hyänen*) praktisch vor die Kamera. Er trat in der Serie *Beauty and the Beast* (dt. *Die Schöne und das Biest*) mit James Camerons späterer Frau Linda Hamilton auf und spielte in TV-Filmen wie *Street of Justice* und *Scene of the Crime*, ehe er 1986 schließlich zum dritten Mal für Cameron vor der Kamera stand. In *Aliens*, der actionlastigen Fortsetzung von Ridley Scotts SF-Horror-Meilenstein, spielte er den Androiden Bishop und trat damit in einem seiner wenigen Big-Budget-Hollywoodstreifen auf, was ihn auf der Karriereleiter wiederum einen Schritt weiter nach oben brachte. Auch privat stand bei ihm damals alles zum besten; während der Dreharbeiten zu *Aliens* heiratete er, und bereits ein Jahr später wurde seine Tochter Alcamy geboren.

Nach weiteren Ausflügen ins TV-Geschäft spielte er schließlich 1987 unter der Regie von Camerons damaliger Ehefrau Katheryn Bigelow seine vielleicht stärkste Rolle bislang. In dem Vampirfilm *Near Dark* (dt. *Near Dark – Die Nacht hat ihren Preis*), einem der wenigen wirklich innovativen Streifen dieses Subgenres und für mich einer der besten Horrorfilme überhaupt, spielt er Jesse, den Anführer einer kleinen Vampirsippe, die mit Wohnmobilen kreuz und quer durch die Vereinigten Staaten reist und sich dabei wahllos ihre Opfer sucht.

Und obgleich Henriksen eigentlich der Bösewicht ist, verleiht er Jesse, dem zu ewigem Leben verdammten Desperado, dennoch eine gewaltige Tragik. Wenn er am Ende zusammen mit seiner Gefährtin Diamondback der Sonne entgegenzieht, die sie beide umbringen wird, sind die Sympathien des Publikums auf seiner Seite. Und obwohl *Near Dark* ein beachtlicher finanzieller Erfolg wurde, kam es nach diesem Streifen zum Bruch mit James Cameron; warum, darüber schweigt sich Henriksen bis heute aus. Privat stand es inzwischen für Henriksen ebenfalls nicht mehr besonders gut, denn seine noch junge Ehe zerbrach – Scheidung. Seine Pechsträhne setzte sich auch beruflich fort, denn bei der Auswahl seiner Filmprojekte bewies er fortan keine besonders glückliche Hand. Die meisten Streifen, in denen er während dieser Zeit mitspielte, entpuppten sich sowohl künstlerisch wie auch finanziell als Flops. Einer dieser Filme war *Pumpkinhead* (dt. *Das Halloween-Monster*), das Regiedebut des Spezialeffekt-Gurus Stan Winston, wo Henriksen den Vater eines Jungen verkörpert, der bei einem Unfall ums Leben kommt und anschließend ein altes irisches Monster, den Pumpkinhead, beschwört, um die Schuldigen ihrer »gerechten« Strafe zuzuführen. Zwar kann der Streifen mit erstklassigen Special Effects aufwarten, doch der Plot von *Pumpkinhead* ist so platt, wie er sich anhört, so daß es kaum verwundert, daß der Film in den USA gnadenlos an den Kinokassen floppte, auch wenn er hierzulande auf Video ein recht ordentlicher Erfolg war. Die größte Enttäuschung dieser beruflichen Dürrezeit dürfte für Henriksen aber wohl Walter Hills *Johnny Handsome* gewesen sein. Der Thriller, in dem der damals noch halbwegs populäre Mickey Rourke (*9½ Weeks*, *Barfly*, *Angel Heart*) den seit seiner Geburt entstellten Gangster Johnny spielt, der sich nach einer Schönheitsoperation mit einem neuen Gesicht an seinen ehemaligen Komplizen rächt, wurde zwar als potentieller Hit gehandelt, doch als der Film schließlich in die Kinos kam, entpuppte er sich als Riesenflop.

Die Trendwende kam 1991 mit dem schlichten Actionreißer *Stone Cold* (dt. *Stone Cold – Kalt wie Stein*), in dem die Geschichte des Undercover-Cops John Stone erzählt wird, der sich in eine brutale Rockergang einschleust, die eines ihrer wegen Mordes angeklagten Mitglieder bei der Gerichtsverhandlung befreien will. Henriksen ist hier in der Rolle des fiesen Rockerchefs Chains zu sehen und trägt durch seine ungeheure Spielfreude deutlich dazu bei, den Streifen über die mäßige Regie und die dünne Story zu hieven. Aufgrund der soliden Action und des Umstands, daß damals nach dem Megahit *Die Hard* (dt. *Stirb langsam*) ein gewisser Bedarf an Streifen dieser Art bestand, wurde *Stone Cold* auch an den Kinokassen ein ansehnlicher Erfolg, so daß 1997 noch ein zweiter Teil – ohne Henriksen – folgte, der hierzulande allerdings bloß auf Video herauskam und in jeder Beziehung hinter dem Original zurückbleibt.
Nach Abschluß der Dreharbeiten zu *Stone Cold* reiste Henriksen nach Großbritannien, um eine kleine Rolle in *Alien 3* zu übernehmen, dem Regiedebüt von David Fincher, der später vor allem durch seinen apokalyptischen Thriller *Seven* auffiel, der zusammen mit *The Silence of the Lambs* (dt. *Das Schweigen der Lämmer*) und *Copykill* sicherlich eine der Inspirationen für *Millennium* war. Eigentlich wollte Henriksen in dem Film gar nicht mitspielen, da er der Ansicht war, er hätte Bishop in *Aliens* so gut wie möglich gespielt, doch nach eigener Aussage baten die Produzenten ihn so nett, daß er ihr Angebot einfach nicht ablehnen konnte. Es folgten die Thriller *Jennifer Eight* (dt. *Jennifer 8*) und *Excessive Force*, bevor Henriksen 1993 seine bis heute größte Rolle in einem Big-Budget-Streifen erhielt, als der asiatische Kultregisseur John Woo, auf dessen Konto so grandiose Bleiorgien wie *The Killer*, *Hardboiled*, *A Better Tomorrow*, *Broken Arrow* und jüngst *Face/Off* (dt. *Im Körper des Feindes*) gehen, ihn für sein Hollywood-Debüt *Hard Target* (dt. *Harte Ziele*) neben dem belgischen Muskelprotz Jean-Claude van Damme für die Rolle des

skrupellosen Emil Fouchon verpflichtete, einen Mann, der zum Vergnügen reicher Jäger Menschenjagden in den Straßen von New Orleans organisiert. Auf *Hard Target* folgte der Low-Budget-Actionreißer *Knights* (dt. *Cyborg Warriors*) von Albert Pyun, der zwar ein Schüler des großen japanischen Regisseurs Akiro Kurosawa ist, sich bislang allerdings darauf beschränkte, in seinen Filmen kickboxende Cyborgs aufeinander zu hetzen. So auch in *Knights*, wo Henriksen einen blutgierigen Killercyborg spielt, der die Menschheit unterjochen will. Zwar entwickelte sich der Streifen bereits während der Dreharbeiten rasch zu einer kreativen Katastrophe, was zum einen an den Amateurdarstellern lag, mit denen Lance Henriksen und Kris Kristofferson (*Convoy*) zusammenarbeiten mußten, und zum anderen daran, daß Pyun *Knights* völlig lustlos und desinteressiert herunterkurbelte, so daß letztlich fast eine Komödie dabei herauskam. Doch auch wenn der Film für Henriksen eine Enttäuschung war, war er in jedem Fall nicht nachtragend, denn als Albert Pyun ihn ein Jahr später fragte, ob er für den Spionagethriller *Spitfire* erneut mit ihm zusammenarbeiten wollte, sagte er zu, ohne groß zu überlegen.

Seitdem hat Lance Henriksen in über einem Dutzend weiterer Filme mitgespielt, darunter viele Direct-to-Video-Streifen, was ihn, wenn schon zu keinem Hollywoodstar, so doch zumindest zu einer Berühmtheit auf dem Videomarkt gemacht und ihm entsprechendes Geld eingebracht hat. So war er in den letzten drei Jahren beispielsweise in *Wes Craven's Mind-ripper*, *Felony* (dt. *Felony – Die CIA-Verschwörung*), *Bad Guys*, *Gunfighter's Moon* oder *Running Out 2* (dt. *Running Out 2 – Der Countdown läuft weiter*) zu sehen, während er nebenbei auch immer wieder in Nebenrollen in Hollywood-Filmen wie Sam Raimis *The Quick and the Dead* (dt. *Die Schnellen und die Toten*) neben Sharon Stone und Gene Hackman oder *Powder* mit Jeff Goldblum mitwirkte.

Chris Carter lernte Henriksen 1995 in Vancouver kennen. Obwohl sie sich von Anfang an sympathisch waren und Henriksen Carter für die außergewöhnliche Qualität seiner Serie *The X-Files* lobte, war er jedoch nicht bereit, eine Gastrolle in der Show zu übernehmen, da er zwar nichts gegen die Mitwirkung an qualitativ hochwertigen Fernsehfilmen hat, aber kein großer Freund von gewöhnlicher Serienarbeit ist. Doch Carter ließ sich davon nicht entmutigen. Als er für seine neue Serie *Millennium* die Figur des Profilers Frank Black entwickelte, hatte er dabei Henriksen im Hinterkopf, und als der eines Tages während der Dreharbeiten für den Direct-to-Video Actionstreifen *Cliff Seven* in Vancouver vor der Kamera stand, wo auch *The X-Files* vor dem Umzug nach Los Angeles fünf Jahre lang produziert wurde, machte Carter kurzerhand sein Hotel ausfindig und schob das Treatment zu *Millennium* zusammen mit einer Notiz unter seiner Zimmertür durch. Danach begann Henriksen sich tatsächlich langsam mit dem Gedanken anzufreunden, eine reguläre Rolle in einer Fernsehserie zu spielen, doch erst als Carter ihm schließlich das Drehbuch für die Pilotepisode »The Frenchman« zukommen ließ und zudem zusagte, Henriksen bei der Gestaltung seines Charakters völlig freie Hand zu lassen, willigte er schließlich ein, den Part zu übernehmen, den er seit dem Sommer 1996 zehn Monate im Jahr verkörpert. Als wäre er damit noch nicht genug ausgelastet, hat er in der Sommerpause 1997 außerdem in dem aufwendigen TV-Mehrteiler des US-Kabelsenders TNT *The Day Lincoln Was Shot* die Rolle von Präsident Abraham Lincoln gespielt, wodurch zwar sein Auftritt im großen *X-Files*-Kinofilm *Fight the Future* (dt. *Akte X – Der Film*) ins Wasser fiel, doch Henriksen gesteht freimütig, daß er auch auf solche relativ großen Filmprojekte nicht mehr angewiesen sei und es sich leisten könne, nur noch die Rollen zu übernehmen, die ihm persönlich zusagen.

Im Gegensatz zu seiner unsteten, abenteuerlichen Jugend führt Lance Henriksen heute ein ruhiges, unspektakuläres Leben. Er ist mittlerweile zum zweiten Mal verheiratet – mit der Maskenbildnerin Jane Pollack, die er bei den Dreharbeiten zu der Gameboy-Adaption *Super Mario Bros.* kennengelernt hat – und lebt mit seiner Tochter Alcamy und seinen Hunden abwechselnd in Kalifornien und in Vancouver, nur wenige Minuten von den North Shore-Studios entfernt, wo *Millennium* produziert wird. Wenn er ausnahmsweise mal nicht vor einer Filmkamera steht, verbringt er seine Zeit am liebsten damit, zu töpfern oder vor dem Fernseher zu sitzen, um sich mit seiner Tochter Tierfilme anzusehen.

Filmographie

1969
Moses and Aaron (Theaterstück)
The Brig (Theaterstück)
Hello Out There (Theaterstück)
Antigone (Theaterstück)

1970
Three Plays of the Sea (Theaterstück)
The Criminals (Theaterstück)

1971
Saved (Theaterstück)
Cyrano de Bergerac (Theaterstück)
Taming of the Shrew (Theaterstück)
A Touch of the Poet (Theaterstück)

1972
It Ain't Easy

1973
Richard III. (Theaterstück)

1974
Miss Julie (Theaterstück)
Cat on a Hot Tin Roof (Theaterstück)

1975
Dog Day Afternoon
(dt. *Hundstage*)
Return to Earth (TV-Film)

1976
Network (dt. *Network*)

1977
The Next Man bzw. The Arab Conspiracy
bzw. Double Hit
Mansion of the Doomed bzw. The Terror of Dr. Chancey
(dt. *Das Haus mit dem Folterkeller*)
Close Encounters of the Third Kind
(dt. *Unheimliche Begegnung der dritten Art*)
The Basic Training of Pavlo Hummel
(Theaterstück)

1978
Damien: Omen II

1979
The Visitor (dt. *Die Außerirdischen*)

1981
Prince of the City
Piranha 2: The Spawning
(dt. *Fliegende Killer – Piranha II)*
The Dark End of the Street
(TV-Film)

1982
A Question of Honor (TV-Film, dt. *Polizei-Komplott* bzw. Das Komplott)

1983
The Right Stuff (dt. Der Stoff, aus dem die Helden sind)
Nightmares (dt. *Alpträume*)
Blood Feud (TV-Film)
The A-Team (TV-Serie, dt. *Das A-Team*)

1984
The Terminator (dt. *Der Terminator*)
Riptide (TV-Serie, dt. *Trio mit vier Fäusten*)
Scene of the Crime (TV-Film)

1985
Savage Dawn (dt. *Die Hyänen*)
Jagged Edge (dt. *Das Messer*)
Streets of Justice (TV-Film)

1986
Aliens (dt. *Aliens – Die Rückkehr*)
Choke Canyon

1987

Survival Quest

Pumpkinhead (dt. Das Halloween-Monster)

Near Dark (dt. *Near Dark – Die Nacht hat ihren Preis*)

Paul Reiser: Out On a Whim (TV-Film)

1988

Deadly Intent

Cagney and Lacey (TV-Serie, dt. *Cagney und Lacey*)

Hardcastle & McCormick (TV-Serie)

1989

Johnny Handsome (dt. *Johnny Handsome*)

The Horror Show (dt. *Horror House* bzw. *House 3*)

Hit List

Beauty and the Beast (TV-Serie)
(dt. *Die Schöne und das Biest*)

1990

The Last Samurai

1991

Stone Cold (dt. Stone Cold – Kalt wie Stein)

The Pit and the Pendulum
(dt. *Die Grube und das Pendel*)

Reason for Living: The Jill Ireland Story (TV-Film)

1992

Jennifer Eight (dt. *Jennifer 8*)

Delta Heat

Tales From the Crypt (TV-Serie)

1993
Hard Target (dt. *Harte Ziele*)
Knights (dt. *Cyborg Warriors*)
The Outfit
Excessive Force (dt. *Excessive Force*)
Alien 3 (dt. *Alien 3*)
Comrades in Arms
Super Mario Bros. (dt. *Super Mario Bros.)*
Man's Best Friend

1994
Color of Night (dt. *Color of Night*)
Spitfire (dt. *Spitfire*)
No Escape bzw. *Escape from Absalom* (dt. *Flucht aus Absalom*)
Boulevard
Tales from the Crypt (TV-Serie)

1995
The Quick and the Dead (dt. *Die Schnellen und die Toten*)
Wes Craven's Mind Ripper (dt. *Mind Ripper)*
Baja
Powder (dt. *Powder*)
Nature of the Beast (dt. *Dead Heat – Highway des Todes)*
Dead Man (dt. *Dead Man*)
Aurora: Operation Intercept
The Outpost

1996
Felony (dt. *Felony – Die CIA-Verschwörung)*
Bad Guys

1997

Gunfighter's Moon

No Contest II (Running Out 2: Der Countdown läuft weiter)

Profile for Murder

Cliff Seven (dt. *Cliff Seven*)

The Day Lincoln Was Shot (TV-Film)

Megan Gallagher (Catherine Black)

Freunden der Mystery dürfte Megan Gallagher, die die weibliche Hauptrolle in *Millennium* spielt, keine Unbekannte sein, war sie doch der einzige Lichtblick in der in den Vereinigten Staaten nicht ganz zu Unrecht gefloppten Verschwörungsserie *Nowhere Man* (dt. *Nowhere Man*). Sie war dort in der Rolle von Alyson Veil zu sehen, der Ehefrau des Nowhere Man Thomas Veil (Bruce Greenwood), der eines Tages während eines Restaurantbesuchs die Toilette besucht, zurückkehrt – und plötzlich nicht mehr zu existieren scheint. Darüber hinaus hatte Megan Gallagher vor diesem Part, der letztlich dazu beitrug, daß Chris Carter sie für seine neue Show *Millennium* engagierte, bereits in etlichen anderen Serien, Fernsehfilmen und auch einigen Kinoproduktionen mitgewirkt.

Megan Gallagher wurde am 6. Februar 1960 in der Kleinstadt Reading, Pennsylvania, geboren. Sie hat drei Brüder und zwei Schwestern, von denen eine ebenfalls Schauspielerin ist, genau wie ihre Mutter Aileen, die als Model und Schauspielerin arbeitete, bevor sie mit Donald Gallagher, einem Kampfpiloten aus dem Zweiten Weltkrieg, eine Familie gründete. Megan wollte bereits seit ihrer frühesten Kindheit Schauspielerin werden und schrieb sich deshalb nach dem College bei der renommierten Julliard School in New York ein. Megan selbst dazu: »Abgesehen vom Schauspiel selbst trainieren sie dort auch deinen Körper und deine Stimme, man lernt Bewegung und Tanz ... Die Ausbildung nimmt dein Leben völlig in Anspruch, man ist vier Jahre von morgens um neun bis abends um zehn in der Schule, und dazu noch den halben Samstag. Trotzdem ist es wirklich wunderbar dort, weil man neben einer Menge neuer Sachen auch die ganzen Klassiker lernt, nach dem Motto ›Wenn du das kannst, kannst du alles‹, möglicherweise sogar in einer Sitcom mitspielen.« Als sie ihre Ausbildung schließlich beendet hatte, trat sie John Houseman's Acting Company bei und tourte mit der Gruppe kreuz und quer durchs Land, um in so verschiedenen Stücken wie *All's Well That Ends Well* und *Angels in America* auf den Brettern zu stehen, die die Welt bedeuten. Megan Gallagher: »Ich spielte unter anderem in *Twelfth Night*, in *The Country Wife* und einigen Stücken von Beckett; mit *Tartuffe* war ich ein ganzes Jahr auf Tour. Es war wirklich großartig und hat mir die Möglichkeit gegeben, meine Schauspielerei zu intensivieren.«

War sie zuvor regelmäßig pleite gewesen, so riß die Reihe von Angeboten nach ihrer Rückkehr nach New York nicht mehr ab. Erste Erfahrungen im Metier Film sammelte sie schließlich, als man ihr den Part von Detective Tina Russo in der im Big Apple gedrehten Krimiserie *Hill Street Blues* anbot. Obwohl sie zunächst gedacht hatte, daß es bei einem kurzen Gastspiel bleiben würde, entwickelte sich zu ihrer eigenen Überraschung daraus eine Hauptrolle in der letzten Staffel dieser langlebigen Show. Aufgrund ihrer Mitwirkung in *Hill Street Blues* erhielt sie kurze Zeit später ein erstes Kinoangebot für einen Streifen mit dem Titel *The Ambulance* (dt. *Ambulance*). Der Thriller erzählt die Geschichte des Comiczeichners Josh, gespielt von Julia Roberts' Bruder Eric, der sich eines Tages in eine wildfremde Frau verliebt. Er spricht sie mitten auf der Straße an, doch bevor sie auf seine Frage antworten kann, ob sie den Rest ihres Lebens mit ihm verbringen will, bricht sie plötzlich zusammen und wird von zwei »zufällig« des Weges kommenden Sanitätern in einen altmodischen Krankenwagen geladen, mit dem sie in ein Hospital gebracht werden soll. Als Josh später jedoch sämtliche Krankenhäuser in der Stadt nach ihr absucht, ist sie nirgends zu finden. Schließlich ergeben seine

Nachforschungen, daß sie von einer Gruppe Organhändler entführt wurde. Außer der Polizistin Sandra (Megan Gallagher) glaubt ihm allerdings niemand seine Geschichte. *The Ambulance* kam hierzulande nur auf Video heraus und wurde zu einem Überraschungshit. Danach trat Megan in der Sitcom *The Slap Maxwell Story* auf, gefolgt von einem Jahr als regelmäßiger Charakter in der Serie *China Beach*, wo sie als DJ Wayloo Marie zu sehen war, bevor sie eine Season lang für die Polizei-Sitcom *Pacific Station* vor der Kamera stand. Nebenher spielte sie weiterhin Theater und übernahm schließlich die Hauptrolle eines in New York produzierten TV-Krimis mit dem Titel *And Then She Was Gone* (dt. *Der Fremde aus der U-Bahn*). TV-Star Robert Urich (*Vegas, Spencer – For Hire*) spielt in diesem leidlich spannenden Thriller einen normalen New Yorker Bürger, der eines Tages in der U-Bahn ein Mädchen entdeckt, das er kurz zuvor auf einer Vermißtenmeldung gesehen hat. Da er glaubt, das Mädchen sei entführt worden, wendet er sich an die Polizei, wo man sich aber nicht für seine Beobachtung zu interessieren scheint. Daraufhin beginnt er, auf eigene Faust Nachforschungen anzustellen, wobei er schließlich Laura (Megan Gallagher) trifft, die Mutter des Mädchens. Die beiden tun sich zusammen und kommen einem Ring von Kinderhändlern auf die Spur. Megan machte als engagierte Mutter bei den Fernsehproduzenten ziemlichen Eindruck und erhielt in der Folge ein Dutzend ähnlicher Rollen angeboten, die sie aber durchweg ablehnte und statt dessen lieber Theater spielte, wo sie durch ihren Auftritt als Militäranwältin in dem Militärgerichtsdrama *A Few Good Men* (dt. *Eine Frage der Ehre*) am Broadway für großes Aufsehen sorgte. Nachdem *A Few Good Men*, ein Stück, in dem es um zwei US-Marines geht, die auf Anordnung ihres Colonels einen ihrer Kameraden zum Ausscheiden bewegen wollen und ihn dabei »versehentlich« töten, sich insgesamt als gewaltiger Erfolg herausstellte, horchten irgendwann auch die Hollywood-Studios auf und beschlossen, das Stück zu verfilmen. Während Rob Reiner, der Sohn des großen Carl Reiner (dt. *Tote tragen keine Karos*) und selbst verantwortlich für Hits wie *Misery* und *When Harry Meets Sally* (dt. *Harry und Sally*), auf dem Regiestuhl Platz nahm, wurden Tom Cruise und Jack Nicholson für die beiden männlichen Hauptrollen engagiert. Eigentlich sollte Megan Gallagher in der Filmversion ebenfalls die weibliche Hauptrolle übernehmen, doch letztlich wurde sie mit Blick auf die männlichen Fans kurzerhand durch die Silikonwumme Demi Moore ausgetauscht, was die junge Schauspielerin schwer enttäuschte. Sie hatte gehofft, nach so vielen Fernsehauftritten nun auch endlich auf der großen Leinwand Fuß fassen zu können, zumal sie fürchtete, allmählich auf TV-Rollen festgelegt zu werden.

Um dem entgegenzuwirken, nahm sie ohne viel zu überlegen das erstbeste Kinoangebot an, das man ihr offerierte – und griff damit tief ins Klo, denn bereits die in Kalifornien stattfindenden Dreharbeiten zu *The Birds II: Land's End* (dt. *Die Vögel II – Die Rückkehr*), einer Fortsetzung von Alfred Hitchcocks Klassiker, erwiesen sich als mittelschwere Katastrophe. Drehpläne wurden nicht eingehalten, das Skript noch während der Filmarbeiten mehrfach umgeschrieben, das Budget mußte fast täglich aufs neue kalkuliert werden, weil sich ständig neue Probleme ergaben, die aus dem Weg geräumt werden mußten. Den Höhepunkt der verunglückten Produktion stellte schließlich der Bruch zwischen Regisseur Rick Rosenthal und den Produzenten dar. Rosenthal zog seinen Namen zurück (weshalb als Regisseur in den Credits auch der legendäre Alan Smithee angegeben ist), stellte den Film, wie in seinem Vertrag festgelegt, zu Ende und verschwand. Das Resultat davon war, daß *The Birds II* nicht, wie ursprünglich vorgesehen, ins Kino kam, sondern gleich den Weg auf die Mattscheibe fand, bevor der Film im August 1994 hierzulande auf Video herauskam und auch im deutschen Fernsehen zu sehen war, ohne daß er sonderliche Aufmerksamkeit erregt hätte.

Der Traum von einer Kinokarriere schien damit geplatzt, so daß sich Megan fortan verstärkt auf ihre Fernseharbeit konzentrierte und quasi von Serie zu Serie pendelte. In *E/R* (dt. *Emergency Room*) spielte sie eine Anwältin, in *Picket Fences* eine geprügelte Ehefrau und Milchkönigin. Ihr weiblicher, warmherziger und selbstbewußter Typ kam bei den Zuschauern an und führte dazu, daß sie bald auf »ehrliche« Rollen festgelegt wurde. Als die Produzenten von *Star Trek: Deep Space Nine* schließlich eine weibliche Gastrolle für die Episode »Der Symbiont« suchten, die eben diesem Typus entsprach, kam es, daß Megan Gallagher ihren ersten Auftritt in der beliebten Science-fiction-Show absolvierte, dem später ein zweites Engagement in der schrägen Folge »Little Green Men« folgte. 1994 erhielt sie dann das Angebot, eine regelmäßige Rolle in der mehr oder weniger deutlich von *The X-Files* inspirierten Serie *Nowhere Man* zu spielen. In Auftrag gegeben wurde die Show, deren Pilotfilm unter der Regie von Horrorveteran Tobe Hooper (*Poltergeist*, *The Texas Chainsaw Massacre*) entstand, von dem relativ kleinen Kabelsender UPN, der versuchen wollte, den Erfolg von *The X-Files* zu kopieren. Doch die Produktion stand von Anfang an unter keinem besonders günstigen Stern, zum einen, weil UPN im Gegensatz zum Kabelsender Fox nicht landesweit zu empfangen ist, und zum anderen, weil die Macher sich scheuten, die Serie auf ein bestimmtes Zielpublikum hin zu konzipieren, um möglichst viele verschiedene Zuschauer damit zu erreichen. Aber das Vorhaben ging kräftig nach hinten los. *Nowhere Man* lief in den USA praktisch unter Ausschluß der Öffentlichkeit und überlebte die erste Staffel trotz mieser Quoten – anderswo fliegt eine Serie nach vier bis fünf Quotentiefschlägen in Folge kurzerhand aus dem Programm – lediglich aus dem Grund, weil UPN so kurzfristig keine anderen Serien zur Verfügung standen, um die Lücke zu füllen. Da die Produzenten bereits wußten, daß ihre Show eingestellt würde, konnten sie die Verschwörung um den Fotografen Tom Veil somit in der letzten Episode aufklären und *Nowhere Man* so zumindest zu einem halbwegs würdigen Abgang verhelfen – auch wenn die Auflösung der großangelegten Verschwörung am Ende so mager ist, daß man sich unwillkürlich fragt, wie die Produzenten mit diesem dünnen Plot weitere Staffeln überstehen wollten. Während sich Megan Gallagher in Portland, Oregon, aufhielt, wo die letzte Episode von *Nowhere Man* produziert wurde, erhielt sie eine Anfrage von Chris Carters Produktionsfirma Ten Thirteen, ob sie an einem weiteren Serienengagement interessiert wäre; es ginge um die weibliche Hauptrolle einer neuen Serie namens *Millennium*. Megan Gallagher wurde eingeladen, für die Rolle vorzusprechen, doch sehr zur Enttäuschung der Schauspielerin hinderten sie ihre vertraglichen Pflichten daran. Dann jedoch erhielt sie zwei Anrufe, die ihre Laune wieder hoben. Der erste Anruf kam von ihrem Agenten, der ihr erklärte, daß Chris Carter sie für den Part wolle, da er den Charakter Catherine Black mit ihrem Bild vor Augen kreiert habe. Später an diesem Tag klingelte in Megans Hotelzimmer erneut das Telefon, und diesmal war am anderen Ende der Leitung Carter persönlich, der ihr geradeheraus erklärte, daß sie die Rolle hätte, wenn sie sie wollte. Natürlich wollte sie, und so traf sie sich direkt nach Abschluß der Dreharbeiten zu *Nowhere Man* in Los Angeles mit Carter, wo er ihr darlegte, wie er sich den Charakter von Catherine Black und ihre Entwicklung im Lauf der Serie vorstellen würde. Zwar hatte Megan Gallagher nach der Lektüre des Drehbuchs für den Pilotfilm trotz ihrer anfänglichen Euphorie einige Zweifel, ob es richtig war, den Part zu übernehmen, da Catherine dort ziemlich farblos schien und es nicht viel für sie zu tun gab. In einem Interview sagte sie dazu: »Ich meinte zu Chris, daß ich fand, daß Catherine in der Pilotepisode nicht so gut wegkam, und fragte ihn, wohin er mit dieser Rolle wollte. Er erklärte, daß die Serie zwar so beginnt, als würde Frank im Mittelpunkt stehen, letztlich aber doch eine Ausgewogenheit angestrebt werden sollte –

eine Art Yin und Yang, wenn man so will. Das gefiel mir. Seine Vision dieser Serie war so groß angelegt, daß es mich wirklich sehr neugierig gemacht hat.« Ausschlaggebend war für sie darüber hinaus, daß Chris Carter mit der FBI-Agentin Dana Scully in *The X-Files* einen der stärksten, interessantesten weiblichen Charaktere im gesamten TV-Geschäft geschaffen hatte und sie hoffte, daß sie durch den Part in *Millennium* eine ähnliche Popularität erlangen würde wie Gillian Anderson.

Im Gegensatz zu *The X-Files*, wo Carter zunächst einen Pilotfilm inszenieren mußte, bevor der Sender Fox Television das Okay für die erste Staffel gab, war *Millennium* von Anfang an auf zweiundzwanzig Episoden festgeschrieben. Also würde die Serie mindestens ein Jahr lang Gallaghers Leben bestimmen, was ihr damals jedoch kein Kopfzerbrechen bereitete. Tatsächlich erklärte sie anfangs mehrmals, daß sie die Rolle so lange spielen werde, wie *Millennium* liefe. In einem Interview mit der Zeitschrift *Xposé* sagte sie: »Die Gefahr, in einer lange laufenden TV-Serie eines Tages mit dem Charakter, den du spielst, identifiziert zu werden, ist groß. Aber sollte ich für den Rest meines Lebens mit Catherine Black identifiziert werden, ist das in Ordnung. Sie ist eine faszinierende Figur, die mir die Möglichkeit gibt, immer wieder neue Formen des Spiels zu entwickeln. Catherine ist feminin, liebevoll, stark, intelligent und die ultimative Heldin. Sie hat ein Berufsleben, sie hat ein Privatleben. Sie ist nicht der Charakter, der eine Schauspielerin in ihrer künstlerischen Tätigkeit einschränkt.« Gleichwohl dauerte es nicht lange, bis sich bei Megan Gallagher Ernüchterung einstellte, denn die von Chris Carter versprochene Entwicklung von der Neben- zur Hauptfigur blieb aus, so daß sie nach einiger Zeit ihre Enttäuschung darüber artikulierte, daß sich die Dinge nicht so entwickelten, wie sie gehofft hatte. Tatsächlich kann man ihre Kritik verstehen, denn in der ersten Staffel war sie vielleicht zwanzig Prozent der Zeit auf dem Schirm zu sehen und hatte dabei nicht viel mehr zu tun, als die liebende Mutter und Ehefrau zu spielen, die ihren Mann küßt, wenn er abends von der Arbeit heimkommt, und ein offenes Ohr für seine Sorgen und Ängste hat. Zwar sagte Carter zu, daß sich dies mit der zweiten Staffel endgültig ändern würde, und tatsächlich billigten die neuen Executive Producers Glen Morgan und James Wong ihr mehr Bildschirmzeit zu als zuvor, doch momentan (Anfang Juni 1998) sieht es danach aus, als würde sie die Serie dennoch verlassen und in der ab Herbst 1998 in den USA anlaufenden dritten Staffel von *Millennium* nicht mehr mit von der Partie sein. Schade, denn Megan Gallagher ist nicht nur eine wunderbare Schauspielerin und eine attraktive Frau, sondern auch ein durch und durch netter, umgänglicher Mensch. Trifft man sie persönlich, ist ihre Art offen und ehrlich. Sie spricht ohne Scheu über alles, was ihr in den Sinn kommt, darunter auch ihre Liebschaften, etwa mit dem Sohn des Präsidentschaftskandidaten John Dukakis oder dem TV-Star Tom Skerrit, und hat keine Hemmungen zu erklären, daß ihre Brüste im Gegensatz zu manch anderer Schauspielerin wirklich »echt« seien.

Sollte sie *Millennium* tatsächlich den Rücken kehren, wird sie in Zukunft wohl mehr Zeit in ihrem großzügigen Apartment im Westwood-Distrikt von Los Angeles verbringen, wo sie mit ihrem Basset Henry und einem halben Dutzend Katzen lebt, und sich zusammen mit ihrer Freundin Patti Kerrigan, die häufig auf ihre Tiere aufpaßt, um herumstreunende oder notleidende Katzen kümmern. Letztlich bleibt eigentlich nur noch zu erwähnen, daß Megan Gallagher niemals in der Serie *Dallas* zu sehen war, wie immer wieder behauptet wird. Die Megan Gallagher, die dort von 1979 bis 1981 die Rolle der Louella spielte, hat mit *dieser* Megan Gallagher nicht das geringste zu tun.

1983
Hill Street Blues (TV-Serie)

1984
George Washington (TV-Film)
Sins of the Past

1986
L. A. Law (TV-Serie)

1987
The Slap Maxwell Story (TV-Serie)

1988
China Beach (TV-Serie)

1989
Champagne Charlie (TV-Film)

1990
The Ambulance
(dt. *Ambulance*)

1991
And Then She Was Gone bzw. *In a Stranger's Hand*
(dt. *Der Fremde aus der U-Bahn*)
Pacific Station (TV-Serie)
Law & Order (TV-Serie)

1992

The Larry Sanders Show (TV-Serie)

1993

Star Trek: Deep Space Nine (TV-Serie)
Picket Fences (TV-Serie)

1994

The Birds II: Land's End
(TV-Film, dt. *Die Vögel II – Die Rückkehr*)

1995

Trade Off
Nowhere Man (TV-Serie)
Breaking Free

1996

E/R (TV-Serie, dt. *Emergency Room*)
Crosscut

Brittany Tiplady (Jordan Black)

Jordan ist die Tochter von Frank und Catherine Black und das helle Licht in Franks dunkler, von Gewalt dominierter Welt. Verkörpert wird der quirlige Sonnenschein von der jungen Kanadierin Brittany Tiplady. Brittany wurde 1990 in Richmond, British Columbia, geboren und war bereits mit zwei Jahren in der Rolle der Katie in dem TV-Film *Sin and Redemption* (1992) zu sehen, nachdem sie von einem Freund ihres Vaters, einem professionellen Talentsucher, »entdeckt« worden war. Es folgten eine Reihe von Auftritten in Werbespots, die schließlich zu einem Engagement bei der kanadischen Fernsehserie *Adventures in Parenting: The Parent Zone* führten, bevor sie im Frühjahr 1996 schließlich die Rolle von Jordan Black in *Millennium* bekam und in diesem Part seit zwei Jahren fester Bestandteil der Serie ist. Für ihre Leistung in *Millennium* wurde sie vor kurzem in der Kategorie »Best Performance in a TV Drama Series – Supporting Young Actress« mit dem entsprechenden Award ausgezeichnet, der im März 1998 bei den Young Artist Awards of Hollywood im vornehmen Sheraton Universal Hotel in Universal City vergeben wurde. Eigentlich schauspielert sie gerne, doch manchmal stört es sie, daß man oft »früh aufstehen und am Set still sein muß«. Sie hat drei Goldfische mit den Namen Goldie, Comet und Sam und verbringt ihre Freizeit am liebsten mit Ballettanz und der Lektüre von Abenteuerromanen für Kinder.

Filmographie

1992
Sin and Redemption (TV-Film)

1994
Adventures in Parenting: The Parent Zone (TV-Serie)

Terry O'Quinn
(Peter Watts)

Obwohl Terry O'Quinn, mit bürgerlichem Namen Terrance Quinn, in den letzten zwanzig Jahren in über sechzig TV-Filmen, Serien und Kinoproduktionen zu sehen war und damit zu den meistbeschäftigten Schauspielern der Traumfabrik gehört, sind nur wenige Informationen über O'Quinns Leben bekannt, zumal der Akteur nur selten Interviews gibt. Fest steht nur, daß der 1951 geborene O'Quinn sich von 1970 bis 1974 an der Central Michigan University zum Schauspieler ausbilden ließ, bevor er sich seine ersten Meriten an Provinztheatern in Michigan und später im gesamten Mittleren Westen verdiente. Ende der siebziger Jahre landete er in New York, wo er zunächst am Off-Broadway arbeitete, bevor er mit *Curse of the Aching Heart* erstmals eine Hauptrolle in einer – wenn auch bescheidenen – Broadway-Produktion übernahm. Im gleichen Jahr erhielt er eine Rolle in der hierzulande nie gezeigten Seifenoper *The Doctors* angeboten, die zu diesem Zeitpunkt bereits seit über sechzehn Jahren im Fernsehen lief und für Stars wie Alec Baldwin, Kathleen Turner und Armand Assante der erste Schritt zum Erfolg gewesen war. Drei Jahre lang gehörte Terry O'Quinn zum festen Ensemble der Ärzte-Soap, bevor *The Doctors* 1982 schließlich eingestellt wurde. Zwischendurch hatte er bereits in einer Big-Budget-Hollywoodproduktion eine wichtige Nebenrolle gespielt, von der er hoffte, daß sie ihm weitere Angebote für Kinofilme einbringen würde. Die Chancen dafür standen zunächst nicht schlecht, denn *Johnson County Wars* (dt. *Heaven's Gate – Das Tor zum Himmel*) versprach durchaus ein erfolgreicher Streifen zu werden. Erzählt wird darin die Geschichte eines von der US-Regierung geduldeten Massakers an

polnischen Einwanderern kurz vor der Jahrhundertwende, die angeblich die Lebensweise der Amerikaner im Mittelwesten zu unterminieren drohten, wobei Terry O'Quinn in der Rolle von Captain Minardis zu sehen ist, einem der Männer, die für das Blutbad verantwortlich sind. Doch die Probleme begannen schon während der Dreharbeiten, denn der ursprünglich mit einem Budget von zehn Millionen Dollar veranschlagte Streifen wurde mit jedem Produktionstag teurer, bis der Etat schließlich bei für damalige Verhältnisse astronomischen vierzig Millionen Dollar lag, was das produzierende Studio United Artists daran hinderte, weitere Filme zu produzieren, bis *Johnson County Wars* das Geld wieder eingespielt hätte. Doch das geschah nicht, denn obwohl der Film von den Kritikern hochgelobt wurde, war er an den Kinokassen ein vollkommener Flop und spielte in den Vereinigten Staaten noch nicht einmal zwei Millionen Dollar wieder ein, was für United Artists den Konkurs bedeutete. Aber während die Hauptdarsteller Kris Kristofferson und Christopher Walken nach dieser Katastrophe bei den Filmstudios jahrelang auf schwarzen Listen standen, hatte Terry O'Quinn trotz des ausgebliebenen Karriereschubs nach dem Ende von *The Doctors* keine Schwierigkeiten, weitere Rollen zu bekommen, wenn auch immer nur als Nebendarsteller, wie etwa in *Places in the Heart* (dt. *Ein Platz im Herzen*) mit Sally Field oder an der Seite von Mel Gibson und Diane Keaton in *Flucht zu dritt*, bevor er in der Stephen-King-Verfilmung *Silver Bullet* (dt. *Der Werwolf von Tarker Mills*) erstmals mit seinem späteren *Millennium*-Kollegen Bill Smitrovich vor der Kamera stand.
In den nächsten Jahren war er in einem Dutzend weiterer Kino- und Fernsehfilme zu sehen, bevor man ihm 1987 schließlich zum ersten – und bislang einzigen – Mal die Hauptrolle in einem unabhängig produzierten Kinofilm mit dem Titel *The Stepfather* anbot. O'Quinn, der hier in der wohl grandiosesten Rolle seiner bisherigen Karriere

zu sehen ist, verkörpert in *The Stepfather* Jerry Blake, einen Serienkiller, dessen sehnlichster Wunsch es ist, in einer perfekten Familie zu leben. Blake, charmant und intelligent, sucht daher nach alleinstehenden Frauen mit Kindern, denen er ein treusorgender Ehemann und liebender Vater sein kann. Seinen Vorstellungen von Perfektion kann jedoch keine Familie gerecht werden, woraufhin Jerry sich seiner »Lieben« kurzerhand entledigt, um die Stadt zu verlassen und an einem anderen Ort ein neues Leben zu beginnen. Die Geschichte von *The Stepfather* beginnt ein Jahr nach seiner letzten Tat, als Jerry der Stiefvater der sechzehnjährigen Stephanie wird, die ihm zwar anfangs mit Mißtrauen begegnet, aber von ihm mit List und Tücke von seinen ehrlichen Absichten überzeugt wird. Natürlich ist es nur eine Frage der Zeit, bis seine neue Familie seinen Ansprüchen von Perfektion nicht mehr genügt, und er beginnt, parallel zur Vorbereitung des Mordes an Stephanie und ihrer Mutter eine neue Vita zu erarbeiten, eine neue Familie zu gründen, um im Anschluß an die Tat sofort untertauchen zu können. Doch diesmal hat er die Rechnung ohne seine Stieftochter gemacht.

The Stepfather gehört zu den spannendsten, interessantesten Thrillern der achtziger Jahre. In den USA war der Independentstreifen ein Sensationshit an den Kinokassen, und auch in Europa genießt der Film längst so etwas wie Kultstatus, was in erster Linie Terry O'Quinns beeindruckender Leistung zu verdanken ist. Sein Spiel zwischen Liebe und Wahn beeindruckte Kritiker und Zuschauer gleichermaßen, so daß es nicht lange dauerte, bis er weitere Kinoangebote erhielt. Er spielte danach in dem Brad-Pack-Western *Young Guns*, in dem sich Hollywoods Jungstars die Klinke in die Hand gaben, während er nebenbei für eine Reihe von Fernsehfilmen aus der Herz-Schmerz-Ecke vor der Kamera stand, bevor 1989 die Fortsetzung von *The Stepfather*, *Stepfather II: Make Room for Daddy* in die Kinos kam, der der große Erfolg des Originals trotz Terry

O'Quinns brillanter Leistung zwar verwehrt blieb, die aber immerhin noch so gut lief, daß die Produzenten den Schauspieler für einen dritten Teil engagieren wollten. O'Quinn lehnte das Angebot allerdings ab, so daß in *Stepfather III* ein anderer Akteur in der Rolle des Jerry Blake zu sehen ist. Dennoch schien O'Quinns Weg weiter aufwärts zu führen. Den Höhepunkt dieser Entwicklung stellte schließlich der von Starregisseur Philip Noyce inszenierte satirische Actionthriller *Blind Fury* (dt. *Blinde Wut*) mit Rutger Hauer dar. Doch der Film, in dem O'Quinn in der Rolle eines schlitzohrigen Betrügers zu sehen ist, der sich mit einer mafiaähnlichen Organisation anlegt, ging an den Kinokassen baden, und damit, so schien es, auch Terry O'Quinns Hollywoodkarriere. In der nächsten Zeit blieben Angebote für Kinoproduktionen aus. 1991, zwei Jahre und ein halbes Dutzend Fernsehfilme später, erhielt er endlich wieder eine Rolle in einer Big-Budget-Produktion, doch Disneys aufwendige Comicverfilmung *The Rocketeer* (dt. *Der Rocketeer*), in der er als exzentrischer Multimilliardär Howard Hughes zu sehen ist, erwies sich wie zuvor *Blind Fury* als Flop, obwohl *The Rocketeer* eigentlich solides Popcornkino mit guten Darstellern und gelungenen Spezialeffekten ist.

Wiederum war O'Quinn fortan eine ganze Weile nur im Fernsehen zu sehen, hauptsächlich in Fernsehfilmen mit so vielversprechenden Titeln wie *Psychoterror im Büro*, *Killer im Kreißsaal* oder *Augen des Todes*, aber auch in Serien wie *J.A.G.* (dt. *J.A.G. – Im Auftrag der Ehre*), *Star Trek: The Next Generation*, *Tales from the Crypt* und *Earth 2*, bevor sich die Filmstudios 1996 wieder an ihn erinnerten und ihm gleich mehrere Rollen in so unterschiedlichen Streifen wie George Pan Cosmatos Western *Tombstone*, dem Thriller *Primal Fear* (dt. *Zwielicht*) mit Richard Gere oder Rob Reiners Anti-Rassismus-Drama *Das Attentat* anboten, wo er einen Richter spielt. Da er seitdem wieder regelmäßig Rollen in Kinofilmen angeboten bekommt, kam es Terry O'Quinn ganz gelegen, daß er in *Millennium* eigentlich nur eine Nebenrolle spielen sollte. In seiner Rolle als Peter Watts bestand seine Aufgabe ursprünglich lediglich darin, Frank Black in der Pilotepisode in die Millennium-Gruppe einzuführen und sich als sein Kontaktmann vorzustellen. Aufgrund von Peter Watts' Status wurden zwar weitere Gastauftritte in Aussicht gestellt, doch daß sich aus diesem Part im Lauf der Zeit eine zweite Hauptrolle entwickeln würde, war so weder von Chris Carter noch von O'Quinn vorgesehen, der seit dem Start der Serie zum festen Ensemble von *Millennium* gehört. Letzteres hat ihn aber nicht davon abhalten können, nebenbei noch in diversen Kinofilmen mitzuwirken, wie zum Beispiel in George Cosmatos zu Unrecht geflopptem Verschwörungsthriller *The Shadow Conspiracy* (dt. *Verschwörung im Schatten*). Auch im großen *X-Files*-Kinofilm *Fight the Future* (dt. *Akte X – Der Film*) war er 1998 zu sehen, wo er aber nicht, wie zunächst viele glaubten, Peter Watts verkörperte, sondern eine neue Figur namens Darius Michaud.

Filmographie

1979
The Doctors (TV-Serie)

1980
F.D.R.: The Last Year (TV-Film)
Heaven's Gate bzw. *Johnson County Wars*
(dt. *Heaven's Gate – Das Tor zum Himmel)*

1983
All the Right Moves

1984

Mrs. Soffel

Places in the Heart
(dt. *Ein Platz im Herzen*)

1985

An Early Frost (TV-Film)

Mischief

Right to Kill? (TV-Film)

Silver Bullet bzw. *Stephen King's Silver Bullet*
(dt. *Der Werwolf von Tarker Mills*)

1986

Between Two Women (TV-Film)

Black Widow
(dt. *Die schwarze Witwe*)

Shadow Warriors

Space Camp

Women of Valor (TV-Film)

1987

The Stepfather
(dt. *Kill, Daddy, Kill* bzw. *The Stepfather* bzw.
Spur in den Tod 2)

When the Time Comes (TV-Film)

1988

Pin

Stranger on My Land (TV-Film)

Young Guns (dt. *Young Guns*)

1989

Blind Fury (dt. *Blinde Wut*)
Roe vs. Wade
(TV-Film, dt. *Eine Frau klagt an*)
The Stepfather II bzw. *The Stepfather II: Make Room for Daddy*
(dt. *Stepfather 2*)

1990

Danielle Steel's Kaleidoscope (TV-Film)
The Forgotten One
Perry Mason: The Case of the Desperate Deception (TV-Film)
Prisoners of the Sun bzw. *Blood Oath*

1991

Company Business (dt. *Company Business*)
The Last to Go (TV-Film)
Shoot First: A Cop's Vengeance bzw. *Vigilante Cop*
(TV-Film, dt. *Die Rache*)
The Rocketeer (dt. *Der Rocketeer*)
Son of the Morning Star (TV-Film)

1992

A Good Fight (TV-Film)
Deliver Them from Evil: The Taking of Alta View
(TV-Film, dt. *Killer im Kreißsaal*)
The Cutting Edge (dt. *Leidenschaft auf Eis*)
My Samurai
Sexual Advances (TV-Film)
Trial: The Price of Passion (TV-Film)
Wild Card (TV-Film)

1993
Star Trek: The Next Generation (TV-Serie)
Amityville: A New Generation
(dt. *Amityville – A New Generation)*
Visions of Murder bzw. *Visions of Terror*
(TV-Film, dt. *Augen des Todes*)
Born Too Soon (TV-Film)
Tombstone (dt. *Tombstone*)

1994
The X-Files (TV-Serie)
Don't Talk to Strangers (TV-Film)
Heart of a Child (TV-Film,
dt. *Ein Herz für mein Baby*)
A Friend to Die For
bzw. *Death of a Cheerleader* (TV-Film)
Justice in a Small Town
bzw. *Hard Evidence* (TV-Film)
Lipstick Camera
MacShayne: Winner Takes All (TV-Film)

1995
Earth 2 (TV-Serie)
Ray Alexander: A Menu for Murder (TV-Film)
Tales from the Crypt (TV-Serie)
Matlock (TV-Serie, dt. *Matlock*)

1996
J.A.G. (TV-Serie, dt. *J.A.G. – Im Auftrag der Ehre)*
Primal Fear (dt. *Zwielicht*)

1997
The Shadow Conspiracy
(dt. *Verschwörung im Schatten*)

1998
Fight the Future bzw. *The X-Files Movie*
(dt. *Akte X – Der Film)*

Bill Smitrovich
(Bob Bletcher)

Schaut man sich die Filmographie von Bill Smitrovich an, dann fällt auf, daß er bisher in erster Linie in den Rollen von ehrlichen, bodenständigen Polizeibeamten zu sehen war, die ihr Herz am rechten Fleck haben. Es gibt kaum eine Krimiserie, in der er noch keine Gastrolle hatte, was den Schauspieler in einem Interview dazu veranlaßte, ironisch zu bemerken, daß er eigentlich schon längst in den Ruhestand treten und seine Pension verlangen könnte.

Dabei kommt die Bodenständigkeit, die ihn in den Augen vieler Produzenten für den Part des guten Cops in einer bösen Welt prädestiniert, nicht von ungefähr. Sein Vater starb, als er gerade siebzehn Jahre alt war. Für den aus einfachen Verhältnissen stammenden Smitrovich hieß das, daß er plötzlich auf eigenen Beinen stehen mußte. Er wollte eigentlich die Universität besuchen, doch nach dem Tod des Vaters fehlte das hierfür notwendige Geld. Um seinen Traum dennoch verwirklichen zu können, nahm er fast jede Stellung an, die ihm angeboten wurde. So gelang es ihm schließlich, das Geld für sein Studium aufzutreiben, um an der University of Bridgeport Theater studieren zu können. Nebenher ließ er sich zur Hilfskraft für die Betreuung behinderter Kinder ausbilden und arbeitete in sozialen Einrichtungen. Nach seinem Abschluß entschloß er sich, zwei weitere Jahre an der Universität von Northampton, Massachusetts, zu studieren, um schließlich eine Stellung als wissenschaftlicher Mitarbeiter der Universität von Amhurst anzutreten. Hier gründete er zusammen mit einigen Kollegen *The No Theatre Company*, eine Theatergruppe, mit der er durch die Staaten von Neuengland tourte, nachdem sein Vertrag mit der Hochschule abgelaufen war. Da sie von

Komödien über Dramen bis hin zu zeitgenössischen Stücken alles spielten, was gefragt war, genoß die *Company* in Theaterkreisen schon bald einen guten Ruf, was letztendlich zu einem Engagement in New York führte – und dazu, daß Smitrovich sich von der Gruppe trennte, um im Big Apple allein sein Glück als Schauspieler zu versuchen.

Nach seinem Umzug nach New York erhielt er relativ schnell Arbeit am Theater, jedoch nicht, wie er gehofft hatte, als Akteur. Für Arthur Millers Stück *The American Clock* wurde er als assistierender Bühnenmanager engagiert. Nebenbei nahm man ihn auch als Zweitbesetzung des Hauptdarstellers unter Vertrag, damit er einspringen konnte, falls sein Kollege ausfiel. Nachdem seine Aufgabe sich eine Weile hauptsächlich darauf beschränkt hatte, dafür zu sorgen, daß Schauspieler und Requisiten pünktlich zu den Aufführungen erschienen und dort standen, wo sie hingehörten, kam schließlich eines Tages Bill Smitrovichs große Stunde, als der Hauptdarsteller aus gesundheitlichen Gründen ausfiel und er seinen Part auf der Bühne übernahm. Dreimal spielte er die Hauptrolle des Stücks, bis sein Kollege wieder gesund war. Gleichwohl hatte er durch seine solide Leistung einiges an Boden gewonnen, so daß er nach seiner Rückkehr nach New York in einer ganzen Reihe von Werbespots auftrat, was ihm ein gutes Einkommen bescherte, bevor er 1982 schließlich für *Muggable Mary, Street Cop* (dt. *Mary schafft sie alle*), dem Pilotfilm zu einer nie realisierten Krimiserie, zum ersten Mal vor einer Filmkamera stand. Bereits damals hatten ihm die Produzenten jenen Part zugedacht, der ihn seither verfolgt wie sein Schatten: der ehrliche, aufrechte Polizist.

In der nächsten Zeit spielte er in einer Reihe von Serien und Kinofilmen mit, die in New York produziert wurden, darunter die Komödie *Splash* (dt. *Splash – Meerjungfrau am Haken*) mit Tom Hanks, bis er ein Engagement in der Hitshow *Miami Vice* erhielt und dabei den Produzenten Michael Mann kennenlernte. Nachdem Smitrovich 1986 zusammen mit seinem späteren *Millennium*-Kollegen Terry O'Quinn für den Horrorstreifen *Silver Bullet* (dt. *Der Werwolf von Tarker Mills*) vor der Kamera gestanden hatte, erhielt er einen Anruf von Mann, der sich erkundigte, ob er bereit wäre, eine Rolle in seinem grandiosen Thriller *Manhunter* nach dem Roman *Red Dragon* (dt. *Roter Drache*) von Thomas Harris zu übernehmen. Wie später in *The Silence of the Lambs* steht auch in *Manhunter* die Figur des kannibalistischen Psychologen Dr. Hannibal Lector (hier noch Lector, nicht Lecter) im Mittelpunkt der Geschichte. Manns Inszenierung besticht durch eine dichte Atmosphäre und schier atemlose Spannung, so daß sich der Film keineswegs hinter dem fünffach oscargekrönten *The Silence of the Lambs* von Jonathan Demme zu verstecken braucht. Leider kam der Streifen, in dem Bill Smitrovich – natürlich, möchte man fast sagen – einen Polizisten spielt, einige Jahre zu früh in die Kinos, bevor Serienkiller so trendy wurden, wie sie es heute sind, so daß *Manhunter* an den Kinokassen ein großer Erfolg verwehrt blieb. Dennoch hatte die Produktion für Smitrovich sein Gutes, denn Michael Mann setzte seine Zusammenarbeit mit ihm fort, indem er ihn für die Serie *Crime Story* engagierte, eine Art *Miami Vice*, die in den späten fünfziger Jahren spielt, wo er zwei Staffeln lang in der Rolle des Detective Danny Krychek zu sehen war, bevor er die Show schließlich verließ, weil er für ein vielversprechendes TV-Projekt als Hauptdarsteller engagiert wurde, das ihm die Möglichkeit gab, zumindest kurzzeitig der Rolle des ewigen Polizisten zu entkommen. In *Life Goes On* (dt. *Alles okay, Corky*) spielt Smitrovich den Vater des mongoloiden, geistig behinderten Jungen Corky. Die Serie verstand sich als Bollwerk gegen Vorurteile, was sich in den Geschichten niederschlug, die von gewöhnlichen Alltagserlebnissen handelten, ohne darauf herumzureiten, daß die Hauptfigur der Serie, Corky

Thatcher, behindert ist. Doch leider war der ambitionierten Serie kein großer Erfolg beschieden, und so kam es, daß Smitrovich nach dem Ende von *Life Goes On* wieder in diversen Fernsehserien in seiner gewohnten Rolle als Gesetzeshüter zu sehen war, bevor er 1994 in dem TV-Film *Children of the Dark* (dt. *Children of the Dark – Ein Leben in Dunkelheit*) auftrat, der authentischen Geschichte zweier Mädchen, die unter einer seltenen Sonnenallergie leiden, die es ihnen unmöglich macht, sich dem Tageslicht auszusetzen. Da sie von ihren Eltern quasi hermetisch von der Außenwelt abgeriegelt werden, beginnen bald Gerüchte die Runde zu machen, sie seien Vampire.

Nach einer Gastrolle in *Star Trek: The Next Generation* wurde Smitrovich 1995 für John Badhams maßlos unterschätzten Endzeitthriller *Nick of Time* (dt. *Gegen die Zeit*) gecastet, wo er an der Seite von Johnny Depp zwar wieder einen Polizisten spielt, der sich im Verlauf der Geschichte aber keineswegs als Vertreter von Recht und Ordnung entpuppt und somit Smitrovichs erste – und bislang einzige – Schurkenrolle ist. Gegen seinen »Typ« besetzt wurde er im selben Jahr ebenfalls in der Comicverfilmung *The Phantom* (dt. *Das Phantom*). Doch während *The Phantom* an den Kinokassen gnadenlos unterging, wurde der nächste Streifen, in dem Smitrovich agierte, ein Riesenhit: *Independence Day* von Roland Emmerich. Seitdem war er in einem guten halben Dutzend weiterer Kinofilme wie etwa *The Trigger Effect* von Davie Koepp und Wolfgang Petersens *Air Force One* zu sehen.

Obwohl es sich ausschließlich um kleine Rollen handelte, konnte Bill Smitrovich von seinen Kinoauftritten und den gelegentlichen Ausflügen zum Theater ein recht zufriedenes Leben führen, so daß er eigentlich vorhatte, nicht mehr zum Fernsehen zurückzukehren. Doch dann erhielt er von Chris Carter das Angebot für *Millennium* und konnte schließlich nicht widerstehen, den Part des Lieutenant

Robert »Bob« Bletcher zu übernehmen. Zwar war sein Charakter genau wie Terry O'Quinns Peter Watts eigentlich nur für die Pilotepisode »The Frenchman« geplant, doch man hatte Smitrovich von Anfang an in Aussicht gestellt, die Rolle unter Umständen auszubauen, was dann auch geschah, so daß Smitrovich praktisch die gesamte erste Staffel über in fast jeder Episode zu sehen war, bevor Bletcher in »Lamentation« das Zeitliche segnete – angeblich das Resultat von persönlichen Differenzen zwischen Smitrovich und Lance Henriksen. Seitdem widmet sich Bill Smitrovich wieder verstärkt seiner Kinoarbeit und wird in nächster Zeit mit Sicherheit häufiger auf der großen Leinwand zu bewundern sein. Die Frage ist nur, in welcher Rolle …

Filmographie

1982
Muggable Mary, Street Cop
(TV-Film, dt. *Mary schafft sie alle*)
A Little Sex

1983
Without a Trace

1984
Splash (dt. *Splash – Meerjungfrau am Haken)*
Miami Vice (TV-Serie)
Maria's Lovers
Born Beautiful (TV-Film)

1985
Silver Bullet bzw. *Stephen King's Silver Bullet* (dt. *Der Werwolf von Tarker Mills*)
Key Exchange
The Beniker Gang bzw. *Dear Lola, or How to Start Your Own Family*

1986
Manhunter bzw. *Red Dragon: The Pursuit of Hannical Lector* (dt. *Manhunter* bzw. *Blutmond*)
Crime Story (TV-Serie)

1988
A Killing Affair (dt. *Eine verhängnisvolle Affäre*)

1989
Renegades
Her Alibi (dt. *Ninas Alibi*)
Life Goes On (TV-Serie, dt. *Alles okay, Corky*)

1990
Crazy People

1993
Labor of Love: The Arlette Schweitzer Story (TV-Film)
Gregory K. bzw. *Switching Parents* (TV-Film)
Star Trek: Deep Space Nine (TV-Serie)

1994
Children of the Dark (TV-Film, dt. *Children of the Dark – Ein Leben in Dunkelheit*)

1995
Texas Justice (TV-Film)
Nick of Time (dt. *Gegen die Zeit*)
Bodily Harm

1996
The Trigger Effect
The Phantom (dt. *Das Phantom*)
Independence Day

1997
Air Force One

1. STAFFEL

Stabliste

Produktionsteam

Produktionsfirma	Fox Television, Ten Thirteen Productions
Executive Producer	Chris Carter
Co-Executive Producers	David Nutter, Ken Horton, Frank Spotnitz
Co-Executive Producer (L. A.)	Jorge Zamacona
Co-Executive Producer (B. C.)	John Peter Kousakis
Associate Producer	Jon-Michel Preece
Consulting Producers	Ted Mann, James Wong & Glen Morgan
Co-Producers	Ken Dennis, Robert Moresco, Chip Johannessen
Creative Consultant	Walon Green
Schnitt	Stephen Mark, Chris Willingham, George Richard Potter
Visual Effects	Area 51
Special Effects Supervisor	Glenn Campbell
Visual Effects Producer	Tim McHugh
Special Makeup Effects	Lindala Makeup Effects, Inc.
Production Designers	Gary Wissner (Pilot), Mark Freeborn, Sheila Haley
Kamera	Peter Wunstorf (Pilot), Robert McLachlan
Musik	Mark Snow
Original Casting	Randy Stone

Casting	Rick Pagano, Debi Manwiller
Musikschnitt	Jeff Charbonneau
Special Effects Coordinator	Toni Pedersen
Story Editor	Charles Holland

Besetzung

Lance Henriksen	Frank Black
Megan Gallagher	Catherine Black
Brittany Tiplady	Jordan Black
Bill Smitrovitch	Lt. Bob Bletcher
Terry O'Quinn	Peter Watts
Stephen James Lang	Detective Giebelhouse
CCH Pounder	Cheryl Andrews

MLM-101

»Pilot« bzw. »The Frenchman« (»Der jüngste Tag«)
Regie: David Nutter
Drehbuch: Chris Carter
US-Erstausstrahlung: 25.10.1996 (DE: 10.10.1997)
Wertung: **MMMMM**

»Things fall apart. The centre cannot hold.
Mere anarchy is loosed upon the world.
The blood-dimmed tide is loosed, and everywhere,
the ceremony of innocence is drowned.«

»Die Dinge fallen auseinander. Die Mitte hält nicht mehr.
Bloße Anarchie bricht aus über die Welt,
und überall wird der heilige Vorgang der Unschuld
ertränkt von blutgeblendeten Strömungen.«

William Butler Yeats,
The Second Coming (Der jüngste Tag)

Gaststars

Terry O'Quinn (Peter Watts), Michael Puttonen (Massey), Jared Blancard (junger Mann), Jim Thornburn (Mann im Sarg), Kimm Wakefield (junge Frau), John Destry (Fahrer auf der Brücke), Liza Huget (Krankenschwester), Bill Smitrovich (Bob Bletcher), Jim

Filippone (Hubschrauberpilot), Don MacKay (Jack Meredith), Paul Dillon (»Franzose«), April Telek (Calamity), Kate Luyben (Stripperin)

Songs

More Human Than Human & *Hands of Death* von White Zombie, *Head Like A Hole* & *Piggy* von den Nine Inch Nails, *Roads* von Portishead

Inhalt

Eine Peep-Show, irgendwo in einer heruntergekommenen Seitenstraße im Zentrum von Seattle, Washington. Einer der Besucher hält den Stripperinnen Zettel mit französischen Gedichten an die Glasscheibe. Er sucht sich eine der Tänzerinnen mit Namen Calamity aus und bezahlt für eine Privatvorstellung. Während Calamity tanzt, zitiert der Franzose Passagen aus einem Gedicht von Yeats, der Offenbarung des Johannes und den Prophezeiungen des Nostradamus und hat Visionen, in denen er sieht, wie Blut die Wände hinunterläuft und die Tänzerin zu ertränken scheint, die von einem Meer aus Feuer umgeben ist. Eine einsame Träne rinnt die Wange des Franzosen herab.
Gerade in Seattle eingetroffen, fährt der ehemalige FBI-Profiler Frank Black mit seiner Frau Catherine und Töchterchen Jordan vorm neuen Heim der Familie vor. Frank, der seinen Dienst beim FBI in Washington, D. C., nach zehn Jahren quittiert hat, um in seine Heimatstadt zurückzukehren in der Hoffnung, hier in Ruhe und Frieden leben zu können, hat das ganze Haus gelb streichen lassen.

Nachdem er seinen Nachbarn Jack Meredith kennengelernt hat, stößt er in der Tageszeitung auf einen Bericht über den brutalen Mord an der Stripperin Calamity. Daraufhin wendet er sich an einen alten Freund bei der Polizei von Seattle, Lieutenant Robert »Bob« Bletcher von der Mordkommission, der in dem Fall ermittelt. Frank bittet Bletcher um nähere Informationen und bietet dem Lieutenant seine Hilfe an, da er mit dieser Art von Verbrechen beim FBI jeden Tag zu tun hatte. Er bittet darum, die Leiche sehen zu dürfen, doch als der Pathologe das Laken zurückschlagen will, weiß Frank bereits aus einer Art Vision, daß der Killer seinem Opfer den Kopf und die Finger abgetrennt hat. Frank glaubt, daß der Täter vollkommen außer Kontrolle ist und in nicht allzu ferner Zukunft wieder zuschlagen wird, solange, bis sie ihn schnappen. Deshalb offeriert er Bletcher die Dienste einer Organisation namens Millennium-Gruppe, einem Spezialistenteam, dessen Mitglieder ehemalige Polizisten, FBI-Agenten und anderen Spitzenleute der Strafverfolgungsbehörden sind; Frank arbeitet seit seinem Ausscheiden beim FBI bei der Gruppe mit. Nach seinem Besuch bei Bletcher begibt sich Frank zu der Peep-Show und spricht mit einer Kollegin der Toten, die ihm von dem Franzosen berichtet, für den Calamity getanzt hat. Frank bemerkt, daß jede Kabine mit einer versteckten Kamera ausgerüstet ist, die alles filmt, was darin vorgeht. Während der Unterhaltung mit der Stripperin hat er dieselben Visionen wie der Killer. Unterdessen streift der »Franzose« durch einen dunklen Park am Stadtrand, wo sich Homosexuelle und Stricher versammelt haben. Wie zuvor beginnt er zu halluzinieren und glaubt, Männer mit zugenähten Augen und Mündern zu sehen. Nur mühsam kann er sich beherrschen, doch gerade, als er wegfahren will, klopft ein junger Mann an die Scheibe seines Wagens und steigt unaufgefordert ein …

Am nächsten Morgen erhält Frank einen Anruf von Bletcher, der ihn bittet, zum Fundort einer vollkommen verkohlten Leiche zu kommen.

Dort angekommen, hat er eine Vision, wie der Tote brennend durch den Wald taumelt, was ihn und Bob schließlich zu einem nahe des Flusses vergrabenen Sarg führt, der zwar leer ist, aber deutliche Spuren aufweist, daß darin vor kurzem ein Mensch gefangengehalten wurde. In den Sargdeckel hat jemand das französische Wort »Peste« – Pest – eingeritzt. Frank ist überzeugt, daß Calamitys Mörder auch den verbrannten Mann auf dem Gewissen hat. Bob Bletcher drängt darauf, mehr über Franks Fähigkeiten und die Millennium-Gruppe zu erfahren, für die er tätig ist, doch Frank erwidert, daß der Zeitpunkt dafür noch nicht reif sei. Als er nach Hause kommt, wartet vor dem Haus bereits ein weiteres Mitglied der Millennium-Gruppe auf ihn, Peter Watts, der ihm weitere Unterlagen über den Fall übergibt und erklärt, daß Frank bei seinen Ermittlungen mit der ganzen Unterstützung der Gruppe rechnen könne. Als Frank wenig später in seinem Kellerbüro die Akten durchsieht, aus denen hervorgeht, daß man am Fuß der beiden Leichen eine Einstichstelle gefunden hat, obwohl es keine Hinweise darauf gibt, daß den Toten etwas gespritzt wurde, stößt er in der Zeitung zufällig auf ein Foto, auf dem auf einem Brückenträger das Wort Peste zu sehen ist. Das Bild führt ihn direkt zu dem entlegenen Waldstück, in dem der Mörder sein letztes Opfer gefunden hat. Erneut hat er eine Vision und sieht die Homosexuellen durch die Augen des Killers: entstellt und gräßlich. Als er durch den Wald geht, taucht vor ihm plötzlich der Killer auf, und obwohl Frank sein Gesicht nicht erkennen kann, wissen beide instinktiv, wen sie vor sich haben. Der Killer flieht. Frank nimmt die Verfolgung auf, verliert den Franzosen aber, als er scheinbar von einer hohen Autobahnbrücke in den Fluß springt. Wieder zu Hause, geht Frank daran, das Videoband aus der Peep-Show zu untersuchen. Nach mehrmaligem Anhören gelingt es ihm, die Texte, die der Mörder rezitiert, zu entziffern. Er fährt ins Polizeipräsidium und erläutert Bletcher und seinen Leuten das Täterprofil. Er erklärt, daß der Killer besessen sei von der Apokalypse, die sich ankündigt in den Unreinen und Verruchten, die über die Welt kommen. Außerdem würden ihm seine sexuelle Verunsicherung und seine homosexuellen Neigungen Schuldgefühle verursachen, die er durch seine Taten zu bekämpfen versucht. Er will die seiner Meinung nach von Sünde durchsetzte Stadt durch die Morde reinigen und damit den drohenden Weltuntergang abwenden. Bletchers Team reagiert ablehnend auf Franks Ausführungen. Nur Bob selbst glaubt, daß Frank recht haben könnte, und bittet ihn erneut, mehr von seiner besonderen Fähigkeit zu erzählen. Frank erklärt, daß seine Gabe es ihm erlaube, in die Köpfe der Täter einzudringen und in die tiefsten Abgründe ihrer Seelen zu blicken, indem er sich in sie und ihre Welt hineinversetzt. Doch seine Visionen haben ihn in den Zusammenbruch getrieben, und als er dann eines Tages mit der Post anonyme Polaroidfotos zu erhalten begann, die jemand von seiner Familie aufgenommen hatte, war das für ihn schließlich der Anlaß, seinen Job beim FBI an den Nagel zu hängen und in seine Heimatstadt Seattle zurückzukehren, in der Hoffnung, daß Catherine und Jordan hier vor den Nachstellungen des Unbekannten in Sicherheit wären. Nach seiner Kündigung trat die Millennium-Gruppe an ihn heran und bot ihm an, ihm beim Umgang mit seiner Fähigkeit Hilfestellung zu leisten und ihm die Möglichkeit zu geben, seine Gabe zum Wohl der Menschen einzusetzen. Nach seinem Gespräch mit Bletcher fährt Frank nach Hause, doch als er dort ankommt, muß er erkennen, daß seine Frau und Jordan verschwunden sind. Zunächst befürchtet er das Schlimmste, bis ihm sein Nachbar mitteilt, daß Catherine mit Jordan ins Krankenhaus gefahren ist. Er rast ins Hospital und erfährt, daß seine Tochter eine seltsame Grippe hat, die sich die Ärzte nicht richtig erklären können. Zusammen mit seiner Frau wacht er in der Nacht am Bett des Mädchens. Als er sieht, wie eine Schwester Jordan Blut abnimmt, wird ihm mit einemmal klar, was die Einstiche an den Opfern zu bedeuten haben. Offenbar sucht der Franzose seine zukünftigen Opfer in einem Milieu, wo Krankheiten wie Aids, die neue Pest, weit verbreitet sind, entführt mutmaßlich Infizierte und nimmt ihnen Blut ab, um es zu untersuchen, während er die Gekidnappten in der Zwischenzeit in den Särgen im Wald versteckt. Von den Ergebnissen des Tests hängt dann seine weitere Vorgehensweise ab. Obwohl er sich große Sorgen um Jordan macht, geht Frank zu Bletcher und sucht zusammen mit ihm und einem Dutzend weiterer Polizisten den Fluß in der Gegend ab, wo sie zuvor den ersten Sarg gefunden haben. Es werden drei weitere eingegrabene Särge entdeckt, von denen einer »belegt« ist. Der Mann darin lebt noch; seine Augenlider und Lippen wurden mit groben Stichen verschlossen, die Handgelenke an die Brust genäht. Neben ihm im Sarg liegt ein abgetrennter Frauenkopf. Der Mann wird ins Krankenhaus gebracht. Als Bletcher Frank später in seinem Büro darüber informiert, daß der Gerettete eine Täterbeschreibung abgegeben hat, klingelt das Telefon. Frank erfährt, daß Nachforschungen ergeben haben, daß die Blutproben der Opfer anscheinend im hauseigenen Polizeilabor untersucht wurden. Er begibt sich ins Labor, wo sich einer der Techniker als der Killer erweist. Der Franzose greift Frank an, doch bevor er ihn mit einem Skalpell töten kann, erschießt Bletcher ihn. Nachdem Frank seiner Tochter beim Heimkommen einen Hund namens Benny geschenkt hat, sieht er die Tagespost durch und stößt dabei auf einen Brief ohne Absender, der Polaroidfotos von Catherine und Jordan enthält, die in Seattle aufgenommen wurden …

Kommentar

Der Pilotfilm von *Millennium* wurde im März 1996 innerhalb von achtzehn Tagen in Vancouver, British Columbia, abgedreht, und obwohl sich die Stunden manchmal endlos dehnten und das Wetter entsetzlich war, hatten alle Beteiligten dennoch das Gefühl, Geburtshilfe bei etwas Besonderem zu leisten. Auch Regisseur David Nutter ist dieser Ansicht und erklärte in Interviews, daß »The Frenchman« in jeder Hinsicht stark von seinem Besuch mit Chris Carter in Seattle beeinflußt worden sei, wo er sich das dortige Polizeipräsidium ansah und auch einigen Autopsien beiwohnte, die seiner Aussage zufolge großen Einfluß darauf hatten, wie er an die erste Episode der neuen Serie heranging. Nutter: »Sie zeigten mir dort eine Frau, der man in den Kopf geschossen hatte. Sie nahmen die Schädeldecke ab, und man konnte das Gehirn sehen. Dann schnitten sie das Gesicht weg, so daß ich den Schußkanal erkennen konnte. In das Gesicht dieser Frau geblickt zu haben verlieh mir die Kraft, dem Pilotfilm diese Authentizität zu geben. Ich wollte aus Achtung vor den Opfern die Folgen von Gewalt zeigen, sie im richtigen Licht erscheinen lassen, um so zu dokumentieren, wie wichtig jedes einzelne Menschenleben ist.«

Brillante Darsteller, erstklassige Musik (unter anderem *Piggy* von den Nine Inch Nails, *Roads* von Portishead und *More Human Than Human* von White Zombie), ein extrem düsteres Design, für das eigens der Produktionsdesigner von David Finchers ausgezeichnetem Thriller *Seven* (dt. *Sieben*), Gary Wissner, engagiert wurde, gute Kameraführung, hervorragende Spezialeffekte und eine Reihe von bemerkenswerten Szenen vor allem von Lance Henriksen und Bill Smitrovich verleihen dieser Episode im Grunde alles, was nötig ist, um einen Klassiker der Fernsehunterhaltung zu schaffen. Die Pilotfolge definiert bereits all das, was *Millennium* auszeichnet; sie ist düster, grimmig und stellenweise brutal, wenn Menschen mit zusammengenähten Augen und Mündern gezeigt werden oder sich herausstellt, daß der Franzose seinen Opfern die Handgelenke an die Brust genäht hat, um sie an der Flucht zu hindern. Auch wird bereits Bezug genommen auf die drohende Apokalypse, die in den biblischen Offenbarungen des Johannes angekündigt wird und der eigentliche Mittelpunkt der Serie ist. Doch im Endeffekt kommt sich Carter bei »The Frenchman« selbst ein wenig in die Quere, denn die gesamte Spannung, die sein Skript in den ersten vierzig Minuten heraufbeschwört, geht durch den lahmen, uninspirierten Showdown im Polizeilabor mit einem Schlag zum Teufel. In der einen Minute rätselt Frank noch fieberhaft, wer der brutale Serienkiller sein mag, in der nächsten Einstellung steht er dem Mörder bereits Auge in Auge gegenüber, ohne daß dafür mehr nötig gewesen wäre, als einen Anruf entgegenzunehmen. Man hat fast den Eindruck, als hätte Carter beim Schreiben des Drehbuchs aus den Augen verloren, daß die Pilotepisode von *Millennium* nicht anderthalb Stunden, sondern lediglich fünfundvierzig Minuten lang sein würde, und schließlich zusehen mußte, daß er irgendwie zum Ende kam. Das ist um so betrüblicher, als »The Frenchman« sonst zu einem wahren Meilenstein des gesamten Genres hätte werden können.

Wahre Hintergründe

Während des ersten Zusammentreffens zwischen Frank und seinem alten Freund Robert Bletcher im Polizeipräsidium kommt die Sprache auf einen – fiktiven – Serienkiller namens Leon Cole Pigitt, der seine Opfer bevorzugt mit Kartoffeln und Zwiebeln in der Bratpfanne zuzubereiten pflegte, bevor Frank ihn zur Strecke brachte. Tatsächlich gibt es unter den modernen Serial Killers eine ganze Reihe von

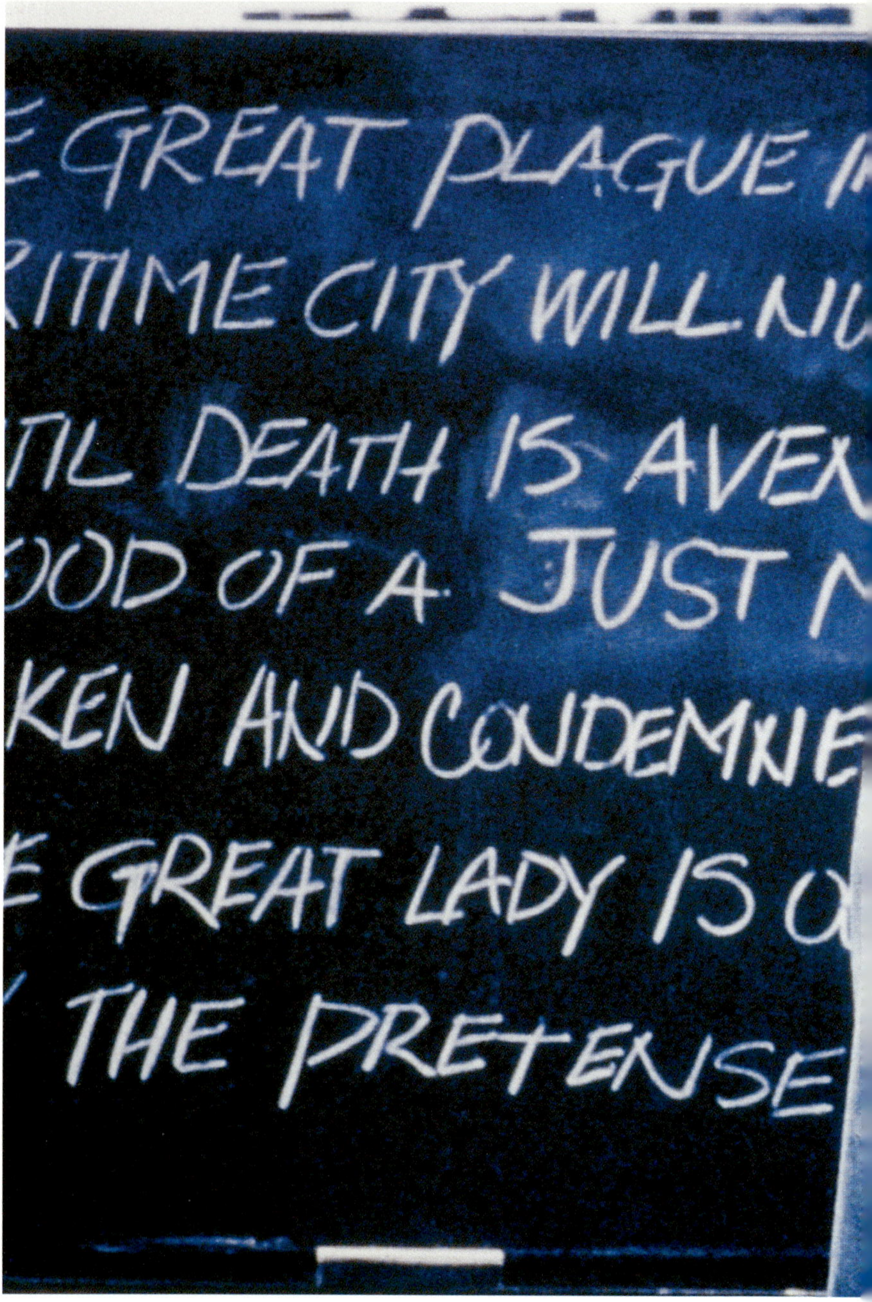

»Strecke deine Hand aus gen Himmel, so wird eine solche Finsternis kommen über das Land, daß man sie greifen kann.« Exodus 10, 21

Frank Black muß sich Herausforderungen stellen, die den Schrecken der biblischen Apokalypse oft wortwörtlich gleichen.

Partners in Crime: Gemeinsam mit Peter Watts (*Terry O'Quinn*) untersucht Frank Black einen grausigen Fund.

Kannibalen, wenn auch bei weitem nicht so viele, wie von den Medien verschiedentlich behauptet wird. Zu den schlimmsten Vertretern dieser »Art« gehören wohl Jeffrey Dahmer, Otis Toole und Albert Fish, der »Horror-Opa«, der sich selbst zwecks Lustgewinn dadurch geißelte, indem er sich über Jahre hinweg insgesamt siebenundzwanzig Metallnadeln in den eigenen Leib trieb, von denen einige bereits rosteten, als man ihn nach seiner Verhaftung im Gefängnis untersuchte. Während man bei der Durchsuchung von Jeffrey Dahmers Wohnung am 22. Juli 1991 im Kühlschrank und in der Gefriertruhe über ein Dutzend Plastikbeutel mit Muskeln, Herzen und anderen menschlichen Organen und Körperteilen fand, die von Dahmers siebzehn Opfern stammten und später »gekocht oder gebraten« werden sollten, hatte Otis Toole, der zeitweilig zusammen mit dem nicht weniger skrupellosen Henry Lee Lucas durch die Lande zog und bei dieser Odyssee des Terrors eigenen Angaben zufolge über hundert Menschen tötete – wobei Experten von hundertfünfzig bis zweihundert Opfern ausgehen –, sogar ein eigenes Rezept für Barbecuesauce, mit der er seine Opfer zu verspeisen pflegte; angeblich gewann jemand bei einem Kochwettbewerb in Australien tausend Dollar, als er Tooles Rezept bei der Jury einreichte. Doch verglichen mit Albert Fish waren Dahmer und Toole, die mittlerweile beide für ihre Verbrechen bezahlt haben (Dahmer wurde im Herbst 1994 von Mitgefangenen für seine grausamen Taten ermordet, während Toole am 15. September 1996 im Gefängniskrankenhaus an Leberversagen starb), regelrechte »Hobbyköche«, denn Fish, der zum Zeitpunkt seiner Verhaftung 1934 bereits vierundsechzig Jahre alt war und behauptete, weit über hundert Menschen getötet zu haben, bereitete die »Lieblingsteile« seiner Opfer – Brustfleisch, Nieren, Leber, Gesäß, Penis – zumeist als Ragout zu, mit Karotten, Zwiebeln, Futterrüben, Sellerie, Petersilie und Kartoffeln, um anschließend mit Salz und Pfeffer abzuschmecken. Fish wurde 1936 im Gefängnis von

Sing Sing auf dem elektrischen Stuhl hingerichtet. Es ist eine Tatsache, daß er den Vollzugsbeamten dabei half, die Elektroden an seinem Körper anzubringen, da er sich auf den »höchsten Nervenkitzel« freute, den er durch den tödlichen Stromstoß zu erfahren glaubte; unwahr hingegen ist, daß der erste Exekutionsversuch fehlschlug, weil die zwanzig Metallnadeln in seinen Genitalien in der Sicherung des Todesstuhls einen Kurzschluß verursachten.

MLM-102

»Gehenna« (»Gehenna«)
Regie: David Nutter
Drehbuch: Chris Carter
US-Erstausstrahlung: 01.11.1996 (DE: 17.10.1997)
Wertung: **MMM**

»I smell blood and an era of prominent madmen.«

»Ich rieche Blut und ein Zeitalter von berühmten Wahnsinnigen.«

W. H. Auden

Gaststars

Terry O'Quinn (Peter Watts), Bill Smitrovich (Bob Bletcher), Robin Gammell (Mike Atkins), Chris Ellis (Jim Penseyres), Sam Khouth (Dylan), Don MacKay (Jack Meredith), George Josef (Mr. Bolow), Stephen Holmes (Eedo), Chris Bradford (Fahrer), Henry O. Watson (Detective), Don McWilliams (Mann im Park), Nina Persachi (Mrs. Bolow)

Songs

Insane in the Brain, I Wanna Get High sowie *Hits From The Bong* von Cypress Hill

Inhalt

Eine Gruppe junger Männer fährt in zwei schwarzen BMWs durch die nächtlichen Straßen von San Francisco. In einem Park kauft einer von ihnen bei einem Dealer LSD und gibt den Stoff an seine Kumpels weiter. Sie fahren zu einem verlassenen alten Industriekomplex am Stadtrand, wo sie den jungen Eedo, der von den Drogen völlig benebelt ist, allein zurücklassen. Zuvor hat einer der Männer, Dylan, ihm geraten, besser davonzulaufen. Während sie mit dem Wagen davonfahren, läuft der völlig desorientierte Eedo weiter in die Anlage hinein. Als er ein seltsames Geräusch hört, blickt er auf – und sieht, wie sich ein geflügeltes Monster mit Klauen und Reißzähnen, das immer wieder für Bruchteile von Sekunden menschliche Gestalt annimmt, im Sturzflug auf ihn wirft.

Ortswechsel nach Seattle. Nachdem Frank Black an seinem Haus überall Bewegungsmelder angebracht hat, erhält er einen Anruf von Peter Watts, der ihn bittet, nach San Francisco zu kommen, um dort an einem Mordfall mitzuarbeiten. In einem öffentlichen Park haben Angestellte beobachtet, wie in den Rosenbeeten eine große Menge Asche ausgestreut wurde, und die Polizei gerufen, als sie bei der Asche ein beinahe intaktes menschliches Ohr fanden. Als er sich den Tatort ansieht, hat Frank eine Vision, in der er sieht, wie das Opfer – Eedo – hinter einer Glasscheibe bei lebendigem Leib verbrennt. Später in der Gerichtsmedizin erklärt ihm Penseyres, ein Mitglied der Millennium-Gruppe, daß inzwischen alle Asche aus dem Park zusammengetragen wurde. Es handle sich um insgesamt neununddreißig Pfund saubere Menschenasche, was den Überresten von sieben Erwachsenen entsprechen würde, die offenbar bei extrem hohen Temperaturen verbrannt wurden, da außer dem Ohr nichts von ihnen übriggeblieben ist. In dem Ohr werden Spuren von LSD und Reste einer Chemikalie gefunden, die von Großreinigungen benutzt wird, was Frank und Peter zu einem Industriekomplex am Stadtrand von San Francisco führt, der seit Jahren leersteht. Dort findet Frank in einer Pfütze mit blutigem Wasser mehrere offenbar herausgerissene menschliche Zähne. Während Watts die Zähne untersucht, schließt sich Mike Atkins ihren Ermittlungen an, der Frank mit der Millennium-Gruppe in Kontakt gebracht hat und neben Bletcher einer seiner wenigen Freunde ist. Frank hat ihm die Polaroidfotos seiner Familie zur Analyse geschickt, die man ihm anonym zugesandt hat (siehe MLM-101, »The Frenchman«), doch Atkins konnte nichts darüber herausfinden, außer, daß der Film im Staat Washington gekauft wurde und derjenige, wer auch immer die Bilder angefertigt hat, zum aktuellen Zeitpunkt offenbar – noch – nichts weiter will, als Frank zu ängstigen.

Anhand der gefundenen Zähne gelingt es schließlich, einen der Verbrannten als Eedo Below zu identifizieren, einen russischen Emigranten, der bereits seit einem halben Jahr als vermißt gilt. Peter Watts und Frank besuchen die Belows und erfahren, daß sich ihr Sohn von ihnen losgesagt hat, nachdem er mit einer Gruppe junger Leute in Kontakt gekommen war, die mit Geld um sich warfen und BMWs fuhren. Aus einem Abschiedsbrief von Eedo an seine Eltern geht hervor, daß er sich anscheinend einer Sekte angeschlossen hat, einem apokalyptischen Todeskult, der seinen ungläubigen Gefolgsleuten mit den Feuern der Gehenna, der hebräischen Hölle, droht, wenn sie nicht tun, was man von ihnen erwartet. Zur gleichen Zeit sind zahlreiche junge Männer von fast gleichem Äußeren in einem kargen

Großraumbüro dabei, am Telefon als »Bob Smith« Haarpflegeprodukte an wildfremde Menschen zu verkaufen. Unter ihnen ist auch Dylan, der versucht hat, Eedo zu warnen. Als ein Aufseher an seinen Tisch kommt und sieht, daß er heute noch nichts verkauft hat, wird deutlich, daß auch zu geringer Umsatz als Mangel an Glauben bewertet wird, und kurz darauf ist es Dylan selbst, der von seinen »Kollegen« zu dem Industriegebiet gefahren und unter Einfluß von LSD aus dem Wagen geworfen wird. Er hat panische Angst, da er glaubt, daß ihm dasselbe Schicksal droht wie den anderen, doch als er weiter in die Anlage vordringt, ist es Frank, der ihn aufgreift und mit zur Polizei nimmt, nachdem er sich, einer Eingebung folgend, noch einmal an dem Ort umgesehen hat. Während des Verhörs bekommen sie nichts aus Dylan heraus, der sich »Bob Smith« nennt und schreckliche Furcht vor irgend etwas hat. Erst als Frank mit ihm spricht und erklärt, daß er wisse, wovor er sich fürchtet, taut Dylan endlich auf und erklärt, daß niemand vor dem Antlitz der Bestie sicher sei. Es zeigt sich, daß die Mitglieder des Kultes, die sich blindem Gehorsam widersetzen und dem »Unglauben« frönen, nicht wie die anderen dazu bestimmt sind, den drohenden Weltuntergang zu überleben, sondern statt dessen von der »Bestie« gerichtet werden, die überall ist und nicht aufgehalten werden kann, was sich zu bestätigen scheint, als Dylan plötzlich zusammenbricht und Frank hilflos mit ansehen muß, wie er vor lauter Angst stirbt. Frustriert kehrt Frank nach Seattle zurück, wo er im Internet auf den Eintrag einer Firma mit Namen Gehenna International stößt, einem Chemiekonzern, der auch über eine Niederlassung in San Francisco verfügt. Als er Atkins über diesen Umstand informiert, teilt Mike ihm im Gegenzug mit, daß man an Dylans Kleidung Spuren eines Insektizids gefunden hat, das bei der Herstellung von Saringas benutzt wird, wie es bei dem Anschlag auf die U-Bahn in Tokyo verwendet wurde. Atkins macht sich sofort auf den Weg zur Zweigstelle der Gehenna International, doch Frank hat eine böse Ahnung und schickt ihm ein Polizeiaufgebot hinterher, als er ihn telefonisch nicht mehr erreichen kann. Wenig später stößt Atkins bei Gehenna International auf die verwaiste Telefonzentrale und ein umfangreiches Arsenal an Schußwaffen und biologischen Giftstoffen, mit dem der Kult allem Anschein nach dafür sorgen will, daß der Jüngste Tag auch wirklich kommt. Als er sich weiter umsieht, entdeckt er einen riesigen Brennofen mit Stahltür, in dem sich Asche und Knochen türmen. Doch er ist unvorsichtig und wird in der »Industriemikrowelle« eingeschlossen. Gerade als ein Mann die Anlage in Betrieb setzt, stürmt das von Frank alarmierte SWAT-Team das Lagerhaus, doch Atkins kann nur noch schwer verletzt geborgen werden. Der Chef der Gruppe und seine Anhänger werden festgenommen. Die Zahl der Opfer bleibt ungeklärt. Aber Frank weiß, daß das Böse immer überlebt – und daß es bloß auf eine günstige Gelegenheit wartet, um erneut zuzuschlagen.

Kommentar

»Gehenna« knüpft thematisch dort an, wo die Pilotepisode »The Frenchman« aufhört, und spielt erneut auf die Apokalypse an, die der Kult durch Waffengewalt und Giftgas herbeiführen will, und obgleich sich die Folge praktisch ausschließlich über die Handlung definiert, hätten einige zusätzliche Spannungsszenen »Gehenna« sicherlich gutgetan, da die bedrückende Atmosphäre, die den Serienauftakt kennzeichnet, hier fast totgeredet wird. Laut Chris Carter, der das Drehbuch zu dieser Episode schrieb, hatte »Gehenna« »eine bestimmte Funktion, genau wie es damals bei ›Deep Throat‹ der Fall war, der zweiten Episode aus der ersten Staffel von *The X-Files.* ›Deep Throat‹ diente ebenfalls dazu, dem Zuschauer aufzuzeigen, wie groß das Spielfeld ist, auf dem wir uns mit der Serie bewegen.

Eine recht schwierige Sache, aber ich mag, was dabei herausgekommen ist.« Mit dieser Meinung steht Carter bestimmt nicht alleine da, doch Tatsache ist, daß »Gehenna« insgesamt deutlich hinter »The Frenchman« zurückbleibt und nur dank der glänzenden Musik von Cypress Hill davor bewahrt wird, vollends in die Mittelmäßigkeit zu verfallen.

Wahre Hintergründe

Das Vorbild für den mörderischen Telefonkult in »Gehenna« war laut Carter die japanische Weltuntergangssekte AUM-Shinrikyo, deren blinder Führer Shoko Asahara sich als wiedergeborener König des mythischen Shambala betrachtet und bestrebt war, in einer endzeitlichen Schlacht alle Ungläubigen zu vernichten, um anschließend ein buddhistisches Friedensreich auf Erden zu etablieren. Asahara lehrte, daß das Töten eines Menschen das Karma des Mörders verbessern würde, weil das Opfer so von den Qualen des täglichen Lebens und dem unvermeidlichen Ansammeln von »schlechter Energie« erlöst werde, man also im Grunde beiden etwas Gutes tue. Obwohl AUM erst 1986 gegründet wurde, nachdem Shoko Asahara der gemäßigten Agonshû den Rücken gekehrt hatte, konnte sich die Sekte innerhalb erschreckend kurzer Zeit etablieren und sogar in den Vereinigten Staaten und in Europa, darunter auch in Deutschland, Mitglieder gewinnen. Mit Hilfe des Geldes, das Asaharas Gefolgsleute erwirtschafteten – man geht von über einer Milliarde Dollar aus –, erwarb er Waffen und betrieb mehrere Fabriken, in denen biologische Kampfstoffe und Psychopharmaka produziert wurden. Shoko Asahara wollten einen Krieg gegen die japanische Polizei führen, um danach die Regierung zu übernehmen. Neben der Beschaffung illegaler Schußwaffen plante er, mit Hilfe eines von AUM angeheuerten russischen Nuklearphysikers eine Atombombe zu bauen, und versuchte, auf dem Schwarzmarkt das Ebola-Virus zu erwerben, das tödlichste Virus, das wir bislang kennen. Er war fest entschlossen, das Armageddon herbeizuführen, und ließ in einer seiner Fabriken über siebzig Tonnen des von den Nazis entwickelten Nervengases Sarin herstellen. Nach mehreren Gasanschlägen auf die U-Bahnen von Marsumoto (1994) und Tokio (1995), bei denen insgesamt achtzehn Menschen getötet und mehrere tausend verletzt wurden, nahm man Shoko Asahara und zahlreiche AUM-Mitglieder fest. Vor Gericht warf man ihnen unter anderem vor, Gegner und frühere Mitglieder von AUM, die rechtlich gegen die Sekte vorgingen, entführt und hingerichtet zu haben, wobei sie, genau wie der Kult in »Gehenna«, eine riesige Industriemikrowelle benutzten, um sich der Leichen ihrer Opfer zu entledigen.

MLM-103

»Dead Letters« (»Heute hier, morgen tot«)
Regie: Thomas J. Wright
Drehbuch: Glen Morgan, James Wong
US-Erstausstrahlung: 08.11.1996 (DE: 24.10.1997)
Wertung: **MMMMMM**

»For the thing I greatly feared has come upon me.
And what I dreaded has happened to me.
I am not at ease, nor am I quiet;
I have no rest, for trouble comes.«

»Was mich erschreckte, das kam über mich.
Wovor mir bangte, das traf mich auch.
Noch hatte ich nicht Frieden, nicht Rast, nicht Ruhe,
fiel schon neues Ungemach mich an.«

Hiob 3, 25/26

Gaststars

Chris Ellis (Pensyres), Ron Halder (Killer), James Morrison (Jim Horn), Garvin Cross (Patient), Lisa R. Vultaggio (Janice Sterling), Anthony Harrison (Detective Jenkins), Rob Morton (Lewis), Maria Louisa Figura (Cindy Horn), Cooper Olson (T. C. Horn), Michelle Hart (Majorie Holden), Allison Warren (Officer Sarah Stevens),

Andrew Laurenson (Clown), Ken Shimizu (C.S.T.-Mitglied), Fulvio Cecere (Sicherheitsbeamter)

Inhalt

Verängstigt durch einen Alptraum mit Pogo, dem Clown, krabbelt Jordan ins Bett ihres Vaters. Als Frank sie beruhigt hat, geht sein Beeper los; die Millennium-Gruppe benötigt seine Dienste. In einem Tierheim in Portland wurde die zerstückelte Leiche einer Frau entdeckt, weshalb Frank nach Oregon geschickt wird, um in dem Fall zu ermitteln. Der Profiler ist davon überzeugt, daß der Mörder am Tatort eine Nachricht hinterlassen hat, da er in einer flüchtigen Vision Buchstaben sieht, die auf eine durchsichtige Folie aufgeprägt zu sein scheinen, doch bei der Leiche wird nichts dergleichen gefunden. Da Frank sicher ist, daß der Täter bald wieder zuschlagen wird, trifft er sich in Seattle mit Jim Penseyres, der sich gegen eine Beteiligung der Gruppe ausspricht. Statt dessen schlägt Penseyres Frank vor, sich in Portland mit James Horn zusammenzutun, einem Ex-Cop, der die Behörden bereits bei früheren Serienmorden unterstützt hat und als potentielles Mitglied für die Millennium-Gruppe gilt. Frank und Horn treffen sich in dessen Büro. Vom ersten Moment an herrscht eine gewisse Spannung zwischen den beiden Männern. Es wird zwar schnell deutlich, daß Jim ein brillanter Profiler ist, doch seit er von seiner Frau Cindy geschieden wurde, steht er unter enormem emotionalem Druck, weil ihr das Sorgerecht für seinen zwei Jahre alten Sohn T. C. zugesprochen wurde und er das Kind nur selten sehen kann. Während Frank und Jim über Motive und Profil des Mörders spekulieren, werden sie zu einem neuen Tatort gerufen. Im Hauptpostamt von Portland, dort, wo die unzustellbaren Sendungen aufbewahrt werden (Dead Letters; daher der Titel dieser Episode), wurde eine weitere verstümmelte Frauenleiche gefunden, die offenbar auf das Konto desselben Täters geht. Bei der Untersuchung der Toten entdeckt Frank ein Haar, auf das in mikroskopisch kleiner Schrift die Worte GONE TOMORROW – morgen schon fort – geschrieben wurden. Nun findet man auch bei der ersten Toten aus dem Tierasyl die von Frank vermutete Nachricht; sie lautet: HAIR TODAY – heute noch Haar. Da der Killer sich mit diesen kryptischen Versen offensichtlich über seine Verfolger lustig macht, nimmt Frank an, daß er krankhaft nach Anerkennung sucht. Er erklärt Horn, der Mörder begehe seine Taten, um sich seinen Platz in einer Gesellschaft zu erkämpfen, von der er sich ausgeschlossen fühlt. Jim stimmt ihm zu, und langsam entwickelt sich zwischen den Männern eine gewisse Sympathie. Frank denkt, in Horn einen Partner gefunden zu haben, der seine Besessenheit teilt, das »Böse« zu bekämpfen. Dennoch befürchtet er, daß der emotionale Druck, der auf James lastet, schwerwiegende Konsequenzen nach sich ziehen könnte. Da Horn immer größere Schwierigkeiten hat, sein Leben unter Kontrolle zu halten, lädt Frank ihn und T. C. übers Wochenende nach Seattle ein, wo sich herausstellt, daß Jim praktisch in jedem den gesuchten Mörder sieht. Nachdem die verstümmelte Leiche einer Krankenschwester in der Tiefgarage des Hospitals gefunden wurde, in dem sie arbeitete, entdeckt man am Tatort die Nachricht NOTHING VENTURED, NOTHING GAINED, was soviel bedeutet wie: Wer nicht wagt, der nicht gewinnt. Außerdem wird ein zerbrochenes Brillenglas gefunden, das der Mörder offenbar verloren hat. Frank kommt zu dem Schluß, daß der Killer allem Anschein nach zunehmend mehr Selbstvertrauen gewinnt, da er bei seinen Taten immer größere Risiken eingeht, und schlägt vor, ihn zu einer Reaktion zu provozieren, indem sie ihn in den Zeitungen als Mann von nur niedrigem Intellekt darstellen und behaupten, er habe in der Nachricht das Wort »ventured« falsch geschrieben. Zudem soll ausdrücklich darauf hingewiesen werden, daß am Abend vor dem Hospital für die ermordete Krankenschwester eine Trauerfeier abgehalten wird; Frank hofft, daß der Killer ebenfalls dorthin kommen wird, um ihnen seine Überlegenheit zu demonstrieren. Er, Jim und einige Polizisten überwachen die Stelle, wo die Andacht stattfindet. Doch der Plan scheitert, als Horn zu früh die Geduld verliert und einen Patienten des Krankenhauses, den er für den Killer hält, tätlich angreift. Erst später stellt Frank fest, daß der Mörder tatsächlich erschienen ist; allerdings hat er keines der kleinen Ansteckkreuze gestohlen, von denen er hoffte, der Täter würde sie als Trophäe mitnehmen, sondern statt dessen ein Kreuz hinzugetan, in das das Wort »ventured« graviert ist. Gleichwohl gelingt es anhand der Videoaufnahmen, die bei der Trauerfeier von der Polizei gemacht wurden, ein Phantombild des vermeintlichen Mörders anzufertigen, das an sämtliche Optiker in der Stadt verteilt wird, weil man hofft, ihn anhand des Brillenglases identifizieren zu können. Außerdem stellt sich heraus, daß der Gesuchte einen orangefarbenen VW-Kleinbus besitzt, den er vermutlich als mobiles Schlachthaus benutzt. Tatsächlich erkennt die Optikerin Janice Sterling den Mann auf dem Phantombild als einen ihrer Kunden wieder. Da Frank davon ausgeht, daß sie das nächste Opfer des Killers sein soll, stellen sie ihm erneut eine Falle, indem sich eine Polizeibeamtin als Janice ausgibt. Während sie die Tiefgarage des Gebäudes überwachen, wird deutlich, daß es nur noch eine Frage der Zeit ist, bis Horn die Kontrolle über sich verlieren wird, weshalb Frank einwilligt, als Jim ihn bittet, nach Hause gehen zu dürfen. Statt dessen jedoch will Horn den Mörder auf eigene Faust stellen und täuscht in einer Seitenstraße einen platten Reifen vor, als der VW-Bus auftaucht. Er zerrt den Mörder aus dem Wagen, in dessen Laderaum Messer und andere Werkzeuge auf ihr nächstes Opfer warten, und schlägt auf ihn ein. Frank kann ihn in letzter Sekunde davon abhalten, den Mann umzubringen. Der Killer wird abgeführt. Jim verliert seinen Job, weil sein unkontrolliertes Verhalten beinahe zur Freilassung des Mörders geführt hätte, da das Beweismaterial, das man in seinem Wagen gefunden hat, aufgrund seiner unüberlegten Vorgehensweise vor Gericht nicht zulässig ist; jedoch hat die Polizei im Haus des Killers weitere Beweise gefunden, die vermutlich für eine Verurteilung ausreichen werden. Doch das ist für Jim kein Grund zur Freude, denn er wird nie wieder als Profiler arbeiten – weder für die offiziellen Behörden noch für die Millennium-Gruppe, da seine nervenaufreibende Tätigkeit ihn zu einem seelischen und emotionalen Wrack gemacht hat.

Kommentar

Nach der Pilotepisode und dem eher mittelprächtigen »Gehenna« ist »Dead Letters« die erste Folge der Serie, die wirklich auf ganzer Linie überzeugen kann, was zum Großteil an dem perfekt durchdachten Drehbuch des Autorenduos Glen Morgan und James Wong liegt, die bereits bei *The X-Files* mehrfach eindrucksvoll bewiesen haben, daß sie zu den besten Autoren der Branche gehören. Nach eigenen Angaben wurden sie zu »Dead Letters« inspiriert, als sie in Los Angeles dem »Museum of Jurassic Technology« einen Besuch abstatteten, das nicht weit von den Studios von 20th Century Fox entfernt liegt. Unter den Kuriositäten, die es dort zu bewundern gibt, befindet sich auch eine Sammlung von Mikroskulpturen, die die Autoren besonders faszinierte. James Wong dazu: »Man muß sie durch ein Vergrößerungsglas betrachten, um überhaupt etwas erkennen zu können. Sie haben zum Beispiel Schneewittchen und die sieben Zwerge – alle zusammen auf einer Nadelspitze. Und Haare mit Schriftzügen gibt es ebenfalls. Das brachte uns auf den Gedanken, eine Episode darauf aufzubauen, daß ein Mann davon überzeugt ist, niemand auf der Welt würde für gewisse Dinge mehr Zeit und Aufmerksamkeit aufwenden als er selbst. Und das bringt er dadurch zum Ausdruck, indem er diese winzigen Schriftzüge auf Haare aufbringt, die er dann als sein Markenzeichen am Tatort zurückläßt. (...) Zudem wollten wir einen Typen zeigen, der langsam den Boden unter den Füßen verliert – zeigen, wie Frank bemerkt, daß dieser den Punkt des Zusammenbruchs erreicht hat, weil er das selbst schon durchgemacht hat. So konnten wir ein bißchen mehr von Frank preisgeben, indem wir ihn mit jemandem konfrontieren, dem das gleiche widerfährt wie ihm selbst damals.« In diesem Zusammenhang fiel es Glen Morgan nicht schwer, sich in das emotionale Chaos hineinzuversetzen, das in Jim – »Ich bevorzuge James« – Horn wütet, da er zu diesem Zeitpunkt durch die Trennung von seiner Frau in einer ähnlichen Krise steckte. Da verwundert es kaum, daß Horn zu einer der denkwürdigsten Figuren der Serie wird, was allerdings auch an dem aus *Space: Above and Beyond* bekannten Schauspieler James Morrison liegt, der als langsam durchdrehender Ex-Cop eine überragende Vorstellung liefert und Lance Henriksen in ihren gemeinsamen Szenen beinahe die Show stiehlt. Zudem wird Frank zum ersten Mal als das porträtiert, was er eigentlich sein soll: als Profiler. Erstmals stolpert er nicht mehr oder weniger zufällig über den Killer, sondern verläßt sich statt dessen auf seine langjährige Erfahrung und seine analytischen Fähigkeiten, um den Täter dingfest zu machen, was dem Charakter mehr Tiefe und Glaubwürdigkeit verleiht, als die ersten beiden Folgen ihm zugestanden haben. Darüber hinaus orientieren sich die Vorgehensweise und Motive des Killers in »Dead Letters« ebenso an der Realität wie die Methoden, mit denen Frank und Jim Horn (übrigens benannt nach einem der führenden FBI-Fachmänner auf dem Gebiet von Sexualverbrechen) versuchen, den Mörder aus der Reserve zu locken. Die ganz bewußte Bloßstellung des Killers in den Medien, die inszenierte Totenmesse für die ermordete Krankenschwester, all das sind Dinge, die in dieser und anderer Form tatsächlich von Blacks realen Äquivalenten Robert K. Ressler und – vor allem – John Douglas vom FBI praktiziert wurden, was »Dead Letters« nicht nur zur wohl realistischsten, sondern auch zu einer der spannendsten Episoden der ersten Staffel macht.

Wahre Hintergründe

Die alptraumhafte Eröffnungssequenz der Folge, in der Jordan Black von einem unheimlichen Clown terrorisiert wird, ist von dem Serienkiller John Wayne Gacy inspiriert, der häufig in der Verkleidung von Pogo dem Clown auf Kindergeburtstagen auftrat. Gacy, von Beruf Bauunternehmer, vergewaltigte und folterte in den Jahren von 1972 bis 1978 in seinem Haus in Des Plaines, einem Vorort von Chicago, dreiunddreißig homosexuelle junge Männer, die meisten davon zwischen fünfzehn und zwanzig. Er vergrub ihre Leichen im Keller und im Garten, bis man ihm Ende 1978 mehr oder weniger zufällig auf die Schliche kam, nachdem ein Fünfzehnjähriger namens Robert Piest verschwunden war, der in Gacys Baufirma für einen Job vorsprechen wollte. Im Gefängnis begann Gacy Ölbilder von Disney-Figuren und Pogo dem Clown zu malen. Kurz vor und – erst recht – nach seiner Hinrichtung schossen die Preise für die Malereien in die Höhe, als bekannt wurde, daß sie von Hollywoodstars wie Johnny Depp und John Waters gesammelt wurden. Rick Stanton, der Boß eines Bestattungsinstituts in Louisiana, hat als »Agent« von Gacy und anderen künstlerischen Serienkillern sogenannte »Dead Row Art Shows« veranstaltet, Todeszellenkunst, wo man neben den Werken von Gacy auch Exponate wie beispielsweise Tierskulpturen bestaunen konnte, die der Hippie-

Guru und Möchtegern-Rockstar Charles Manson in Haft aus seinen Socken gebastelt hatte. Am 10. Mai 1994 wurde im Gefängnis von Joliet, Illinois, durch die Giftspritze das Todesurteil an John Wayne Gacy vollstreckt.

MLM-104

»The Judge« (»Der Richter«)
Regie: Randy Zisk
Drehbuch: Ted Mann
US-Erstausstrahlung: 15.11.1996 (DE: 31.10.1997)
Wertung: **MMMM**

»The visible world seems formed in love,
the invisible spheres were formed in fright.«

»Die sichtbare Welt scheint aus Liebe gemacht,
die unsichtbaren Sphären aus angstvoller Nacht.«

Hermann Melville

Gaststars

Bill Smitrovich (Bob Bletcher), Marshall Bell (Richter), John Hawkes (Bardale), Chris Ellis (Penseyres), Stephen James Lang (Detective Giebelhouse), Brian Markinson (Detective Teeple), CCH Pounder (Cheryl Andrews), Michael Puttonen (Massey), David Fredericks (Jonathan Mellen), Donna White (Annie Tisman), Eva de Viveiros (Aquila), J. R. Bourne (Carl Nearman), Kirsten Williamson (Mail Room Worker), Kate Robbins (Marilyn), Beverly Elliot (Terry), Gabe Khouth (Parcel Service Employee)

Songs

Danger von Steve Goodman und *Short End of the Stick & Ten-Foot Pole* von Donnie Frits

Inhalt

Ein Mann betritt in Seattle die Imbißecke einer Bowlingbahn. Er gibt bei der Bedienung seine Bestellung auf und beobachtet anschließend einen Bowler an einem der anderen Tische. Als der Bowler später seine Rechnung bezahlt und hinausgeht, wartet der Unbekannte bereits auf dem Parkplatz auf ihn. Er schlägt ihn mit seiner eigenen Bowlingkugel nieder und zieht grinsend ein Messer aus der Tasche. Einige Tage später erhält Annie Tisman, eine unscheinbare Witwe, ein Päckchen zugestellt, in dem sich eine abgeschnittene menschliche Zunge befindet. Bob Bletcher, der auf den Fall angesetzt wird, zieht Frank hinzu und teilt ihm mit, daß es in den letzten vier Jahren drei ähnliche Fälle gab, bei denen jeweils abgetrennte Körperteile, Finger und die Elemente einer Hand, an ganz normale Bürger von Seattle geschickt wurden. Zwischen den Empfängern besteht, so scheint es, keinerlei Zusammenhang, und die Opfer der offenbar bei lebendigem Leib durchgeführten Amputationen wurden niemals gefunden. In der Hoffnung, daß eine genaue Untersuchung der Zunge vielleicht irgendwelche brauchbaren Hinweise erbringt, wird Cheryl Andrews, die Pathologin der Millennium-Gruppe, eingeschaltet. Sie stellt fest, daß sich das Vorgehen des Killers offenbar in einem wichtigen Punkt geändert hat, denn während die Körperteile der anderen Opfer bei lebendigem Leib abgetrennt wurden, wurde die Zunge erst post mortem entnommen. Für Frank paßt das nicht zusammen, da die vorherigen Verbrechen über ein gewisses Maß an Planung und Überlegung verfügten, das in diesem Fall aber nicht anzutreffen ist. Unterdessen steht irgendwo in der Stadt ein Mann in einer Seitenstraße und wartet auf einen Bus der Strafvollzugsbehörden, der in der Nähe einer Bar hält. Ein Kerl namens Bardale, ein gerade aus dem Gefängnis entlassener Gewohnheitsverbrecher, auf dessen Konto bereits mehrere Morde gehen, die ihm aber nicht angehängt werden konnten, steigt aus und geht in das Lokal, einen Treffpunkt von ehemaligen Straftätern. Der Mann folgt ihm, setzt sich neben ihn und spricht Bardale mit seinem Namen an, als kenne er ihn. Überhaupt hat es den Anschein, als würde der namenlose Mann, der sich selbst als Richter bezeichnet, alles über Bardale wissen. Der Richter bietet Bardale einen Job an und verspricht, dafür zu sorgen, daß er nie wieder im Gefängnis landet. Bardales Aufgabe ist es, als Scharfrichter die Urteile zu vollstrecken, die der Richter fällt. Sein erster Auftrag ist die Ermordung von Carl Nearman, der bei der Vollstreckung des Urteils an dem Mann aus der Bowlingbahn geschlampt hat und deshalb aus dem Weg geräumt werden muß. Später werden die Überreste des Mannes mit der herausgeschnittenen Zunge in einem Wald von zwei Spaziergängerinnen entdeckt. Frank, der inzwischen von Catherine erfahren hat, daß der Mann von Mrs. Tilman vor zehn Jahren im Gefängnis ermordet wurde, nachdem man ihn wegen eines angeblichen Raubüberfalls verurteilt hatte, wofür der Meineid eines Zeugen maßgeblich war, findet sich in der Pathologie ein, wo der Tote als Jonathan Mellen identifiziert wurde, ein Ex-Polizist aus Seattle. Es befindet sich jedoch noch eine weitere Leiche in der Gerichtsmedizin, die Überreste eines vermeintlichen Stadtstreichers, der allem Anschein nach in betrunkenem Zustand von einem Zug überfahren wurde. Der Anblick des Toten löst in Frank eine Vision aus, durch die ihm klar wird, daß zwischen Mellen und dem Stadtstreicher, der später als Carl Nearman identifiziert wird, eine Verbindung besteht. Weitere forensische Untersuchungen von Blut und Gewebe unter den Fingernägeln von Nearman bestätigen, daß es sich bei ihm und Mellen um Täter und Opfer handelt. Es stellt sich heraus, daß Mellen damals im Prozeß gegen Mr. Tilman falsch ausgesagt hat und damit indirekt für dessen Tod die Verantwortung trägt. Frank gelangt zu dem Schluß, daß die Verstümmelungen und Morde die Taten eines Vigilanten sind, der als Drahtzieher hinter Nearman stand, da Carl als impulsiver, wenig intelligenter Gewaltverbrecher nicht in der Lage gewesen wäre, die Verbrechen alleine zu planen und durchzuführen. Er erklärt, daß der Mann hinter den Kulissen sich einen neuen Killer gesucht hat, der auch das Urteil an Nearman vollstreckt hat und womöglich noch viel gefährlicher ist. Inzwischen hat sich der Richter eines neuen Falles angenommen. Ein Mann namens Biggs, ein skrupelloser Hausbesitzer, der nur seinen Profit im Auge hat, ist indirekt schuld am Tod einer alten Frau, die die Treppe hinuntergefallen ist, weil Biggs die Deckenbeleuchtung nicht reparieren ließ. Bardale hat den Auftrag, Biggs das rechte Bein direkt unterhalb des Knies zu amputieren, wobei der »Verurteilte« bei vollem Bewußtsein sein soll. Später entdeckt eine Postangestellte, die Sendungen auf Sprengstoffe und Waffen durchleuchtet, in einem Paket einen abgetrennten Fuß, der von Cheryl Andrews untersucht wird. Mit Hilfe von Erdspuren an der Socke lassen sich Hinweise auf eine Obstplantage außerhalb der Stadt finden, wo Bletcher und seine Leute Biggs tatsächlich in einem Container entdecken. Doch sie kommen zu spät. Trotz einer provisorischen Aderpresse ist er schon an dem Blutverlust gestorben. Da Frank annimmt, daß der Vigilant seine Henker unter ehemaligen Straftätern rekrutiert, sucht er mit Bletcher die einschlägigen Treffpunkte in Seattle auf, bis sie schließlich in jene Bar kommen, wo der Richter Bardale angesprochen hat. Während sie an einem Tisch sitzen, kommt Bardale herein. Frank und der Killer wissen instinktiv, wen sie vor sich haben. Der Profiler drängt seinen Freund, das Lokal zu verlassen, und wartet draußen im

Wagen darauf, daß Bardale herauskommt und sie zu seinem Auftraggeber führt. Doch Bardale macht sich durch ein Toilettenfenster unbemerkt aus dem Staub. Dennoch gelingt es anhand seines zurückgelassenen Autos, den Richter ausfindig zu machen, der schon damit gerechnet hat, daß man ihn finden wird. Während des Verhörs bietet er Frank an, sein neuer Scharfrichter zu werden, da sie beide an die »ultimative Gerechtigkeit« glauben würden und seine Familie dann vor allem Bösen sicher wäre; Frank lehnt ab. Kurz darauf wird der Richter wegen Mangels an Beweisen wieder auf freien Fuß gesetzt. Weil Bardale wie vom Erdboden verschluckt ist, glaubt Frank, daß der Richter ihn auf seinem Besitz versteckt. Als er dem Anwesen in der Nacht einen Besuch abstattet, findet er Bardale dort tatsächlich, doch vom Richter fehlt jede Spur. Es stellt sich heraus, daß Bardale ihn getötet hat, als er herausfand, daß er in Wirklichkeit überhaupt kein Richter war, sondern bloß ein ehemaliger Viehauktionator, der ebenso wie die Männer, die er verurteilte, die Lücken des Gesetzes zu seinem eigenen Vorteil ausnutzte. Für Bardale war er von diesem Moment an kein Richter mehr, sondern nur noch ein Schwein, weshalb er ihn auch seinen eigenen Schweinen zum Fraß vorgeworfen hat. Ob der Richter zu diesem Zeitpunkt noch am Leben war, will Frank lieber nicht wissen.

Kommentar

Obgleich sich »The Judge« einiger unwahrscheinlicher Zufälle bedienen muß, um die Geschichte voranzutreiben und zu einem halbwegs logischen Ende zu führen, gehört die Episode dennoch zu den Folgen, in denen Franks analytischer Sachverstand als Profiler und seine Visionen am besten miteinander koordiniert werden. Zudem bekommt Catherines Charakter, der in den ersten drei Episoden eher blaß und konturlos wirkte, etwas Tiefe, da sie es ist, die Frank darauf aufmerksam macht, daß Bardale sich in einer Zwangssituation noch nie aus dem Staub gemacht hat und der Killer sich demzufolge nach wie vor irgendwo in der Gegend aufhalten muß. Dies führt gleichzeitig dazu, daß Frank menschlicher und weniger allwissend wirkt. Schauspielerisch kann vor allem Marshall Bell als Richter überzeugen, der Kinogängern durch seine Rollen in Streifen wie *Total Recall*, *Dick Tracy*, *Natural Born Killers* und *Things To Do In Denver When You're Dead* (dt. *Das Leben nach dem Tod in Denver*) bekannt sein dürfte. Unterm Strich ist »The Judge« eine gut gespielte, handwerklich ordentliche Episode, die eine Dreiviertelstunde solide Fernsehunterhaltung bietet. Nicht mehr, aber auch nicht weniger.

Wahre Hintergründe

Selbstjustiz ist seit jeher ein heftig umstrittenes Thema, was jedoch nichts daran ändert, daß das Vigilantentum vor allem in den USA in letzter Zeit einen regen Zulauf verzeichnen konnte, da die Bürger mit der Justiz zunehmend unzufriedener sind und die Meinung vertreten, daß die Gerichte den »Bedürfnissen des Volkes« nicht genügend Rechnung tragen. Obwohl dies mit Sicherheit kein ausreichender Grund ist, das Gesetz selbst in die Hände zu nehmen, kann man bisweilen nicht umhin, die Taten einzelner Vigilanten emotional zu billigen, wie etwa im Fall von Harold Wade. 1984 wurde seine sechzehnjährige Tochter Melinda von einem Mann namens Mitchell Freid entführt und über einen Zeitraum von drei Tagen hinweg mehrfach vergewaltigt und verstümmelt, bevor Freid das Mädchen schließlich tötete. Freid wurde festgenommen und zu sechs Jahren Zuchthaus verurteilt, mußte von seiner Haftstrafe wegen guter Führung aber nur vier Jahre absitzen. An dem Tag, als er entlassen wurde, wartete Harold Wade bereits vor dem Gefängnis auf ihn und tötete ihn mit drei Kugeln, woraufhin man Wade zu sechzehn Jahren Haft wegen vorsätzlichen Mordes verurteilte – beinahe das Dreifache dessen, was das Gericht als angemessene Strafe für den Mörder seiner Tochter angesehen hatte. Rein rechtlich betrachtet mag das Urteil seine Berechtigung besitzen, da Freids Anwälte erfolgreich argumentiert hatten, daß Melissas Tod trotz der dreitägigen Tortur nicht »vorgesehen« war, während Harold Wade die Ermordung von Freid von langer Hand plante und auch später vor Gericht keine Reue zeigte, sondern, im Gegenteil, im Rahmen des Schlußplädoyers der Verteidigung sogar erklärte, erneut so zu handeln, sollte er sich noch einmal in derselben Situation befinden. Aber auch wenn dem Gesetz vielleicht Genüge getan wurde, kann man sich des Eindrucks dennoch nicht erwehren, daß die *Gerechtigkeit* im Fall Wade auf der Strecke geblieben ist.

MLM-105

»522666« (»Einmal ein Star«)
Regie: David Nutter
Drehbuch: Glen Morgan, James Wong
US-Erstausstrahlung: 22.11.1996 (DE: 07.11.1997)
Wertung: **MMMMMM**

»I am responsible for everything …
except my responsibility.«

»Ich bin für alles verantwortlich …
außer für meine eigene Verantwortung.«

Jean-Paul Sartre

Gaststars

Terry O'Quinn (Peter Watts), Sam Anderson (Jack Pierson), Robert Lewis (Sullivan), Hiro Kanagawa (Agent Yung), William MacDonald (Agent Nolan), Roger Barnes (Agent Smith), Deryl Hayes (Officer Mark Stanton), Mike Killeen (Reporter), Ed Striedinger (Agent Mills), Joe Chrest (Raymond Dees), Claudine Grant (Agent Wallace), Peter Bryant (Officer Riley)

Song

I Must Not Think Bad Thoughts von *X*

Inhalt

Im *Queen's Arms*, einem Pub in Washington, in dem vornehmlich britische Botschaftsangestellte verkehren, sitzt ein Mann an einem Ecktisch und raucht. Neben ihm unter dem Tisch steht eine Aktentasche. Während er die anderen Gäste mustert, stellt er sich vor, wie sie alle bei einer Explosion durch die Luft geschleudert werden, was ihn sichtlich erregt. Als eine junge Kellnerin ihn darauf hinweist, daß die großen Ecknischen eigentlich für mehrere Gäste gedacht sind, steht der Mann kommentarlos auf und geht zu einem Münzfernsprecher am anderen Ende der Bar. Er wählt die Nummer des Notrufs, doch als sich die Telefonistin nach seinem Namen erkundigt, drückt er statt dessen auf der Tastatur die Zahlenfolge 522666 und legt auf. Er begibt sich zu einem Parkhaus direkt gegenüber des *Queen's Arms*, von wo aus er den Countdown auf seiner Uhr verfolgt und masturbiert. Als die Bombe schließlich hochgeht und er von der Druckwelle zu Boden gerissen wird, kommt er zum Höhepunkt. Kurze Zeit später verfolgt Frank zu Hause in Seattle in den Nachrichten einen Bericht über die Explosion, bei der dreizehn Menschen ums Leben kamen. Da er ahnt, daß es sich hierbei um einen Fall für die Millennium-Gruppe handelt, packt er seine Sachen und ist schon fertig zur Abreise, als sein Beeper schließlich tatsächlich losgeht. Im Hintergrund sieht man im Fernsehen, wie der Mann, der die Bombe gelegt hat, den Feuerwehrleuten und Sanitätern »selbstlos« dabei hilft, die Verletzten zu versorgen.

In Washington angekommen, schließen sich Frank und Peter Watts den Ermittlungen von Agent Pierson an, der die Untersuchung leitet. Die Beamten von FBI, ATF und der Washingtoner Polizei hören sich Aufzeichnungen von vermeintlichen Bekenneranrufen an, die zu dem Anschlag eingegangen sind. Bei beinahe allen Anrufen ist jedoch rasch klar, daß hier jemand versucht, sich mit fremden Federn zu schmücken. Einzig ein Anruf, bei dem der Anrufer bloß die Zahlenkombination 522666 drückt, gibt Frank zu denken. Als er die Zahlen mit der Tastatur eines Telefons vergleicht, stellt er fest, daß sich dahinter das Wort KABOOM verbirgt. Obwohl Agent Pierson zunächst davon ausgeht, daß der Anschlag terroristisch motiviert war, stellen sie bei der Untersuchung des Tatortes fest, daß es sich bei dem Täter eher um einen technisch versierten Einzelgänger handelt. Frank hat eine Vision, in der er das sieht, was der Bombenleger sah, als er in dem Pub saß, und kommt zu dem Schluß, daß die Detonation der Bombe den Mörder sexuell erregt hat. Außerdem nimmt er an, daß der Bombenleger aus sicherer Entfernung bei der Explosion zugesehen hat. Tatsächlich finden Frank und Pierson bei der Durchsuchung des Parkhauses Zigarettenkippen einer britischen Marke und eine Serviette des *Queen's Arms*, auf der sie Spermaspuren finden. Später stellt sich bei der Analyse der Bombenfragmente heraus, daß der Attentäter über enormes Fachwissen im Hinblick auf Sprengstoffe und Elektronik verfügt. Frank nimmt daher an, daß er mit High-Tech-Überwachungsgeräten den Polizeifunk und den Handy-Verkehr abhört, um sich über die Fahndungsfortschritte der Polizei zu informieren. Die Cops werden angewiesen, bloß über abhörsichere Leitungen zu telefonieren. Der einzige, der weiter sein Handy benutzt, ist Frank, der mit Pierson am Funktelefon demonstrativ über den Fall spricht. Es dauert nicht lange, bis der Killer anbeißt. Er ruft Frank an und gibt sich durch das Zahlensignal als KABOOM zu erkennen. Frank versucht KABOOM so lange hinzuhalten, bis die Beamten den Anruf zurückverfolgt haben, doch der Killer weiß, was sie vorhaben, und legt rechtzeitig auf. Statt dessen verhöhnt er Frank, indem er alle fünfzehn Minuten anruft und sofort wieder auflegt, nachdem er den Zahlencode eingegeben hat. Als Franks Handy mit einemmal außerhalb des gewöhnlichen Viertelstundentakts klingelt, glaubt der Profiler, daß der Bombenleger seine Spielchen jetzt beenden und zur Sache kommen wird, doch es ist bloß Catherine am Apparat. Frank legt sofort auf und ruft sie auf der sicheren Leitung zurück, um sein Handy freizuhalten, das auch prompt klingelt. Aufgeregt legt er den Hörer daneben und spricht mit KABOOM, ohne daran zu denken, daß Catherine jedes Wort verstehen kann. KABOOM offenbart, daß er seine Explosionen für Kunst hält, und setzt Frank davon in Kenntnis, daß man sein nächstes »Kunstwerk« morgens um Punkt neun Uhr bewundern könne. Nachdem er aufgelegt hat, wird Frank klar, daß die Taten von KABOOM zwar eine gewisse sexuelle Komponente enthalten, es ihm jedoch in erster Linie darum geht, ein Star zu werden. Die Behörden machen sich in dem Gebiet, aus dem das Handysignal von KABOOM kam, auf die Suche nach der Bombe, aber ohne Erfolg. Erst zwanzig Minuten vor neun entdeckt Frank in einem Parkhaus gegenüber eines großen Bürogebäudes Kippen von derselben Marke, wie sie sie beim *Queen's Arms* gefunden haben, und gibt sofort Alarm zur Evakuierung des Gebäudes. Er glaubt, daß sie genügend Zeit haben, um die Menschen aus dem Haus zu schaffen, doch die versteckte Bombe explodiert eine Viertelstunde früher als angekündigt. Sekunden später klingelt Franks Telefon – KABOOM erklärt, daß die Detonation bloß ein kleiner Vorgeschmack war und eine zweite Sprengladung im dritten Stock versteckt sei. Frank stürzt zu dem Hochhaus, um die Überlebenden zu warnen, doch in dem Moment, als er den Koffer entdeckt, geht die Bombe bereits hoch. In allerletzter Sekunde reißt ihn ein Wartungsarbeiter, den der Zuschauer als KABOOM erkennt, hinter einen Schreibtisch in Deckung. Später erwacht Frank im Krankenhaus. Catherine ist bei ihm. Sie erklärt, daß der Mann, der ihm das Leben gerettet hat, ein gewisser Raymond Dees, sich bereits im Hospital nach seinem Befinden erkundigt hat. Seit dem Morgen ist Dees, der heldenhafte Retter, auf sämtlichen Kanälen in den Nachrichten zu bewundern. Als sie daraufhin den Fernseher einschaltet und Frank ein Interview mit Dees sieht, erkennt er in ihm instinktiv den Bombenleger. Er teilt den anderen seine Vermutung mit. Zwar widerstrebt Pierson zunächst der Gedanke, einen Helden zu verhaften, doch Watts findet heraus, daß Dees beim Militär bei einer Einheit für Sprengstoffe war, woraufhin sie Dees' Wohnung stürmen. Doch der Bombenleger ist bereits geflohen, weil er den Funkverkehr abgehört hat und wußte, daß sie kommen. Er kann jedoch noch nicht lange fort sein, weil seine Überwachungsgeräte noch immer auf den Polizeifunk und Franks Handy eingestellt sind. Außerdem finden sich Hinweise darauf, daß er bereits eine weitere Bombe gebastelt hat. Frank verläßt Dees' Wohnung, um nach Hause zu fahren. Als er sich in seinen Wagen setzt, erhält er einen Anruf von KABOOM, der nur wenige Meter entfernt in einem anderen Auto sitzt und einen Funkzünder in der Hand hält. Dees teilt Frank mit, daß sich in seinem Wagen eine Bombe befindet. Watts und Pierson hören das Gespräch über die Geräte in Dees' Wohnung mit und schicken sofort zwei Scharfschützen zum Parkplatz, die Dees durch einen Genickschuß töten, bevor er den Knopf drücken kann. Doch bei der Durchsuchung von Franks Wagen wird keine Bombe gefunden, und auch in Dees' Wagen befindet sich kein Sprengsatz. Frank erkennt, daß er und die anderen von Anfang an nur Marionetten in Dees' Spiel waren, der mit ihrer Hilfe zum Star werden wollte. Und sein Plan geht auf, denn die Reporter stürzen sich wie Aasgeier auf den Fall, so daß Raymond Dees bereits wenige Minuten nach seinem Tod der Star sämtlicher Medien ist.

Bei »522666«, ihrer zweiten Arbeit für *Millennium*, wollten die Drehbuchautoren Glen Morgan und James Wong einer Entwicklung entgegenwirken, die ihnen bereits nach nicht einmal einem halben Dutzend Episoden der Serie zu denken gab, wie Wong berichtet: »Wir waren der Ansicht, daß *Millennium* dabei war, in eine Art Routine zu verfallen, die von getragen erzählten Geschichten über Serienkiller charakterisiert wurde, und daß das Ganze dadurch etwas langatmig wurde. Wir wollten eine Episode machen, in der es heftiger abgeht – in der es von Anfang an richtig zur Sache geht. Die Folge sollte wie ein Schnellzug abgehen. (...) Während unserer Recherche lasen wir von einem FBI-Agenten, der nach dem Bombenanschlag auf das World Trade Center die Nachrichten sah und einfach anfing zu packen. Sie hatten ihn zwar noch nicht angerufen, aber ihm war klar, daß er nach New York fahren würde. So wollten wir anfangen und sich die Folge von diesem Augenblick an einfach entwickeln lassen, in der Hoffnung, der Serie eine andere Art von Energie zu verleihen und das Publikum wissen zu lassen, daß es nicht schon wieder um einen unheimlichen Typen geht, der auf der Pirsch nach anderen Menschen ist. Außerdem«, so Wong, »ließen wir uns ein wenig von dieser Sache mit Richard Jewell inspirieren, dem Bombenattentat im Centennial Park. Die Idee war die, daß der Bombenleger Schlagzeilen machen wollte, indem er aus der Situation, die er selbst erschaffen hat, als Held hervorgeht.«

»522666« ist mit Abstand die actionorientierteste Episode der gesamten ersten Staffel. Die Folge ist rasant geschnitten, jeder Aktion folgt eine Reaktion, jeder Reaktion wiederum eine Aktion. Die Geschichte selbst ist schlüssig und ohne Schnörkel oder Längen erzählt. Zudem kritisieren Morgan und Wong in dieser Episode den Kult, der um viele Gewaltverbrecher wie Ed Gein oder Jeffrey Dahmer gemacht wird, die durch T-Shirts, Bücher, CDs und Filme wie *Psycho* und *The Texas Chainsaw Massacre* längst zu Kultstars avanciert sind. Doch die offensichtlichsten Parallelen finden sich wohl zu Charles Manson. Raymond Dees scheint das Abbild der heroisierenden Darstellung solcher Personen zu sein, denen es nicht wirklich darum geht zu morden, sondern für die ein Mord vielmehr ein Weg ist, ins Rampenlicht zu gelangen und ein Star zu werden, wozu sie sonst keine Möglichkeit haben. Männer wie Charles Manson, der nie jemanden eigenhändig getötet hat, oder der fiktive Dees werden detailliert in den Nachrichten dargestellt; man schreibt Bücher über sie und dreht Filme über ihre Untaten, während die Männer, die sie zur Strecke gebracht haben, nur als Fußnoten in diesen Geschichten auftauchen, und gerade dieser kritische Subtext ist es, der »522666« von einer gut gespielten, solide inszenierten Episode letztlich zu einem kleinen Meisterwerk der Fernsehunterhaltung werden läßt.

Wahre Hintergründe

Die Bombenanschläge, die für »522666« »Pate« gestanden haben, sind wohl vor allem die Attentate auf das Word Trade Center in Manhattan am 26. Februar 1993 und auf das Alfred P. Murrah Federal Building in Oklahoma City, bei dem die bislang meisten Opfer eines solchen Anschlags zu beklagen waren. Die Drahtzieher hinter diesem Verbrechen waren Timothy J. McVeigh, ein militanter Waffennarr, der bereits mehrfach erfolglos versucht hatte, der Spezialeinheit Green Berets beizutreten, und Terry Nichols, ein rassistischer, nicht besonders heller Ex-Soldat, die beide einen Groll gegen die amerikanische Regierung hegten und deshalb beschlossen, es dem Staat durch einen Anschlag auf eines seiner Gebäude heimzuzahlen. Um Viertel vor neun Uhr am Morgen des 19. April 1995 parkten sie einen gemieteten Ryder-Lieferwagen vor dem Alfred P. Murrah Federal Building in der Innenstadt von Oklahoma City, der mit Unmengen von Benzin und Kunstdünger beladen war. Als die Bombe zwei Minuten nach neun hochging, sprengte sie trotz ihrer primitiven Beschaffenheit fast die gesamte Vorderfront des Gebäudes weg. Das Resultat des Anschlags: hundertachtundsechzig Tote, darunter zwanzig Jungen und Mädchen, die im Kinderhort des Hauses untergebracht waren. Später erklärten McVeigh und Nichols, sie hätten sich den 19. April ausgesucht, weil es sich dabei um den Jahrestag der Zerstörung des Branch Davidian Compound in Texas gehandelt habe – den Jahrestag des sogenannten Waco-Massakers, bei dem sechsundachtzig Anhänger von David Koreshs Davidianersekte in den selbstgelegten Flammen ihrer Ranch den Tod fanden. Obwohl es den Behörden relativ rasch gelang, McVeigh und Nichols als Tatverdächtige zu ermitteln, begann der Prozeß gegen sie erst am 25. April 1997 im Denver Federal Courthouse. Nach einer viertägigen Beratung befanden die Geschworenen Timothy McVeigh am 2. Juni schließlich in allen Anklagepunkten für schuldig und verurteilten ihn zum Tod durch die Giftspritze. Das Urteil gegen seinen Komplizen Terry Nichols steht derzeit noch aus.

MLM-106

»Kingdome Come« (»Dein Reich komme«)
Regie: Winrich Kolbe
Drehbuch: Jorge Zamacona
US-Erstausstrahlung: 29.11.1996 (DE: 14.11.1997)
Wertung: **MMMMM**

»And there will be such intense darkness
that one can feel it.«

»Da sprach der Herr zu Moses:
Recke deine Hand gen Himmel,
daß eine solche Finsternis werde in Ägyptenland,
daß man sie greifen kann.«

2. Mose 10, 21

Gaststars

Michael Zelniker (Calloway), Lindsay Crouse (Ardis Cohen), Laurie Murdoch (Vater Schultz), Arnie Walters (Vater Brown), Terence Kelly (Detective Kerney), Wanda Wilkinson (Beatrice), Ed Harrington (Marcus Crane), Tom McBeath (Detective Romero), Jan Burrell (Jill Harned), Peter Haworth (Jack Harned), Brad Wattum (Reverend), Ralph Alderman (Hotelmanager), Alan Lehros (Jonathan Matewon), Roger Allford (Golfer)

Inhalt

In einer katholischen Kirche in Tacoma, Wyoming, probt Pater Schultz mit dem Kirchenchor, während Pater Silas Menschen die Beichte abnimmt. Einer der Beichtenden, ein Mann namens Galen Calloway, benimmt sich überaus seltsam und kehrt das Ritual um, so daß mit einemmal der Priester selbst in die Rolle des Sünders gerät. Als Calloway den Beichtstuhl verläßt, folgt Silas ihm nach draußen auf den Parkplatz, wo ein Auto mit laufendem Motor wartet. Als er auf das Fahrzeug zugeht, wird er von hinten mit einer Eisenstange niedergeschlagen. Calloway errichtet vor der Kirche einen Scheiterhaufen, kettet Silas an einen Pfahl und verbrennt ihn bei lebendigem Leibe, während drinnen weiter der Kirchenchor probt …

Am nächsten Morgen sitzen die Blacks beim Frühstück, als sie mit einemmal von einem Geräusch im angrenzenden Wohnzimmer aufgeschreckt werden. Frank sieht nach und stellt fest, daß ein Vogel gegen die Scheibe geflogen ist. Während sich seine Frau um das Tier kümmert und Jordan zu erklären versucht, daß es möglicherweise sterben wird, erhält Frank einen Anruf von von Ardis Cohen, einem Mitglied der Millennium-Gruppe, die ihn bittet, nach Tacoma zu kommen. Es zeigt sich, daß Ardis Cohen und Frank vor einigen Jahren schon einmal mit einer Mordserie zu tun hatten, bei der drei Geistliche auf dieselbe Art und Weise ermordet wurden, ohne daß man den Täter je gefaßt hat. Als Frank sich wenig später am Tatort umsieht, stellt er fest, daß Pater Silas bei der Verbrennung offenbar einen Sanbenito trug, einen schwarzen Umhang, mit dem im Mittelalter Ketzer in die tödlichen Flammen geschickt wurden. Wie schon bei den drei Morden zuvor erfolgte auch diese »Läuterung« nach dem Ritual der Inquisition. In einem Punkt allerdings unterscheidet sich dieser Fall von den anderen, denn es stellt sich heraus, daß Pater Silas eine spanische Münze im Mund hatte, als er starb. Wenig später ertränkt Calloway einen Geistlichen aus Cheyenne, Wyoming, in einem Tümpel auf einem Golfplatz. Auch dieser Mord folgt wieder dem Muster der Inquisition, was Franks Theorie bestätigt, daß der Mörder die Todesarten der Hexenverfolgung nachstellt. Bei der Autopsie wird im Magen des Geistlichen ein Hochzeitsband entdeckt. Die Durchsuchung des Wassers fördert ein weiteres Band zutage, an dem ein Verlobungsring hängt, in den die Initialen JWM eingraviert sind. Diese Initialen führen Frank und Ardis zu einem Exhäftling, der nur wenige Tage zuvor aus Tacoma nach Cheyenne gekommen ist und dort in einem Motel wohnt. Als Frank dem Mann gegenübersteht, weiß er sofort, daß es sich bei ihm nicht um den Killer handelt. Etwa zur gleichen Zeit bricht Calloway in das Archiv einer Kirche in Rockford, Illinois, ein. Dabei wird er von einer Gemeindesekretärin überrascht, die er niederschlägt. Er stiehlt die Akten mehrerer Jahrgänge aus dem Taufregister und läßt neben einer spanischen Münze, offenbar ein Ausgleich für das verwüstete Büro, einige blutige Fingerabdrücke am Tatort zurück. Doch leider sind die Abdrücke unvollständig, da die Finger des Killers anscheinend irgendwie verstümmelt sind, was Frank zu dem Schluß führt, daß der Täter, ein vormals überaus religiöser Mensch, bei einem Brand einen schweren emotionalen Verlust erlitten hat, den er nicht verarbeiten konnte. Seine Taten sind symbolische Akte, mit denen er nicht die Geistlichen, sondern eher den Glauben an sich töten will. Weiterhin nimmt Frank an, daß der Mörder vermutlich aus Rockford oder der unmittelbaren Umgebung stammt und im Taufregister nach Dokumenten gesucht hat, die ihn persönlich betreffen. Doch auch wenn der Profiler mit seiner Vermutung, daß das nächste Opfer des Killers einer der Geistlichen von Rockford sein könnte, recht hat, gelingt es ihm nicht mehr, Reverend Harned zu retten, den Calloway den Regeln der Inquisition folgend foltert und schließlich tötet. Als Frank sich die Leiche ansieht, hat er eine Vision, in der er sieht, wie eine Frau und ein junges Mädchen in einem brennenden Haus eingesperrt sind und in den Flammen umkommen. Daraufhin läßt er die Polizei von Rockford in ihren Unterlagen nach einem Mann suchen, der bei einem Brand seine Familie verloren hat, wobei sie auf Galen Calloway stoßen, der als Religionslehrer an einer katholischen Schule unterrichtete, bevor seine Frau und seine sechsjährige Tochter 1989 bei einem Hausbrand ums Leben kamen, den er selbst knapp überlebte. Vor vier Jahren, als die erste Mordserie abrupt abriß, wurde er zu fünf Jahren Gefängnis verurteilt, weil er betrunken einen Mann überfahren hatte. Jetzt ist er seit kurzer Zeit auf Bewährung frei. Frank ist davon überzeugt, daß Calloway bald wieder zuschlagen wird, und zwar entweder in der Kirche, in der die Trauerfeier für seine Familie stattfand, oder in dem Gotteshaus, in dem seine Tochter getauft wurde. Noch am selben Abend stürmt Calloway tatsächlich bewaffnet und mit Dynamit ausgerüstet eine Kirche, in der gerade eine Messe abgehalten wird. Er nimmt den Pfarrer und die versammelte Gemeinde als Geiseln. Während sich draußen ein SWAT-Team darauf vorbereitet, die Kirche zu stürmen und Calloway zu überwältigen, hält der Killer seinen Gefangenen eine Predigt über die Machtlosigkeit Gottes und die Lügen der Kirche. Frank ist der Meinung, daß er mit Calloway verhandeln und so ein Blutbad verhindern könne. Als in der Kirche ein Schuß fällt, dringt er auf eigene Faust in das Gebäude ein und sieht, daß der Mörder vor Wut den Priester angeschossen hat. Bei ihrem Gespräch führt Frank Calloway die Unmöglichkeit seines Vorhabens vor Augen, den Glauben zu töten. In seiner Verzweiflung will der Killer Frank töten, doch bevor er den Abzug durchziehen kann, erschießt Ardis Cohen ihn. Wieder zu Hause, spricht Frank mit seiner Frau darüber, wie sie Jordan die Bedeutung des Todes erklären können. Beide sind sich darin einig, daß sie trotz der schlimmen Dinge, die auf ihrem Leben lasten, bislang nie ihren Glauben verloren haben.

Kommentar

Obgleich »Kingdome Come« sich vor allem durch eine tragische, düstere Geschichte auszeichnet, die geschickt mit dem Thema Religiosität spielt und dem Zuschauer einen tieferen Einblick in Franks Seelenleben gestattet, merkt man dem Drehbuch von Jorge Zamacona an, daß sich der Autor bemüht hat, die grimmige Atmosphäre der letzten Episoden durch die Einbringung von ein wenig Humor zu brechen, so etwa, als Frank über den Ursprung von Scrapple (eine Art Hackbraten) philosophiert, oder Ardis Cohens Frage, ob er mit der »traditionellen Folter für Ketzer« Golf oder Ertränken meine. Zudem wird in »Kingdome Come« zum ersten Mal angedeutet, daß Franks Kampf sich nicht eigentlich gegen Killer und Gewaltverbrecher richtet, sondern gegen das Böse, das sie hervorgebracht hat, so daß die Folge für die Entwicklung der Serienmythologie von großer Bedeutung ist. Die Episode spielt bereits mit dem später ausgebauten Gedanken, daß, sollte die Apokalypse über die Welt hereinbrechen, ein Kampf zwischen Gut und Böse entbrennen wird, bei dem der Antichrist bestrebt ist, die meisten Seelen für sich zu gewinnen. Seine Helfer dabei, so suggeriert *Millennium*, sind die Serienkiller, die mit ihren Taten Vorarbeit leisten und sozusagen schon mal eine Hölle auf Erden errichten; einer davon ist auch Calloway in »Kingdome Come«, doch während in der Offenbarung davon die Rede ist, daß die Bedrohung des Glaubens von außen in Gestalt des Teufels nebst seiner Jünger kommt, schlägt Galen Calloway *von innen* heraus zu und macht damit deutlich, daß das Gefecht nicht nur an einer Front geführt wird. Zusammen mit den durchweg überzeugenden Leistungen der Darsteller und Winrich Kolbes stilsicherer Regieführung entsteht so eine spannende, atmosphärisch dichte Episode ohne Durchhänger oder inhaltliche Mängel, die qualitativ im oberen Viertel anzusiedeln ist.

Wahre Hintergründe

In »Kingdome Come«, der vielleicht gewalttätigsten Episode der ersten Staffel, haben die Zuschauer Gelegenheit, einen Blick zurück in eine dunklere Zeit zu werfen, denn die Methoden, die Calloway anwendet, um die Geistlichen zu richten, gehörten zu den beliebtesten Vorgehensweise der Inquisition, einem Ketzer Läuterung widerfahren zu lassen. Vor allem das Feuer wurde von vielen Inquisitoren geschätzt. Da der Scheiterhaufen jedoch den »Nachteil« besaß, daß der beim Verbrennen des Reisigs entstehende Rauch relativ rasch dafür sorgte, daß die Delinquenten aufgrund der unter zwanzig Prozent fallenden Sauerstoffkonzentration in der Lunge das Bewußtsein verloren und darum nicht mitbekamen, was mit ihnen geschah, ließen sich die Scharfrichter einiges einfallen, um dieses Manko zu beheben. So wurden etwa die stets zahlreich versammelten Schaulustigen aufgefordert, mit ihren Schürzen und Hemden Luft auf den Scheiterhaufen zu fächeln, damit der Qualm abzog und das Feuer heißer wurde. Später schloß man den Sünder in einen schmalen Eisenkäfig, der in Aussehen und Funktion einem Fischrost ähnelte. Hängte man den Delinquenten darin über ein kleineres Feuer mit bloß geringer Rauchentwicklung, konnte ein erfahrener Vollstrecker das Opfer praktisch von beiden Seiten durchbraten, ohne daß die Gefahr bestand, daß den Ketzer der Tod überkam, bevor er ausreichend Gelegenheit gehabt hatte, für seine Sünden zu büßen. Im Lauf der Zeit »verfeinerten« die Folterknechte ihre Techniken immer weiter, so daß in einem Papier, das die Kirche von England im Jahr 1740 veröffentlichte, insgesamt vierhundertundelf Arten aufgelistet wurden, »einen Beschuldigten zu befragen«, ergänzt durch einhundertundneun verschiedene Möglichkeiten der Vollstreckung von Todesurteilen – verglichen damit sind die Wahlmöglichkeiten heutiger Scharfrichter eher bescheiden.

MLM-107

»Blood Relatives« (»Die Schrift aus Blut«)
Regie: James Charleston
Drehbuch: Chip Johannessen
US-Erstausstrahlung: 06.12.1996 (DE: 21.11.1997)
Wertung: **MMMMM**

»This generation is a wicked generation;
it seeks for a sign, and yet no sign shall be given to it ...«

»Dieses Geschlecht ist ein arges Geschlecht;
es begehrt ein Zeichen, und es wird ihm kein Zeichen gegeben ...«

Lukas 11, 29

Gaststars

Terry O'Quinn (Peter Watts), Bill Smitrovich (Bob Bletcher), John Fleck (Connor), Sean Six (James Dickerson), Stephen James Lang (Detective Giebelhouse), Brian Markinson (Teeple), Lynda Boyd (Mrs. Dechant), Nicole Parker (Greer Cort), Diana Stevan (Mrs. Cort), Deanna Milligan (Tina), Bob Morrisey (Mr. Cort)

Inhalt

Als die letzten Gäste die Trauerfeier für den verstorbenen Studenten Jeffrey Cort verlassen, betritt ein junger Mann die Kirche und stellt sich Greer Cort, der Schwester des Toten, als Ray Bell vor. Er erklärt, er sei am College ein Freund und Kommilitone ihres Bruders gewesen. Von Bell geht eine seltsam beruhigende Wirkung aus, weshalb Greer ihn bittet, auch einige tröstende Worte an ihre Mutter zu richten. Vor dem offenen Sarg schließt Bell Mrs. Cort in die Arme, was er zu genießen scheint. Später bittet der Bestattungsunternehmer die Trauernde, ihre Totenwache für heute zu beenden. Später in dieser Nacht sucht Mrs. Cort das frisch ausgehobene Grab ihres Sohnes auf und wirft eine Lilie hinein, als plötzlich Hände aus dem Dunkel der Grube schießen und sie hinunter in das Grab reißen. Am nächsten Tag versucht Catherine Black auf Bitte von Bob Bletcher hin, Greer und Mr. Cort zu beruhigen, doch Cort ist in seinem Zorn nicht zu bremsen, auch, weil Bletcher ihm nicht gestattet, seine tote Frau ein letztes Mal zu sehen, da der Mörder sein Opfer grausam verstümmelt hat und er ihm den Anblick ersparen möchte.

Bletcher und Giebelhouse besichtigen mit Frank den Tatort. Frank steigt hinunter in das offene Grab. Er hat den Eindruck, daß der Zorn des Killers nicht eigentlich gegen das Opfer gerichtet ist, sondern gegen jemand anderen, der mit der Familie möglicherweise in Verbindung steht. Als er sich in der Kapelle mit den Corts unterhält, erwähnt Greer Ray Bell und merkt an, daß ihrem aufgebahrten Bruder eine Anstecknadel seines Footballteams entwendet wurde. In seinem spartanischen Zimmer in einem Heim für schwer erziehbare Jungen und junge Straftäter nimmt der Mann, der sich bei der Beerdigung als Ray Bell vorgestellt hat, die Anstecknadel aus einer Zigarrenkiste und befestigt sie an seinem Sweatshirt. Connor, ein Betreuer, platzt herein und droht, ihn nicht länger zu decken, sollte er sich erneut heimlich aus dem Haus schleichen. Später in der Nacht studiert er beim Licht einer Taschenlampe die Nachrufe der *Seattle Evening Post*. Auch Frank liest Zeitung. In derselben Ausgabe, die Jeffrey Corts Nachruf enthält, entdeckt er einen Artikel über einen Angler namens Ray Bell. Wegen der Perfektion, mit der der junge Mann seine Rolle vor den Corts spielte, nimmt er an, daß er schon zuvor Trauerfeiern besucht hat, sich dort mit den Trauernden bekannt machte, Souvenirs der Verstorbenen mitnahm und sich mit Mrs. Cort zum ersten Mal selbst ein Opfer suchte. Unterdessen läßt sich der junge Mann, James, bei einer anderen Trauerfeier zum Leichenschmaus einladen und macht dort die Bekanntschaft von Tina. Er verläßt mit ihr die Feier, um ihr den See zu zeigen, wo er angeblich als Kind immer mit ihrem verstorbenen Freund geangelt hat. Als Tina von ihrer Trauer überwältigt wird und in Tränen ausbricht, nimmt er sie tröstend in den Arm, doch als sie merkt, daß James daraus offenbar Befriedigung schöpft, weist sie ihn zurück; er geht beschämt davon. Kurz darauf wird Tina angegriffen und erstochen. Ihr verstümmelter Körper wird von einem Angler im See treibend entdeckt.

Bletcher, Frank und Giebelhouse sehen sich am Tatort um. Es stellt sich heraus, daß der Killer seinem Opfer die Worte STOP LOOKING (Hör auf zu suchen) in die Bauchdecke geritzt hat, was Frank auf den Gedanken bringt, daß beim ersten Opfer auch eine Nachricht zu finden sein muß. Nachdem er Peter Watts gebeten hat, dies nachzuprüfen, findet er Tinas Haarspange, auf der sich die Fingerabdrücke des Täters befinden, der daraufhin als James Dickerson identifiziert wird, ein jugendlicher Straftäter mit einem beachtlichem Vorstrafenregister, der auf Bewährung draußen ist und in einem Heim lebt. Die Männer begeben sich sofort dorthin, doch Connor kann seinem Schützling zur Flucht verhelfen. In einem Geheimfach in James' Zimmer stoßen sie auf die Zigarrenkiste mit den Souvenirs, die er von den Beerdigungen mitgenommen hat, seine Tagebücher und ein Bündel Briefe. Später fährt Connor zu einem von Wachhunden bewachten Schrottplatz, um James, der sich dort versteckt hat, Nahrungsmittel zu bringen. Inzwischen stellt Catherine bei der Durchsicht der Tagebücher fest, daß James offenbar ein klassisches verlorenes Kind ist. Er wurde von seinen Eltern weggegeben, als er gerade achtzehn Monate alt war. Weil ihn niemand adoptieren wollte, verbrachte er sein ganzes Leben bei Pflegeeltern und in der Jugendhaft, wo man ihn vernachlässigte und mißbrauchte. Der Besuch fremder Begräbnisse ist scheinbar sein verzweifelter Versuch, die Familie zu finden, die er niemals hatte. Die Johnsons, bei denen er sich nach der Beerdigung ihres Sohnes für eine Woche aufhielt, beschreiben ihn als liebenswerten Menschen, der sie in einer harten Zeit unterstützt hat. Keiner von ihnen kann begreifen, was ihn zu seinen Taten getrieben haben könnte. Inzwischen hat Peter Watts sich die Leiche von Mrs. Cort angesehen und dabei ebenfalls die Nachricht STOP LOOKING gefunden, wobei das »S« wie bei der anderen Notiz die Form eines Blitzes hat. Die gleichen Buchstaben finden sich im Logo eines Werbekugelschreibers des Schrottplatzes Skorpion Salvage, der sich unter den Sachen von James befindet. Frank ist überzeugt, daß er sich dort versteckt. Als die Polizei den Platz durchsucht, stoßen sie dort wirklich auf den Gesuchten, der bei einem Fluchtversuch von den Wachhunden angefallen und gebissen wird; Connor kann entkommen. Catherine gelingt es, Peggy Dechant, James' leibliche Mutter, dazu zu bewegen, sie zu ihrem Sohn zu begleiten, der gerade von Frank und Giebelhouse verhört wird und beharrlich bestreitet, ein Mörder zu sein. Es stellt sich heraus, daß Peggy Dechant, die heute ein ganz normales Leben als Hausfrau führt, damals noch ein Teenager war und ihr Kind deshalb zur Adoption freigab. Als James sie vor drei Jahren überraschend aufsuchte, um ein Teil von ihrem Leben zu werden, wies sie ihn zurück. Dennoch ist James überglücklich, seine Mutter zu sehen. Er schließt sie in die Arme und bittet sie erleichtert, den Cops zu sagen, daß er niemals jemanden getötet habe. Doch sie befreit sich aus seiner Umarmung und erklärt, daß sie ihn nicht einmal richtig kennen würde, und geht wieder. Nachdem sie das Revier verlassen hat, gesteht er unter Tränen die Morde. Doch Frank ist inzwischen mißtrauisch, ob James wirklich der Mörder ist. Als er mit Catherine nach Hause fährt, wird ihm plötzlich klar, daß die Botschaften auf den Opfern im Grunde keinen Sinn ergeben, was ihn auf die Idee bringt, daß die Worte STOP LOOKING keine Botschaft von James an seine Häscher sind, sondern die Nachricht vielmehr *an James* selbst gerichtet ist. Der wahre Killer ist Connor, der sich in den jungen Mann verliebt hat und ihn warnt, weiter nach Liebe bei jemand anderem zu suchen als bei ihm. Frank wird bewußt, daß Mrs. Dechant in Gefahr ist, Connors nächstes Opfer zu werden. Während diese gerade dabei ist, sich Wasser für ein Bad einzulassen, wird sie plötzlich von Connor angegriffen. Als Frank kurz darauf in das Haus eindringt, sieht er, wie Wasser von der Decke tropft, und stürmt nach oben ins Bad, wo er Connor und Mrs. Dechant vorfindet. Die Frau ist zwar verletzt, lebt aber noch. Connor versucht, Frank zu erdrosseln, doch der Profiler kann ihn in die Badewanne stoßen und sein Gesicht so lange unter Wasser drücken, bis seine Gegenwehr erlahmt. Connor wird festgenommen, während man James aus der Haft entläßt. Er kehrt zurück in das Heim, läßt sich mit einer Zeitung auf seinem Bett nieder und beginnt, die Todesanzeigen zu studieren.

Abgesehen davon, daß »Blood Relatives« allein von der Handlung und dem Aufbau her bereits eine der spannendsten Episoden der Serie ist, ist vor allem die Zusammenarbeit von Frank und Catherine interessant, die sich anscheinend nicht nur privat, sondern auch beruflich gut ergänzen. Wirklich beeindruckend ist an »Blood Relatives« jedoch vor allem die Figur des James Dickerson, der als personifizierte Tragik erscheint und von Sean Six überzeugend verkörpert wird. James ist ein junger Mann, der zwar wie jeder andere Mensch Liebe und Zuneigung sucht, diese aber auf normalem Weg vermutlich niemals erfahren wird, da ihm nie jemand gezeigt hat, mit seinen Gefühlen auf natürliche Art und Weise umzugehen. Er geht auf Trauerfeiern, weil Menschen, die gerade Angehörige verloren haben, seine menschliche Anteilnahme wenigstens zu schätzen wissen, während seine Mutter, die ihn als Kleinkind zur Adoption freigegeben hat und ihn auch heute noch ablehnt, keine Gefühle für ihn übrighat. Als er dann in der letzten Szene, nachdem seine Unschuld bewiesen wurde, in sein Zimmer zurückkehrt und in der Zeitung die Seite mit den Todesanzeigen aufschlägt, wird deutlich, daß es ihm hinter Gittern auch nicht schlechter gehen würde als in Freiheit. Er wird Zeit seines Lebens ein Gefangener seiner selbst sein. Das macht »Blood Relatives« zu einer sehr grimmigen, emotional bewegenden Episode, der man nicht anmerkt, daß es während der Produktion des Skripts drunter und drüber ging, da der Autor Chip Johannessen eigentlich eine völlig andere Geschichte erzählen wollte. Johannessen: »Von Anfang an war für mich klar, daß ich nicht das übliche Serienkiller-Ding machen wollte, sondern eher etwas über die AUM-Sekte oder eine ziemlich wilde Sache mit einem Typen wie Bill Gates. Aber dann hat Chris Carter das Thema AUM bereits für ›Gehenna‹ abgehakt. Und da niemand Gates wollte, mußte ich mir schließlich etwas anderes einfallen lassen.« Bei einem Gespräch mit Carter kam Johannessen in den Sinn, eine Geschichte über einen jungen Burschen zu machen, der die Todesanzeigen der Zeitungen nach interessanten Beerdigungen durchstöbert. Allerdings entschloß sich der Autor, die wahre Identität des Killers erst zum Schluß zu enthüllen: »Die anderen Folgen, die wir bis dahin gemacht hatten, waren auf ›Whydunnit‹ (Warum tat er es?) aufgebaut, und nicht auf ›Whodunnit‹ (Wer tat es?). Ich wollte etwas machen, das mehr Mystery, mehr Krimistimmung enthielt.« Und obwohl ihm die Umsetzung des Plots »entsetzliche Probleme« bereitete, da er zunächst nicht wußte, wie er in nachvollziehbarer Weise erklären sollte, daß James am Ende doch nicht der Mörder ist, gelang es Johannessen schließlich doch, mit »Blood Relatives« eine Episode abzuliefern, die zum Besten gehört, was *Millennium* bislang hervorgebracht hat.

MLM-108

»The Well-Worn Lock« (»Das lange Schweigen«)
Regie: Ralph Hemecker
Drehbuch: Chris Carter
US-Erstausstrahlung: 20.12.1996 (DE: 28.11.1997)
Wertung: **M**

»The cruellest lies are often told in silence.«

*»Die fürchterlichsten Lügen werden oft
in aller Stille erzählt.«*

R. L. Stevenson,
Virginibus Puerisque – Truth of Intercourse

Gaststars

Bill Smitrovich (Bletcher), Paul Dooley (Joe Bangs), Michelle Joyner (Connie Bangs), Christine Dunford (Rhonda Preshutski), Lenore Zann (Ruthie), Sheila Moore (Clea Bangs), J. Douglas Stewart (Larry Bangs), Campbell Lane (Anwalt), Shaina Tianne Unger (Sara), Jim Fletcher (Bailiff), Steve Oatway (Richter)

Inhalt

In Madison Park, Washington, sitzt die Familie Bangs – Vater Joe, Mutter Clea und ihre beiden Töchter, die zweiunddreißigjährige Connie und die achtjährige Sara – im Wohnzimmer vor dem Fernseher. Als der Film zu Ende ist, geht die Mutter ins Bett, und ein unterschwelliges Gefühl der Angst macht sich bei den Geschwistern breit. Blitzartige Erinnerungsfetzen machen deutlich, daß Connie von ihrem Vater sexuell mißbraucht wird, seit sie neun Jahre alt ist. Offenbar hat Joe Bangs nun vor, dies auch ihrer kleinen Schwester anzutun. Sie befiehlt Sara, in ihr Zimmer zu gehen und abzuschließen, bevor es zu einer heftigen Auseinandersetzung zwischen Connie und ihrem Vater kommt. Später in dieser Nacht wird Connie von der Polizei aufgegriffen, als sie benommen auf dem Mittelstreifen einer Straße entlangtorkelt. Die Behörden ziehen Catherine Black hinzu, die sich um Connie kümmert. Von Larry und Ruthie Bangs, ihren älteren Geschwistern, erfährt Catherine, daß Joe seine Tochter sexuell mißbraucht. Aus Angst um ihre Schwester Sara ist Connie bereit, nach dreiundzwanzig Jahren zum ersten Mal ihr Schweigen darüber zu brechen, was Joe ihr angetan hat. Doch sie hat Angst, daß niemand ihr Glauben schenken wird. Die Staatsanwältin Rhonda Preshutski glaubt, daß es keinen Sinn hat, Connies Fall vor Gericht zu bringen. Catherine unternimmt zwar alles, um sie vom Gegenteil zu überzeugen, aber bevor etwas gegen Joe Bangs unternommen werden kann, muß erst einmal ein psychiatrisches Gutachten von Connie erstellt werden, was einige Zeit in Anspruch nehmen wird. Bis dahin gibt es keine Möglichkeit, Sara vor ihrem Vater in Sicherheit zu bringen. Deshalb begibt sich Catherine zusammen mit Lieutenant Bletcher zum Haus der Bangs, um zu sehen, ob es dem Mädchen gutgeht. Sie wollen mit Joe und seiner Frau sprechen, doch Clea verhält sich völlig desinteressiert, und ihr Mann wirft sie kurzerhand hinaus, als sie ihn

mit Connies Beschuldigungen konfrontieren. Nach ihrem Besuch übt Joe, der als angesehener Geschäftsmann über einigen politischen Einfluß verfügt, Druck auf Polizei und Staatsanwaltschaft aus, was zur Folge hat, daß Preshutski sich mehr und mehr von Catherine distanziert. Erst als sich herausstellt, daß Connie nicht Saras Schwester, sondern ihre *Mutter* ist, erklärt sich die Staatsanwältin bereit, gegen Joe Bangs vorzugehen. Inzwischen ist Connie bei ihrer Schwester Ruthie untergekommen, die Catherine anvertraut, daß ihr Vater auch sie sexuell mißbraucht hat, bis sie einen psychischen Zusammenbruch erlitt und ins Hospital eingewiesen wurde, was Connie jedoch zu seinem nächsten Opfer machte. Nachdem sich Connie mit ihrer Mutter getroffen hat, mutmaßt Catherine, daß Clea sie dazu überreden wollte, ihre Anzeige zurückzuziehen, und fürchtet, daß sie damit bei der vollkommen verängstigten Frau sogar Erfolg haben könnte. Von Bletcher erfährt Catherine, daß sie, sollte sie nicht nachgeben, Gefahr läuft, ihren Job zu verlieren. Aber sie ist nicht bereit, Connie und Sara einfach ihrem Schicksal zu überlassen. Die Ereignisse spitzen sich zu, als Joe mit einemmal mit Sara verschwindet. Bob bittet Frank um Mithilfe. Als Frank sich im Haus der Bangs' umsieht, entdeckt er ein Foto, das die Kinder im Schnee vor einer Waldhütte zeigt. Er glaubt, daß Joe sich dort mit Sara versteckt, weil er, der immer alles genau unter Kontrolle haben möchte, nur an einen Ort fliehen würde, den er kennt. Als Frank, Bob, Catherine und einige Polizisten später bei der Hütte ankommen, versucht Joe mit seinem Wagen zu fliehen, wobei er Frank beinahe überfährt. Catherine stellt ihren Jeep quer über die Straße und kann ihn durch einen Zusammenstoß aufhalten. Joe wird verhaftet. Sara ist unverletzt. Am nächsten Tag wird Joe vor die Grand Jury gestellt. Aufgrund von Connies Aussage wird Anklage gegen ihn erhoben.
Zeit vergeht. Fünf Monate später nähert sich der Prozeß gegen Bangs dem Ende. Nachdem mehrere Angebote der Staatsanwaltschaft, die

bei einem vollen Schuldeingeständnis von Joe Bangs ein vermindertes Strafmaß bedeutet hätten, von Bangs' Verteidigung abgelehnt wurden, besteht die einzige Möglichkeit, doch noch eine Verurteilung zu erreichen, darin, daß Connie vor dem Gericht persönlich gegen ihren Vater aussagt. Nachdem Bangs und sein Verteidiger mit der Behauptung, Connie sei nicht Joes leibliche Tochter, versucht haben, sie zu diskreditieren, tritt Connie in den Zeugenstand. Zuerst scheint es so, als hätte sie nicht mehr die Kraft, um gegen ihren Vater auszusagen, doch mit Hilfe von Catherine gelingt es ihr, ihre Ängste zu überwinden und ihre Leidensgeschichte zu erzählen.
Einige Zeit später trifft sich Catherine mit Connie und Sara bei einem Staudamm. Sie gibt der sichtlich aufgeblühten Connie den abgenutzten Riegel (daher der Originaltitel »The Well-Worn Lock«), den Joe Bangs an ihrer Zimmertür angebracht hat, damit sie nicht gestört wurden, wenn er in der Nacht zu ihr kam. In einem Akt der endgültigen Befreiung wirft Connie den Riegel in die Fluten.

Kommentar

An »The Well-Worn Lock« scheiden sich die Geister. Während die einen der Ansicht sind, daß die Folge den Handlungsspielraum der Serie erweitert, finden andere, daß die Geschichte nicht in den Rahmen von *Millennium* paßt, was auch meine Meinung ist. Denn während in den übrigen Episoden zumeist Gewaltverbrecher auftreten und sich immer ein gewisser Bezug zum mystischen Überbau der Show herstellen läßt, schildert »The Well-Worn Lock« ein rein menschliches Drama, das ohne Tote, ohne Killer und ohne apokalyptische Prophezeiungen auskommt, womit sich die Folge zwar wunderbar für Reihen wie *Stunden des Schicksals* eignen mag, im Kontext von *Millennium* jedoch völlig deplaziert wirkt. Dies ist um so ärgerlicher, da das Skript aus der Feder von Chris Carter persönlich stammt, der nach eigenem Bekunden auf die Idee zu dieser Folge kam, nachdem er »einiges über Inzest und ähnliche Verbrechen gelesen« hatte. Carter dazu: »Inzest ist eines der schlimmsten Verbrechen, die es überhaupt gibt, ein Verbrechen gegen die eigene Familie, gegen sich selbst. Trotzdem wird es häufig praktiziert, obwohl erst in letzter Zeit mehr und mehr darüber in den Medien zu hören ist. Ich dachte, es wäre mal ein interessanter Blickwinkel, ein neuer Aspekt des Millennium-Phänomens: Wenn das Herannahen der Jahrtausendwende die Verbrechensrate in die Höhe schnellen läßt, dann betrifft das nicht immer nur Serienkiller – es kann auch etwas sein, das sich direkt in unserer Nachbarschaft abspielt, vor unseren Augen.« Natürlich ist es löblich, daß Carter mit den ihm zur Verfügung stehenden Mitteln versucht, eine so brisante Thematik wie sexuellen Mißbrauch anzuprangern, doch die Art, wie er an die Sache herangegangen ist, paßt weder zu *Millennium*, noch hat sein Skript irgend etwas zu bieten, das man nicht bereits einige Dutzend Male anderswo gesehen hätte. Auch der Zeitsprung von fünf Monaten, den die Handlung vollführt, stößt bitter auf, hatte man doch bisher den Eindruck, als würden die Geschichten in chronologischer Reihenfolge und innerhalb eines relativ dichten Zeitrahmens spielen. Unwillkürlich fragt man sich, ob im vergangenen Halbjahr nichts anderes passiert ist. Wirklich positiv an »The Well-Worn Lock« fällt nur auf, daß Catherine Black bzw. Megan Gallagher wesentlich mehr Zeit auf dem Schirm bekommt als üblich, während Frank deutlich in den Hintergrund tritt und die unterstützende Rolle einnimmt, die sonst seine Frau vorbehalten blieb. Bislang wurde Cathrine auf den Part der liebenswerten Ehefrau und Mutter reduziert, doch in ihrem Beruf entpuppt sie sich als geradlinige, kämpferische Natur, die ihr Ziel nie aus den Augen verliert und bereit ist, dafür Opfer zu bringen. Das allein reicht jedoch beileibe nicht aus, um »The Well-Worn Lock« noch zu retten.

MLM-109

»Wide Open« (»Sklaven der Angst«)
Regie: James Charleston
Drehbuch: Charles Holland
US-Erstausstrahlung: 03.01.1997 (DE: 05.12.1997)
Wertung: **MMMMM**

»His children are far from safety;
They shall be crushed at the gate without a rescuer.«

»Seinen Kindern bleibt Hilfe fern,
und sie werden zerschlagen im Tor;
denn kein Erretter ist da.«

Hiob 5, 4

Gaststars

Bill Smitrovich (Bob Bletcher), Glynn Turman (James Glen), Pablo Coffey (Cutter), Stephen James Lang (Detective Giebelhouse), Ian Carson-Huggins (Young Boy Cutter), Roger Cross (Officer Shaw), Carter Kagume (ICU Nurse), David Neale (Mr. Highsmith), Sandra Ferens (Mary Kay Highsmith), Nevada Ash (Patricia Highsmith), Eileen Kenney (Beverly Bunn), Ernie Prentice (Mr. Marcelli), Colin McCarlie (Harry Marlowe), Mandy McKeen (Jane Marlowe), Cindy Lee (Riley Farnsworth)

Inhalt

Ein ruhiger Vorort von Seattle. Ein Wagen fährt an spielenden Kindern vorbei und hält vor einem Einfamilienhaus, das zum Verkauf steht. Der Fahrer – Cutter – steigt aus und geht zum Haus, in dem der Makler gerade Führungen für Kaufinteressenten veranstaltet. Er trägt sich unter dem Namen John Allworth in die Gästeliste ein und sieht sich im Gebäude um, wobei sein besonderes Interesse dem Kinderzimmer gilt. Als kurz darauf eine weitere Gruppe das Zimmer betritt, ist er spurlos verschwunden. Später an diesem Abend kommen die Besitzer des Hauses, die Familie Highsmith, zurück und bringen ihre Tochter Patricia ins Bett. Mitten in der Nacht fängt das Mädchen plötzlich an zu schreien.

Als Frank am nächsten Morgen bei dem Haus ankommt, ist die Polizei gerade dabei, die Spurensicherung abzuschließen. Der Profiler hat in den Nachrichten von dem Verbrechen gehört und erfährt nun von Bletcher, daß das Ehepaar Highsmith mit einem Beil ermordet wurde und ihre Tochter spurlos verschwunden ist. Da die Alarmanlage erst ausgelöst wurde, als der Killer das Haus verließ, vermutet Frank, daß er bei der Hausbesichtigung am vergangenen Nachmittag dabeigewesen sein muß und sich in einem der Zimmer versteckt hat, bis die Familie nach Hause kam und alle im Bett lagen. Als er sich im Gebäude umsieht, hört Frank Geräusche aus einem Schacht der Klimaanlage. Er entfernt das Gitter und findet Patricia, die zwar lebt, aber dringend ärztliche Hilfe braucht. Im Krankenhaus bittet Catherine, die zur Betreuung des Kindes hinzugezogen wurde, Frank und Bob, Patricia auf keinen Fall mit Fragen über das Verbrechen zu bedrängen, damit das stark unter Schock stehende Mädchen nicht gezwungen wird, das Grauen erneut zu durchleben. Kurz darauf lassen Frank, Bletcher und Detective Giebelhouse die Gästeliste des Maklers durch einen Graphologen untersuchen, der als Tatverdächtigen einen Mann nennt, der mit dem Namen John Allworth unterschrieben und einige Wochen zuvor bereits schon einmal das Haus besichtigt hat. Ermittlungen ergeben, daß »John Allworth« in den letzten sechs Monaten an beinahe vierzig Hausbesichtigungen in Seattle teilgenommen hat. Frank ist der Meinung, daß der Schlüssel zum Killer darin liegt, herauszufinden, warum er gerade dieses Haus für seine Tat ausgewählt hat. Als er sich erneut am Tatort umsieht, bemerkt er, daß eine Videokamera gestohlen wurde. Einige Tage später erhält eine Maklerin ein Band mit der Aufzeichnung des Doppelmords, den der Killer mitgefilmt hat. Die Dinge spitzen sich zu, als der Mörder nach der Besichtigung eines weiteren zum Verkauf stehenden Hauses die Besitzerin erschießt. Kurz nach dem Mord geht in der Notrufzentrale ein Anruf ein, der den Schuß meldet. Als Frank bei der Untersuchung des Tatorts von dem Anruf erfährt, nimmt er an, daß der Mörder selbst bei der Polizei angerufen hat. Unter dem Fußabtreter entdeckt Frank ein offenbar mit Blut gemaltes X, wie es Patricia im Hospital seit einiger Zeit immer wieder zeichnet. Er sieht sich erneut das Video von der Ermordung der Highsmiths an und entdeckt in einer Glastür eine Spiegelung vom Gesicht des Killers. Er bearbeitet das Bild per Computer und druckt es aus. Eigentlich will er Catherine bitten, es dem Mädchen zu zeigen, doch wird ihm plötzlich klar, daß der Mörder von Anfang an wollte, daß die Polizei Patricia befragt und sie so zwingt, den Mord immer wieder zu durchleben. Er ist sicher, daß dem Killer in der eigenen Kindheit ähnliches widerfahren ist. Später wirft Cutter, der als Schülerlotse arbeitet, das Schrotgewehr, mit dem er sein letztes Opfer getötet hat, in eine Mülltonne und alarmiert die Polizei. Ein Beamter nimmt seine Aussage zu Protokoll, erkennt jedoch erst später anhand des Bildes, daß er den Killer vor sich hatte. Frank kommt zu dem Schluß, daß Cutter versucht, den Glauben der Menschen an ihre Sicherheit zu

untergraben, indem er sich bloß Zutritt zu gut gesicherten Häusern verschafft.
Eine Spezialeinheit stürmt Cutters Wohnung, doch der Killer ist schon längst über alle Berge. Darum überwacht die Polizei alle zur Besichtigung offenen Häuser in der Stadt. Tatsächlich taucht Cutter bei einem davon auf, doch er kann Frank, Bletcher und Giebelhouse entkommen. Frank läßt alle Polizisten abziehen und bleibt allein mit Bletcher zurück. Bei einem Rundgang durch die Nachbarschaft werden sie durch einen Hund auf eines der Häuser aufmerksam und vermuten, daß sich Cutter dort drinnen versteckt. Frank schleicht sich in das Gebäude und entdeckt im Schlafzimmer die gefesselten Besitzer. In diesem Moment taucht der Killer auf und schlägt ihn mit einer Vorhangstange nieder, doch bevor er den Profiler töten kann, stürzt sich der Hund auf ihn. Cutter will dem wütenden Tier ausweichen, fällt über das Geländer und stürzt ein Stockwerk tiefer auf einen gläsernen Couchtisch.

Kommentar

»Wide Open«, die einzige Episode, zu der Charles Holland das Drehbuch schrieb, bevor er wegen »kreativer Differenzen« mit Chris Carter aus dem Autorenteam ausschied, stellt eine Frage, die die Wissenschaft bereit seit einiger Zeit beschäftigt, ohne bis dato zufriedenstellend beantwortet werden zu können: Werden Menschen, vielleicht durch ihre Erbanlagen, als Mörder geboren oder von ihrer Umwelt dazu gemacht? Frank ist der Meinung, es seien die Umstände, die jemanden zum Killer werden lassen, während Bob Bletcher die Ansicht vertritt, daß Cutter bereits als Killer auf die Welt gekommen ist, was für manche Leute vermutlich leichter zu akzeptieren ist als der unangenehme Gedanke, daß sich unsere Gesellschaft ihre

Jeffrey Dahmers, Ed Geins und Ted Bundys selbst schafft. Cutter ist hierbei geradezu ein Paradebeispiel für die Serienkiller in *Millennium.* Er tötet nicht wegen eines inneren Zwangs, sondern weil er durch seine Taten etwas Bestimmtes erreichen will, in diesem Fall, daß die Menschen den Glauben an ihre Sicherheit verlieren und sich auch in ihren eigenen vier Wänden nicht mehr vor dem Bösen sicher fühlen. Dies macht ihn zu einem der furchteinflößendsten Killer von *Millennium* und »Wide Open« zu einer spannenden, nervenaufreibenden, atmosphärisch dichten Episode, die ernste Zweifel daran aufkommen läßt, ob Carters Entscheidung, Holland den Laufpaß zu geben, richtig war.

MLM-110

»Weeds« (»Die Sünden der Väter«)
Regie: Michael Pattinson
Drehbuch: Frank Spotnitz
US-Erstausstrahlung: 24.01.1997 (DE: 19.12.1997)
Wertung: **MMMM**

»But know ye for certain ...
Ye shall surely bring
innocent blood upon yourselves
and upon this city...«

»Doch Ihr sollt wissen: Wenn ihr mich tötet,
so werdet Ihr unschuldig Blut auf euch laden,
auf diese Stadt und ihre Bewohner...«

Jeremia 26, 15

Gaststars

Ryan Cutrona (Sheriff Gerlach), Josh Clark (Edward Petey), Michael Tomlinson (Tom Comstock), Terry David Mulligan (Robert Birckenbuehl), Brian Taylor (Adam Burke), CCH Pounder (Cheryl Andrews), Paul Batten (Priester), Fred Henderson (Lawyer), Don MacKay (Jack Meredith), Andrew Johnston (Jon Tasini), Karin Konoval (Frau), A. J. Buckley (Josh), Joy Rinaldi (Linda), Karen Kruper

(Mrs. Petey), Jade Pawluk (Charlie Birckenbuehl), Betty Phillips (Abby), Rick Ravanello (Polizist)

Inhalt

Vista Verde Estates ist eine von der Außenwelt durch Zäune und Wachdienste abgeschirmte Wohlstandssiedlung irgendwo im Staat Washington. Josh Comstock hat von seinem Vater zum Geburtstag ein Motorrad geschenkt bekommen und macht eine Probefahrt, ohne zu bemerken, daß ihm ein Unbekannter in einem Van folgt. Josh fährt zu einem verlassenen Baugelände, um dort ein paar Runden zu drehen. Plötzlich taucht der Mann aus dem Van auf und attackiert den Jungen mit einem Rinderschocker. Als Joshs Mutter ihren Sohn am nächsten Morgen wecken will, liegt in seinem Bett die Leiche eines fremden Jungen – Kirk Orlando; von Josh selbst fehlt jede Spur. Frank bietet dem für Vista Verde zuständigen Sheriff Gerlach seine Hilfe bei der Klärung des Falles an. Gerlach macht sich Vorwürfe, weil er glaubt, daß er die Entführung von Josh hätte verhindern können, wenn er die Anwohner nach dem Verschwinden von Kirk vor drei Tagen von der Sache in Kenntnis gesetzt hätte, doch Kirks Eltern hatten ihn gebeten, die Angelegenheit vorerst für sich zu behalten. Bei der Autopsie des Jungen wird in seinem Mund und im Magen fremdes Blut entdeckt, das er offenbar trinken mußte, ehe der Killer ihn selbst hat ausbluten lassen; Frank nimmt an, daß es das Blut des Täters war. Unterdessen erhält der Sheriff von Kirks Vater einen Briefumschlag mit einer zu Konfetti verarbeiteten Dollarnote, den er am Tag nach der Entführung seines Sohnes im Postkasten gefunden hat. Am selben Abend halten die Anwohner unter der Leitung von Edward Petey eine Versammlung ab, bei der ein Mann namens Robert Birckenbuehl Gerlach vorwirft, die »Wahrheit« vor ihnen zurückzuhalten. Tumult regt sich, als der Sheriff erklärt, daß der Mörder aller Wahrscheinlichkeit nach unter den Bewohnern der Siedlung zu suchen sei. Frank schlägt in dieselbe Kerbe und versucht, den Killer in die Offensive zu drängen, indem er verkündet, daß sie es mit einem vollkommen Verrückten zu tun hätten, der für seine Taten keinerlei Motiv besitzt. Als die Comstocks später nach Hause kommen, steht Joshs Motorrad vor der Tür. Sie laufen hinein, doch statt ihres Sohnes finden sie eine Nachricht des Entführers, der mit Blut die Zahl 331 auf Joshs Bett geschrieben hat. Als Frank sich mit Mr. Comstock unterhält, gibt dieser zu, eine Zeitlang eine Affäre mit einer anderen Frau gehabt zu haben, mit der er sich immer in Zimmer 331 eines bestimmten Motels traf. Frank drängt ihn, seiner Frau die Wahrheit zu sagen. Später dringt der Killer in das Haus der Birckenbuehls ein und setzt Charlie, den Sohn, mit dem Rinderschocker außer Gefecht, bevor er ihn entführt. Bei der Untersuchung des Tatorts entdecken Frank und die von ihm um Unterstützung gebetene Pathologin der Millennium-Gruppe, Cheryl Andrews, daß Charlies Goldfische mit Scotch vergiftet wurden – eine verschlüsselte Botschaft. Frank und Gerlach unterhalten sich mit dem Schwimmlehrer Adam Burke, der alle drei Jungen trainiert hat. Gerlach informiert Frank darüber, daß Burkes achtjähriger Sohn vor einem halben Jahr von einem Unbekannten überfahren wurde. Als Frank an diesem Abend nach Hause kommt, hat er das Gefühl, verfolgt zu werden, aber da er niemanden sieht, nimmt er an, daß er sich getäuscht hat. Kurz darauf klopft Jack Meredith und übergibt ihm einen Briefumschlag, der gerade vor seiner Tür für Frank abgelegt wurde. In dem Umschlag befindet sich ein Farbmuster mit der Nummer 528.

Am nächsten Abend bringt Frank Mr. Comstock nach Hause. Als sie dort ankommen, finden sie den unter Schock stehenden Josh im Wohnzimmer. Er ist zwar nicht verletzt, doch Cheryl Andrews stellt fest, daß der Killer ihn ebenfalls gezwungen hat, Blut zu trinken. Nun beginnt Frank, das Puzzle zusammenzusetzen. Er kommt zu dem Schluß, daß der Mörder die Kinder für die Sünden ihrer Väter entführt hat und sie sein Blut trinken läßt, um sie zu reinigen. Kirk mußte sterben, weil Mr. Orlando nicht auf die Warnung reagiert und einige Geldprobleme behoben hat, auf die er durch die zerschnittene Dollarnote aufmerksam gemacht wurde. Josh hingegen durfte gehen, weil Comstock seiner Frau sein Verhältnis gebeichtet hat. Aus den Hinweisen, die der Entführer ihm zukommen ließ, schließt Frank, daß es Robert Birckenbuehl war, der den Sohn des Schwimmlehrers überfahren hat; die Farbe seines Wagens stimmt mit jener des Farbmusters überein. Frank läßt Birckenbuehl verhaften und versucht ihn dazu zu bewegen, seine Schuld öffentlich einzugestehen, weil das der einzige Weg sei, die Freilassung seines Sohnes zu erreichen. Doch Birckenbuehl weigert sich und behauptet, er sei unschuldig. Kurz darauf erhält Birckenbuehl ein Tonband des Killers, auf dem ihm mitgeteilt wird, daß ein genommenes Leben bloß durch das Leben des Mörders gesühnt werden könne; darum ist sein Sohn nicht zurückgekehrt. Frank hört sich die Bandaufnahme an und kommt anhand der Hintergrundgeräusche zu dem Schluß, daß Charlie in einem Keller unter der Schwimmhalle der High School gefangengehalten wird. Zusammen mit Cheryl Andrews und Sheriff Gerlach rettet er den Jungen und überwältigt den Entführer und Mörder – Edward Petey. Als sie zum Haus der Birckenbuehls zurückkehren, finden sie die Leiche von Mr. Birckenbuehl, der sich, den Worten des Killers folgend, im Schlafzimmer erhängt hat.

Kommentar

Die von *X-Files*-Veteran Frank Spotnitz geschriebene Episode funktioniert wie ein gutes Uhrwerk: Ein Rädchen greift nahtlos in das nächste über, und obwohl »Weeds« in vielerlei Hinsicht eine typische *Millennium*-Folge ist, spielt Franks Gabe hier so gut wie keine Rolle. Die Auflösung des Rätsels basiert auf dem investigativen Vorgehen des Profilers und ist in sich so schlüssig, daß letztlich keine Fragen offenbleiben. Negativ auf den Gesamteindruck wirkt sich lediglich der Umstand aus, daß Edward Petey, der sich zu guter Letzt als der Mörder entpuppt, ein wenig wie das Kaninchen wirkt, das ein Zauberer aus seinem Hut zieht. Das mag jedoch daran liegen, daß das ursprüngliche Drehbuch Überlänge hatte und Spotnitz deshalb einige Szenen streichen mußte, die Einblick in Peteys Leben verschaffen sollten, aber abgesehen vom Teaser, wo Mrs. Petey kurz auftaucht, bleiben die Hintergründe des Killers im Dunkeln. Dennoch ist »Weeds« spannend und unterhaltsam und wird gekrönt von den Leistungen der Darsteller, allen voran Terry David Mulligan als Robert Birckenbuehl, der den Zwiespalt zwischen dem Eingestehen der Schuld und der gleichzeitigen Verleumdung mehr als überzeugend porträtiert. Insgesamt also eine Episode, die man sich ruhigen Gewissens zweimal anschauen kann.

MLM-111

»The Wild and the Innocent« (»Angel«)
Regie: Thomas J. Wright
Drehbuch: Jorge Zamacona
US-Erstausstrahlung: 10.01.1997 (DE: 12.12.1997)
Wertung: **MMMMMM**

»O Lord, if there is a Lord.
Save my soul, if I have a soul.«

»O Gott, sollte es einen Gott geben,
rette meine Seele,
sollte ich eine Seele haben.«

Joseph Ernest Renan

Gaststars

Terry O'Quinn (Peter Watts), Heather McComb (Maddie Haskel), Jeffrey Donovan (Bobby), Michael Hogan (Captain Bigelow), John Pyper-Ferguson (Jim Gilroy/Jake Waterston), James Gallanders (Missouri State Trooper), Steve Makaj (Flanagan), John Tierney (Prediger), Renee Michelle (Adeline Travis), Jim Swainsburg (Sam Travis), Gina Chiarelli (Killean Marie Haskel), Mary Black (Mrs. Nesmith), Jim Poyner (Mr. Nesmith)

In Joplin, Missouri, trägt man Killean Marie Haskel zu Grabe, die sich in der Badewanne die Pulsadern aufgeschlitzt hat. Da ihr Mann bereits seit einigen Jahren tot ist, hat ihre Tochter Maddie, zwanzig, nur noch ihren Stiefvater Jim Gilroy, der sie nur wenige Stunden nach der Beerdigung vergewaltigen will. Mit einemmal taucht Maddies Freund Bobby Webber auf und schlägt ihn mit einer Eisenstange bewußtlos. Bobby sperrt Gilroy in den Kofferraum von dessen Wagen, bevor das junge Paar davonfährt. Später werden sie wegen eines defekten Rücklichts von einem State Trooper angehalten. Als Gilroy im Kofferraum Lärm macht und der Cop auf ihn aufmerksam wird, zieht Bobby einen großkalibrigen Revolver hervor und erschießt den Beamten. Die Videokamera des Streifenwagens zeichnet den Zwischenfall auf.
Peter Watts informiert Frank über den Fall. Anhand des Nummernschildes finden sie heraus, daß das Auto auf einen Mann namens Jim Gilroy zugelassen ist, der in Wirklichkeit jedoch Jake Waterston heißt und vor fünf Jahren in Newport, Virginia, mehrere Krankenschwestern vergewaltigte und tötete, um danach spurlos zu verschwinden. Die Polizei nimmt an, daß Gilroy bzw. Waterston den Polizisten erschossen hat. Frank und Peter begeben sich nach Joplin und nehmen das Haus der Haskels in Augenschein, wo Waterston die letzten Jahre unbehelligt gelebt hat. Auf dem Schirm eines protzigen Großbildfernsehers, der in krassem Widerspruch zu der eher kargen Einrichtung steht, ist das Wort ANGEL eingekratzt. Im Schlafzimmer stößt Frank auf einen zersplitterten Spiegel, an dem sich Blutspuren befinden. Ihm kommt der Verdacht, daß Waterston, der fünf Jahre lang polizeiunauffällig bleiben konnte, indem er regelmäßig seine Lebensgefährtin und deren Tochter vergewaltigte, Killean Marie Haskel in den Selbstmord trieb. Mittlerweile haben Bobby und Maddie Mis-

souri auf Nebenstraßen hinter sich gelassen. Bobby parkt den Wagen ein Stück abseits des Highway, öffnet den Kofferraum und verlangt von Gilroy zu erfahren, wo »er« sich befindet; als er keine Antwort erhält, schlägt er mit dem Kolben der Waffe auf den Mann ein. Unterdessen analysieren Frank und Peter zusammen mit Captain Bigelow von der lokalen Polizei das Video aus dem Streifenwagen. Frank hat erhebliche Zweifel, daß es sich bei dem nicht näher zu erkennenden Mörder tatsächlich um Gilroy handelt, da Schußwaffen nicht zu dessen Modus operandi passen würden. Außerdem läßt eine Bewegung im Wagen des Killers darauf schließen, daß er nicht allein unterwegs ist.

Bobby und Maddie fahren nach Springdale, Arkansas, wo Bobby in das Haus des Ehepaares Nesmith eindringt. Von dem verwirrten Mr. Nesmith will er wissen, wo »er« ist. Als der Mann ihm die Frage nicht beantworten kann, erschießt er zuerst ihn und danach seine Frau. Draußen im Wagen teilt er Maddie mit, daß »er« nicht da war und Gilroy gelogen habe. Bobby droht Gilroy, ihn zu erschießen, falls er ihnen nicht endlich die Wahrheit sagt; Gilroy gib nach. Bobby sperrt ihn wieder in den Kofferraum und versenkt den Wagen in einem See, bevor sie im Wagen der Nesmiths weiterfahren. Im Haus der Haskels stößt Frank inzwischen auf Maddies High-School-Jahrbücher, aus denen er von ihrem Verhältnis zu Bobby erfährt; außerdem enthalten die Bücher Briefe an einen gewissen Angel Haskel. Frank nimmt an, daß es sich dabei um Maddies Vater handeln könnte, der im Gefängnis gestorben ist und an einem unbekannten Ort beerdigt wurde. Ist das Paar vielleicht auf der Suche nach seinem Grab? Als Captain Bigelow ihm mitteilt, daß man Waterstons Wagen in einem See gefunden hat, begeben sich Frank und Peter umgehend zu den Bergungsarbeiten. Gilroy konnte dank einer Luftblase im Kofferraum überleben. Er wird in ein nahes Gefängnis gebracht und bestätigt, daß es Bobby war, der den Polizisten erschossen hat. Doch er weigert sich, ihnen zu sagen, wer Angel ist. Dies erfahren sie schließlich aus Maddies Krankenhausunterlagen, aus denen hervorgeht, daß sie vor einem Jahr einen Jungen zur Welt gebracht hat. Da Waterstons Bankauszüge belegen, daß er zwei Monate nach der Geburt des Kindes siebentausend Dollar überwiesen bekam, dauert es nicht lange, bis sie herausfinden, daß Waterston das Baby an einen Anwalt verkauft hat, um den Fernseher zu bezahlen. Die Polizei durchsucht daraufhin die Unterlagen des Anwalts und stößt dabei auf den Namen des Ehepaares, das Angel »adoptiert« hat: Mr. und Mrs. Travis aus Little Rock, Arkansas.

Unterdessen kommen Bobby und Maddie beim prächtigen Anwesen der Travis' an. Es kommt zum Streit zwischen den jungen Leuten, weil Maddie meint, daß es Angel hier bestimmt gefalle, doch Billy will die Sache bis zum Ende durchziehen. Er dringt in das Haus ein und schlägt Mr. Travis bewußtlos, bevor er Mrs. Travis befiehlt, ihnen Angel zu bringen. Obwohl die Frau, die das Kind auf legalem Wege adoptiert zu haben glaubt, völlig aufgelöst ist, kommt sie Bobbies Drohung nach und übergibt das Kind an Maddie, woraufhin der Kleine anfängt zu schreien. Maddie erkennt, daß Angel hier ein gutes Zuhause gefunden hat, schließt das Baby kurz in die Arme und gibt es seiner »Mutter« zurück. Bobby ist außer sich vor Wut und will den Jungen haben, doch Maddie stellt sich ihm in den Weg, woraufhin er sie brutal niederschlägt. In diesem Moment fahren Peter, Frank und die Polizei vor dem Haus vor. Bobby sieht nur noch einen Weg zur Flucht: Er will Angel als Geisel nehmen und die Polizisten so daran hindern, auf ihn zu schießen. Als er Mrs. Travis das Kind entreißen will, zieht Maddie die Pistole aus seinem Hosenbund und erschießt ihn. Es gelingt Frank, die Cops davon zu überzeugen, ihn allein in das Haus gehen zu lassen, wo er Maddie zum Aufgeben bewegt. Später im Gefängnis erklärt sie Frank, daß Angel bei den Travis ein besseres Leben führen wird als bei ihr. Sie dankt ihm und meint, daß er der erste Mann sei, der jemals etwas Nettes für sie getan habe, ohne eine Gegenleistung dafür zu verlangen. Beim Abschied nimmt sie Frank das Versprechen ab, sie irgendwann zusammen mit Jordan im Zuchthaus zu besuchen.

Kommentar

»Als ich zum ersten Mal hörte, welche Geschichte sich Jorge Zamacona für diese Episode ausgedacht hatte, haßte ich sie«, so Chris Carter über »The Wild and the Innocent«. »Und ich habe dagegen protestiert. Es paßte einfach nicht in die Serie, die ich machen wollte, und deshalb gab es einigen Ärger. Nachdem ich das Drehbuch massiv umgeschrieben hatte, wurde zwar letztlich doch noch eine akzeptable Folge daraus, aber hinsichtlich des Serienkonzeptes ist sie immer noch ein Grenzfall. Ich habe das Gefühl, daß es hier nicht wirklich um Frank geht, sondern um dieses junge Paar, und das gefällt mir nicht.« Da Carter aber darauf bedacht ist, alles stets nach seinen Vorstellungen zu gestalten, war Zamacona, der zu dieser roadmovieartigen Folge durch einen Song von Bruce Springsteen inspiriert wurde, nach Charles Holland bereits der zweite Autor, der die Serie noch vor der »Halbzeit« der ersten Staffel verlassen mußte. Dabei gehört Zamaconas »The Wild and the Innocent«, ebenso wie »Wide Open« von Holland, zu den gelungensten Episoden der Serie. Die Story ist geradlinig, actionorientiert und hinreichend düster, die Schauspieler, allen voran Heather McComb als Maddie, gehen in ihren Figuren auf, und die Szene, in der sich Frank mit dem Mörder Jake Waterston unterhält, funkelt beinahe vor Brillanz. Beide Männer wissen, daß das, was sie einander sagen, gelogen ist. Jake belügt Frank, um sich nicht selbst zu belasten, und Frank belügt Jake, um mehr Informationen aus ihm herauszuholen. Das »Spiel der falschen

Dialoge« gewinnt schließlich Frank, indem er Jake exakt an dem Punkt, als dieser sich in einer Verhandlungsposition wähnt, mit der unumstößlichen Tatsache konfrontiert, daß er nie wieder einen Fuß in die Freiheit setzen wird. Alles in allem kann man sich wirklich bloß verwundert fragen, was um alles in der Welt Carter an »The Wild and the Innocent« auszusetzen hat.

Wahre Hintergründe

Killerpärchen, wie sie »The Wild and the Innocent« oder auch Oliver Stones umstrittener Reißer *Natural Born Killers* zeigen, kommen in der Realität öfter vor, als man vielleicht annehmen möchte. Während Martha Beck und ihr Lover Raymond Fernandez, die sogenannten »Lonely-Hearts Killers«, über Kontaktanzeigen Bekanntschaft mit alleinstehenden Frauen suchten, die Raymond, ein klassischer Latin Lover, zunächst nach allen Regeln der Kunst verführte, bevor die zweihundertundachtzig Pfund schwere Martha ihm dabei half, sie zu massakrieren, war es bei Alvin und Judith Neelley, einem der ganz wenigen Ehepaare unter den Killerpärchen, normalerweise die zierliche Judith Ann, die die Opfer ermordete, nachdem ihr Mann sie zuvor vergewaltigt und gefoltert hatte, indem er ihnen ätzende Flüssigkeiten in die Adern injizierte. Martha Beck und Raymond Fernandez wurden am 8. März 1951 wegen zwölffachen Mordes Seite an Seite im Gefängnis von Sing Sing hingerichtet. Judith Ann Neeley war im April 1983 mit achtzehn Jahren die jüngste Frau, die in der Rechtsgeschichte der Vereinigten Staaten zum Tod verurteilt wurde; momentan wartet sie im Gefängnis von Wetumpka, Alabama, auf ihre Hinrichtung. Ihr Mann Alvin wurde zu zweimal lebenslänglich verurteilt.

Die engste Verbindung zu Maddie und Bobby aus »The Wild and the

Innocent« findet sich wohl bei Charles Starkweather und seiner jugendlichen Freundin Caril Ann Fugate. Starkweather entwickelte wegen seiner geringen Größe von knapp einssechzig bereits in frühen Jahren einen ungeheuren Menschenhaß auf jeden, dem er begegnete. Einzige Ausnahme war die vierzehnjährige Caril Ann. Als es eines Tages zu einer Auseinandersetzung mit ihren Eltern kam, erschoß Starkweather kurzerhand ihre Mutter und ihren Stiefvater und erstickte ihre zweijährige Schwester mit dem Lauf seiner Waffe, während Caril Ann zusah. Danach machten sie sich zu einer wahren Mordodyssee durch mehrere Staaten auf, die weiteren acht Menschen das Leben kostete, ehe sie schließlich nach einer ausgedehnten Jagd, an der über zweihundert Polizeibeamte beteiligt waren, in Wyoming gefaßt wurden. Charles Starkweather, der übrigens Pate stand für den Killer George Stark in Stephen Kings Roman *The Dark Half*, endete im Juni 1959 auf dem elektrischen Stuhl, während Caril Anns Todesurteil 1976 in eine lebenslange Haftstrafe ohne Bewährung umgewandelt wurde. Ihre Geschichte liegt dem Film *Badlands* (1973, dt. *Badlands – Zerschossene Träume*) von Terence Malick zugrunde, in dem Martin Sheen und Sissy Spacek das Mörderpärchen verkörpern.

MLM-112

»Loin Like a Hunting Flame« (»Tote Jahre«)
Regie: David Nutter
Drehbuch: Ted Mann
US-Erstausstrahlung: 31.01.1997 (DE: 02.01.1998)
Wertung: **MMMM**

»Two souls, alas,
are housed within my breast.«

»Zwei Seelen wohnen, ach,
in meiner Brust.«

Johann Wolfgang von Goethe,
Faust

Gaststars

William Lucking (Detective Thomas), Hrothgar Mathews (Art Nesbitt), Doug Abrahams (Detective Kent), Barbara Howard (Karen), Harriet Sansom Harris (Maureen Murphy), Malcolm Stewart (Vic), Barry Greene (Mark), Michael Buie (Randy), John Ratt (Ehemann), Derek Hamilton (New Mel), Natassia Malthe (New Leslie), Peg Christopherson (Sylvie), Crystal Cass (New Anne), Fawnia L. Mondey (Laura), Dawn Madsen (Leslie), Eric Olsen (Mel), Carrie Davis (Anne), Jaclynn Grad (New Sylvie), Dorin Davis (Sherrie), Rafe

McDonald (Tim), Michael Sunczyk (Türsteher), Laurel Gray (Pathologin), Tyler Labine (Gavin), Jenny Mitchell (Kim), Kelly Irving (Ron)

Songs

Hand in Hand We Die, Raveland sowie *Frank Takes The Floor* von Glen Jordan

Inhalt

In der Nähe der University of Colorado in Boulder feiern Studenten in einem zum Techno-Club umgebauten Warenhaus eine Party. Ein Mann namens Art Nesbitt mischt sich unter die jungen Leute und spricht ein Pärchen – Mel und Leslie – an. Er bietet ihnen Pillen an und verspricht ihnen den ultimativen Trip. Mel und Leslie nehmen die Drogen ein und ziehen sich mit Nesbitt zurück, der sie überredet, miteinander zu schlafen, während er, ebenfalls unter dem Einfluß der Pillen, den Akt auf Video aufzeichnet und das Pärchen schließlich mit einer Giftspritze tötet. Am nächsten Morgen werden die Leichen im botanischen Garten entdeckt. Ihre nackten Körper sind auf Gras und Farne gebettet, die Genitalien mit großen Blättern bedeckt, wie bei Adam und Eva im Paradies. Frank Black und Maureen Murphy, ein weiteres Mitglied der Millennium-Gruppe, die auf Verbrechen dieser Art spezialisiert ist, werden zum Tatort gerufen, wo sie mit Detective Thomas zusammentreffen, der den Fall bearbeitet. Der Polizist ist von der Mitarbeit der Gruppe nicht besonders begeistert und erklärt Frank, daß er die Beteiligung einer Frau an derartigen Ermittlungen prinzipiell ablehnt, da Frauen die männliche Sexualität nicht verstehen würden und somit nichts zur Klärung eines solchen Falles beitragen könnten. Unterdessen feiern mehrere Paare in einem Vorort von Boulder eine Swinger-Party, wobei sie von Art Nesbitt heimlich beobachtet werden. Als zwei Frauen, Sylvie und Anne, die ausgelassene Party verlassen, um bei einem Spirituosengeschäft Nachschub zu besorgen, folgt er ihnen, um sie später mit Hilfe eines Blaulichts dazu zu bringen, an den Straßenrand zu fahren. Am nächsten Tag melden die Ehemänner ihre Frauen als vermißt. Kurz darauf werden ihre Leichen in einem Park entdeckt, wo sie wie ein Liebespaar auf einer Bank arrangiert wurden. Etwa zur selben Zeit betritt ein junges Paar, Laurie und Randy, das bald in die Flitterwochen nach Bali fliegen will, Nesbitts Apotheke. Sie wollen ein Mittel gegen Darmerkrankungen. Daraufhin verschwindet Nesbitt kurz im Hinterzimmer und kommt mit zwei der bekannten Kapseln zurück. Er rät dem Paar, die Pillen sofort einzunehmen. Unterdessen haben Frank und Maureen dank toxikologischer Tests erfahren, daß die Ecstasyähnliche Droge, die der Mörder seinen Opfern verabreicht hat, in den Bereich der kontrollierten Substanzen fällt, zu denen normalerweise nur Befugte Zugang haben. Allem Anschein nach wirkt die Droge als Stimulans für sexuelle Phantasien, die der Täter mit Hilfe der entführten Paare für sich selbst Wirklichkeit werden läßt. Frank glaubt, daß die Liebesakte seiner Opfer für den impotenten Killer die einzige Möglichkeit sind, eine Art Sexualität zu erleben. Weitere Nachforschungen führen Frank und Maureen zu Nesbitts Apotheke, doch der Killer ist nicht da. Als sie Nesbitts Haus aufsuchen, treffen sie dort auf seine Frau Karen. In einem sensiblen Gespräch unter Frauen bringt Maureen sie dazu, sich zu öffnen und frei über ihr Leben und ihre Beziehung zu ihrem Mann zu sprechen. Es stellt sich heraus, daß die Nesbitts seit achtzehn Jahren keinen Sex mehr hatten. Detective Thomas zieht Frank ins Vertrauen und erklärt, daß er jahrelang in Hollywood Sexualverbrechen untersucht hat, die ihn so sehr belasteten, daß er nach einiger Zeit nicht mehr mit seiner Frau schlafen konnte, die ihn daraufhin verließ. Frank wird bewußt, daß Nesbitt bei seinen Taten sexuelle Erlebnisse inszeniert, die er selbst gerne vor seiner Ehe gehabt hätte. Als er noch einmal die Durchsuchung von Nesbitts Haus rekapituliert, wird ihm klar, daß sie dabei etwas übersehen haben. Zusammen mit Maureen kehrt er zum Haus der Nesbitts zurück und entdeckt in der Garage eine Falltür, die in einen unterirdischen Luftschutzbunker führt, wo sie Laurie und Randy finden, die noch am Leben sind. Gerade als Nesbitt versucht, seine Frau mit einer Giftspritze zu töten, kommt Frank hinzu und rettet Karen, indem er Nesbitt die Spritze aus der Hand schlägt. Er kann allerdings nicht verhindern, daß der Killer noch einmal an die Spritze herankommt und sich selbst eine tödliche Injektion verabreicht.

Kommentar

Als Ted Mann das Drehbuch zu »Loin Like a Hunting Flame« zu Papier brachte, könnte er dabei die italienischen Giallos im Hinterkopf gehabt haben, Streifen, in denen Sexualität und Tod eine Symbiose eingehen und der Tod oft als beinahe sexueller Akt zwischen Täter und Opfer dargestellt wird. Sex und Gewalt sind auch die Hauptbestandteile dieser Episode, was »Loin Like a Hunting Flame« zur provokantesten Folge der ersten Staffel von *Millennium* macht – zumindest in einem prüden Land wie Amerika, wo man zunächst wie selbstverständlich davon ausging, daß es sich bei dem Wort »Loin« (Lenden) im Titel lediglich um einen Druckfehler handelte. Genau diese Verklemmtheit ist es auch, die der Episode so zu schaffen macht, da die Macher zwar eine starke Geschichte zu erzählen hatten, aber nicht recht wußten, wie sie das Thema in den Griff bekommen sollten, ohne daß die Zuschauer auf die Barrikaden gingen. Um das Zusammenspiel von Sex und Tod abzuschwächen, brachten sie schließlich Drogen ins Spiel, die es den Opfern wenigstens ersparen, die Perversion des Aktes bei vollem Bewußtsein erleben zu müssen. Zusätzlich ist die Inszenierung – ausgerechnet von dem ansonsten guten David Nutter – dermaßen bieder, daß ein Großteil der Kraft, die im Plot steckt, verlorengeht, so daß »Loin Like a Hunting Flame« zu keinem Zeitpunkt über gehobenes Mittelmaß hinauskommt.

Der Originaltitel dieser Episode wurde übrigens einem Gedicht von Dylan Thomas entlehnt, *The Ballad of the Long-Legged Bait*. Der Autor Ted Mann erzählt dazu folgende Anekdote: »Vor vielen Jahren, als Dylan Thomas gerade mal wieder durch die Staaten reiste, um Lesungen zu halten, fragte ihn eines Abends eine ältere Dame, wovon *The Ballad of the Long-Legged Bait* handeln würde. Woraufhin er erwiderte: ›Es handelt von einem Schwarm fickender Fische.‹ Ich nehm's ihm ab. Er muß es wissen.«

Wahre Hintergründe

Obwohl Nesbitt zweifellos einer der »originellsten« Killer von *Millennium* ist, entstammt seine Vorliebe für das Arrangieren der Leichen seiner Opfer keineswegs allein der Phantasie des Drehbuchautors. Der »echte« Art Nesbitt hieß Walter Condy und wurde 1967 wegen siebenfachen Mordes verurteilt. Condy pflegte seine Opfer ganz ähnlich in Szene zu setzen wie Nesbitt, und tatsächlich könnte der Teaser von »Loin Like a Hunting Flame« Condys erstem Gewaltverbrechen nachgestellt sein. Nachdem er ein junges Paar unter Drogen gesetzt und mit einer weichen Binde erdrosselt hatte, um so wenige Spuren wie möglich zu hinterlassen, brachte er sie in einen öffentlichen Park von Rochester, wo die Leichen von Connie Levin

und Pakash Remo schließlich von den Gärtnern gefunden wurden. Das Paar lag inmitten der gerade aufblühenden Krokusse, die Genitalien mit Weinblättern bedeckt, an den Händen mit Gummibändern Äpfel befestigt, so als hätte der Täter versucht, Adam und Eva im Paradies nachzustellen.
Drei Wochen später verschwand Cathrine Faye Gerherty bei ihrem täglichen Jogging; ihre nackte Leiche wurde später an einem improvisierten Kreuz aus zwei Ästen befestigt entdeckt. Ihr Gesicht war gesenkt, ihre Arme weit ausgebreitet, so daß sie wie ein Priester wirkte, der den Segen erteilt. Condys nächste Opfer waren Patrick Cooper und Katie Dwyer, deren Leichen man an derselben bewaldeten Stelle fand wie zuvor Cathrine Faye Gerherty. Katie war etwas abseits des öffentlichen Weges mit dem Rücken an einen Baum gelehnt worden, die Hände mit Dichtband gefesselt. Die nackte Leiche von Patrick Cooper war so in ihre Arme gebettet, daß sich ihre Köpfe berührten. Psychologen glauben, daß Condy hier eine Mutter-Kind-Beziehung darstellen wollte, möglicherweise inspiriert von einem Madonnenbild, das man nach seiner Verhaftung in seiner Wohnung fand. Später beim Verhör sagte Condy, der seine Opfer wie Nesbitt nie sexuell mißbraucht hat, daß das, »was zwischen dir und deinem Opfer passiert, die intimste Beziehung ist, die Menschen miteinander haben können. Ich weiß, die meisten Leute glauben, daß es Sex und all das sei, was zwei Menschen wirklich zusammenbringt. Aber das ist nicht wahr, absolut nicht. Wenn du in ihre Augen schaust, während sie sterben, dann denken sie nicht an ihre Ehemänner oder ihre Kinder, nicht einmal an Gott. Bloß an sich selbst und an dich. Außer euch gibt es im gesamten Universum keine andere Seele. Wie kann man nicht davon beeindruckt sein, was man in diesem Augenblick tut, was man denkt und fühlt? Man nimmt ihnen ihr Leben, aber sie sind immer noch da. Sie leben weiter, in dir. Verglichen mit dieser Art der Intimität ist Sex absolut gar nichts.«

MLM-113

»Force Majeure« (»Tausend letzte Tage«)
Regie: Winrich Kolbe
Drehbuch: Chip Johannessen
US-Erstausstrahlung: 07.02.1997 (DE: 09.01.1998)
Wertung: **MMMM**

»You remember a single deluge only,
but there were many previous ones.«

»Du wirst dich nur an eine Sintflut erinnern können,
aber vor dieser gab es schon viele andere.«

Plato

Gaststars

Terry O'Quinn (Peter Watts), Brad Dourif (Dennis Hoffman), Timothy Webber (Sheriff Camden), CCH Pounder (Cheryl Andrews), Morgan Woodward (Iron Lung Man), Peter Hanlon (Manager), Mitch Kosterman (Lieutenant), Sarah Strange (Maura), Merrilyn Gann (Carlins Mutter), Kristi Angus (Lauren/Carlin), Cindy Girling (Myra), Carolyn Tweedle (Laurens Mutter)

Inhalt

Eine junge Frau teilt ihrem Vater, der in einer eisernen Lunge liegt, mit, daß »es« begonnen habe. Etwa zur gleichen Zeit wird der Staat Washington von einem heftigen Unwetter heimgesucht. Auf dem Campus der Polytechnischen Universität sucht Maura in einem Hauseingang vor den riesigen Hagelkörnern Schutz, wobei sie sich eine Zigarette ansteckt. Plötzlich sieht sie ihre Freundin Lauren wie eine Schlafwandlerin durch das Gewitter schreiten. Maura ruft nach ihr. Lauren kommt zu ihr, doch als sie nach der Zigarette ihrer Freundin greift, fängt sie auf einmal an zu brennen. Sie fällt auf die Knie, faltet die Hände und geht vor den Augen der entsetzten Maura in Flammen auf.

Frank, der im Fernsehen einen Bericht über den Sturm verfolgt, erhält einen Anruf von Catherine, die ihm mitteilt, daß sie sich verspäten wird, weil sie sich um Laurens Eltern kümmert, die trotz der rituellen Pose, in der man das Mädchen fand und die an die Selbstverbrennung protestierender buddhistischer Mönche erinnert, nicht an Selbstmord glauben. Statt dessen sind sie der Ansicht, daß jemand anderes hinter ihrem Tod steckt, worin sie von einem Mann namens Dennis Hoffman bestärkt werden, der Catherine gegenüber vorgibt, ein Mitglied der Millennium-Gruppe zu sein. Frank nimmt daraufhin Kontakt mit Peter Watts auf, der ihm versichert, daß es bei der Gruppe keinen Dennis Hoffman gebe. Sie beschließen, den Fall zu untersuchen. Frank fährt zur Universität, um Maura zu befragen. Abgesehen davon, daß Lauren im Gegensatz zu ihren Eltern überdurchschnittlich intelligent war, erfährt er jedoch nichts von ihr, zumal sie das Gespräch für sinnlos hält, weil sie das alles bereits Dennis Hoffman erzählt habe. In Laurens Zimmer fällt Frank ein Modell des Sonnensystems auf, bei dem sich alle Planeten auf einer Linie befinden. Als er wenig später die Stelle aufsucht, wo Lauren verbrannt ist, wird er von einem komischen Burschen angesprochen, der sich als Dennis Hoffman erweist. Hoffman teilt Frank mit, daß es am 5. Mai 2000 zu einer ausgesprochen seltenen Konstellation der Gestirne kommen werde: Die sieben innersten Planeten des Sonnensystems werden sich zum ersten Mal seit sechstausend Jahren auf einer Linie mit der Sonne befinden. Beim letzten Mal sei es zu einer biblischen Sintflut gekommen, und auch diesmal werde es zu katastrophalen Erdveränderungen kommen, die sich bereits heute durch plötzliche Wetterumschwünge und Erdbeben ankündigen würden. Frank ist von alldem wenig überzeugt und will wissen, warum er mehrmals vorgegeben hat, ein Kollege von ihm zu sein. Dennis rät ihm, sich von Peter Watts bestätigen zu lassen, daß er für die Gruppe arbeitet, und verschwindet. Tatsächlich bestätigt Watts, daß es sich bei Hoffman um einen Spinner handelt, der bei den Ermittlungen gegen einen Sternkreiszeichenkult von der Existenz der Gruppe erfahren hat, die ein Jahr brauchte, um ihn wieder abzuschütteln. Es stellt sich außerdem heraus, daß Lauren weder das Kind der Padillas ist, noch von ihnen offiziell adoptiert wurde. Diverse Stipendien und Trainingsprogramme weisen zudem darauf hin, daß sich jemand anderes um Laurens Leben und ihre Entwicklung gekümmert hat. Unterdessen sitzt Carlin, eine junge Frau, die Lauren wie aus dem Gesicht geschnitten ist, in ihrem Zimmer in Riverside, Oregon, vor einem Modell des Sonnensystems. Sämtliche Planeten befinden sich auf einer Linie. Nachdem sie sich mit einer Rasierklinge ein Symbol in den Oberschenkel geschnitten hat, begibt sie sich zu einem Stausee, klettert auf die Brüstung, faltet die Hände und springt in die Tiefe.

Cheryl Andrews nimmt in Anwesenheit von Frank und Peter Watts die Autopsie an Laurens Leiche vor, wobei sich herausstellt, daß sich das Mädchen mit Lösungsmitteln getränkt hatte, bevor sie nach der Zigarette griff. An ihrem Oberschenkel findet man das astronomische Symbol für die Konjunktion von Planeten. Als sie die Leichenhalle verlassen, werden Peter und Frank schon von Dennis Hoffman erwartet, der erklärt, daß die tausend letzten Tage begonnen hätten und Laurens Tod die Erfüllung einer Prophezeiung aus der Offenbarung des Johannes sei, nach der sich die Apokalypse durch einen Sturm aus Hagel, Feuer und Blut ankündige. Das nächste der Zeichen sei ein Fluß, dessen Wasser sich in Blut verwandeln werde. Später stößt Frank auf eine Meldung vom Tod von Carlin Mathers, deren Leiche in einem Stausee gefunden wurde, der sich durch den Einbruch vulkanischen Gesteins blutrot gefärbt hatte. Zusammen mit Peter und Cheryl Andrews begibt er sich nach Oregon, um eine Autopsie an der Toten durchzuführen. Bevor sie dazu kommen, taucht plötzlich Carlins Mutter auf, die Frank beschuldigt, einer von »denen« zu sein, die ihr damals das perfekte Baby brachten und es ihr jetzt wieder nahmen. Letztlich ergibt die Obduktion mehrere bizarre Parallelen zu Lauren. Carlin weist dieselben Geburtsfehler auf, schnitt sich dasselbe astronomische Symbol in den Oberschenkel, und in der Gebärmutter finden sich ebenfalls sieben befruchtungsfähige Eizellen. Es sieht so aus, als sei Carlin die Zwillingsschwester von Lauren, doch Frank glaubt vielmehr, daß ein moderner Noah perfekte Menschen geklont hat mit der Absicht, die Welt nach der Apokalypse mit ihnen zu besiedeln. Einige Zeit später teilt die Frau ihrem Vater in der eisernen Lunge mit, daß »sie« über Lauren und Carlin Bescheid wissen würden, woraufhin der Mann ihr den Befehl gibt, »die anderen« zu rufen. Unterdessen wendet sich Frank an Dennis Hoffman, um zu erfahren, ob er möglicherweise noch andere Leute kennt, die seinen Glauben an den Weltuntergang teilen. Zwar muß Hoffman ihn in diesem Punkt enttäuschen, doch der Hinweis, daß er für den 5. Mai 2000 ein Zimmer im Pocatella Atrium in Pocatella, Idaho, gebucht hat, da der Ort angeblich erdbeben- und flutsicher sei, bringt Frank weiter, als sich zudem herausstellt, daß Lauren und Carlin ebenso wie achtzehn weitere Mädchen, die seitdem verschwunden sind, in den letzten

Tagen alle Anrufe aus Pocatello bekamen. Es zeigt sich, daß die Telefonate von einem Apparat im Pocatella Atrium aus geführt wurden, einem Gebäude, das von der ganzen Konstruktion her an ein Schiff erinnert. Daraufhin begeben sie sich zur Ranch der Architektin, einer Frau namens Myra, wo sie neben den verschwundenen Mädchen auch Myras Vater finden. Obwohl Frank davon abrät, nimmt ein örtlicher Polizeilieutenant die Mädchen in Schutzhaft und verlädt sie in einen Bus, um sie auf die Wache zu bringen. Als der Pofiler sich mit dem Mann in der eisernen Lunge unterhält, wird deutlich, daß sich hinter seinen Handlungen nicht die Anmaßung verbirgt, eine zukünftige Menschheit nach seinen Wünschen zu schaffen, sondern es ihm vielmehr darum geht, das Gute zu retten, weshalb er perfekte Menschen klonte. Carlin und Lauren brachten sich um, nachdem sie erfahren hatten, daß ihr Vater im Sterben lag und nicht mit ihnen die »Arche« besteigen würde, wenn die Zeit gekommen sei. Als Frank erkennt, daß der Wissenschaftler auch männliche Klone erschaffen haben muß, läßt er nach dem Bus suchen, mit dem der vermeintliche Polizist die Mädchen weggefahren hat, doch das Fahrzeug kann nur verlassen gefunden werden. Da auch Hoffman wie vom Erdbeben verschluckt zu sein scheint und der Mann in der eisernen Lunge bei einem Stromausfall gestorben ist, kann sich Frank nur damit trösten, daß er weiß, an welchem Ort sie sich alle am 5. Mai 2000 aufhalten werden …

Kommentar

Der Drehbuchautor Chip Johannessen wollte »etwas über jemanden machen, der ein Zuchtexperiment durchführt«, und ließ sich von einer wahren Begebenheit inspirieren, bei der ein Forscher von einer Gruppe hochintelligenter Kinder als Guru verehrt wurde; als er dann noch die Idee eines modernen Noahs hatte, der auf das drohende Ende der Welt wartet, warf er einfach alles in einen Topf, und heraus kam »Force Majeure«, eine Episode, die Chris Carter zu seinen Favoriten der ersten Staffel zählt – und das, obwohl sie den starren Rahmen des ursprünglichen Serienkonzepts nicht mehr und nicht weniger sprengt als zuvor »Wide Open« oder »Loin Like a Hunting Flame«, deren Autoren danach beide ihren Hut nehmen mußten. Carter: »Diese Folge hat mir besonders gut gefallen. Sie behandelt das Millennium-Thema auf eine Weise, wie wir sie vorher noch nicht hatten. Es finden rätselhafte Morde statt, die mit dem Millennium direkt eigentlich gar nichts zu tun haben. Die Idee dahinter war, daß die Jahrtausendwende einfach da ist und man nicht jedesmal eine kosmische Bestätigung dafür braucht. ›Force Majeure‹ führt den Grundgedanken des Pilotfilms weiter, wenn auch in einer breiter angelegten, mehr auf das Millennium bezogenen Story.« Gleichwohl hinterläßt »Force Majeure« beim Zuschauer eher zwiespältige Gefühle, was dieses Mal tatsächlich daran liegt, daß die Geschichte nicht so recht in das Konzept von *Millennium* passen will. Indem ein Thema wie Klone in die Serie eingeführt wird, begibt sich *Millennium* zu sehr auf *X-Files*-Territorium und bricht damit bis zu einem gewissen Grad die »Realität« der Show, die bislang stets einer der großen Pluspunkte war. Zudem bewegt sich die Episode rein inhaltlich auf ausgelatschten Pfaden, kann kaum überraschende Wendungen bieten und ist obendrein so bieder inszeniert, daß sie allein aufgrund der hervorragenden Leistungen der Darsteller im Gedächtnis bleibt. Während Brad Dourif, der sich durch seinen Auftritt als zum Tod verurteilter Serienkiller Luther Lee Boggs in der *X-Files*-Folge »Beyond the Sea« in Mystery-Kreisen längst Kultstatus verdient hat, als verdrehter Dennis Hoffman glänzt, kann Kristi Angus in einer Doppelrolle als Lauren/Carlin überzeugen. Fazit: Trotz der müden Umsetzung und dem nicht eben originellen Plot eine sehenswerte Episode, die durch ihre brillanten Gaststars mehr gewinnt als durch den Inhalt.

MLM-114

»The Thin White Line« (»Zwei und Zwei«)
Regie: Thomas J. Wright
Drehbuch: Glen Morgan, James Wong
US-Erstausstrahlung: 14.02.1997 (16.01.1998)
Wertung: **MMMMMM**

*»A man's past is not simply a dead history …
It is a still quivering part of himself,
bringing shudders and bitter flavours
and the tinglings of a merited shame.«*

*»Die Vergangenheit eines Mannes
ist nicht einfach tote Geschichte …
Sie ist vielmehr ein aufrührender Teil seiner Selbst,
die Schaudern und gallige Gedanken
und den Glockenklang tugendhafter Scham
in ihm wecken.«*

George Eliot

Gaststars

Bill Smitrovich (Bob Bletcher), Jeremy Roberts (Richard Alan Hance), Eric Breker (Howard Rothenberg), Scott Heindl (Jacob Tyler), Ken Tremblett (Agent Riley), Larry Musser (Wächter), Allan Harvey

(Agent Johnson), Mark Holden (Agent Clark), Nancy Sivak (Anne Rothenberg), Tom Heaton (Ladenbesitzer)

Song

How Deep Is Your Love von den *BeeGees*

Inhalt

Ein Platzregen geht auf das nächtliche Seattle nieder. Ein Mann sitzt in seinem Wagen und wartet. Während im Radio ein Song von den BeeGees läuft, holt er ein Kartenspiel hervor und zieht den Pik-Buben aus dem Stapel, bevor er aussteigt und an der Tür der Familie Rothenburg klingelt. Mrs. Rothenburg macht auf. Der Mann erklärt ihr, daß er ein Versprechen einhalten muß und deshalb einige Menschen geopfert werden müßten. Mrs. Rothenburg antwortet höflich, daß sie ihn gut verstehen könne, weil es schließlich sehr wichtig sei, ein Versprechen zu halten, weswegen sie sich gerne als Opfer zur Verfügung stelle. Dann springt die Handlung eine Minute zurück, als der Mann erneut an der Tür der Rothenburgs klingelt; es wird deutlich, daß die vorangegangene Szene nur ein Wunschtraum von ihm war. Als ihm Mrs. Rothenburg öffnet, ergreift er die Hand der entsetzten Frau und fügt ihr mit einem Messerhieb ein Wunde quer über die Handfläche zu. Dann drängt er sie brutal ins Haus zurück und wirft die Tür zu. Kurz darauf betritt Frank die Notaufnahme des Hospitals, in dem Catherine als psychologischer Beistand für eingelieferte Kinder arbeitet. Plötzlich bringen Sanitäter die schwerverletzte Mrs. Rothenburg herein. Zwar tun die Ärzte ihr Möglichstes, um sie zu retten, doch Mrs. Rothenburg stirbt. Auf ihrer Handfläche bemerkt Frank den blutigen Schnitt und vergleicht ihn mit einer Narbe auf seiner eigenen Hand. In dieser Nacht hat er einen Alptraum, der ihn in seine eigene Vergangenheit zurückführt. Zusammen mit einer Gruppe weiterer FBI-Agenten durchkämmt er auf der Suche nach einem Killer ein verwahrlostes Gebäude. Angespannt öffnet er eine Tür. Plötzlich schießt eine Klinge aus dem Spalt und verletzt ihn an der Hand. Frank erwacht schweißgebadet und geht in sein Arbeitszimmer im Keller. Er loggt sich in die Datenbank der Millennium-Gruppe ein und scannt die Narbe an seiner Hand mit einem Lightpen. Doch seine Anfrage, ob es in jüngster Zeit Verbrechen mit ähnlichen Verletzungen gab, ist negativ, so daß er am nächsten Morgen zu Bletcher geht, um von ihm Informationen über den Fall Rothenburg zu erhalten. Bletcher erklärt, daß Anne Rothenburg von ihrem Mann gefunden wurde, als er von der Arbeit nach Hause kam. Er ist der Meinung, daß es sich bei dem Mörder um einen Einbrecher handelt, den die Frau auf frischer Tat ertappt hat, weshalb er sie umbrachte, um eine Zeugin aus dem Weg zu räumen. Wie üblich ist Frank skeptisch, und wie üblich behält er recht, denn kurz darauf überfällt der Killer einen Schnapsladen. Genau wie bei Mrs. Rothenburg hat er erst eine Phantasie, in der sich ihm der Verkäufer freiwillig als »Opfer« anbietet, doch in der Realität ist es notwendig, ihn zu erschießen. Der Killer verschwindet, ohne zu merken, daß er von einer Überwachungskamera gefilmt wurde. Als sich Frank und Bletcher später das Video ansehen, kommt Frank die Vorgehensweise des Mörders bekannt vor. Außerdem fällt ihm auf, daß der Killer am Tatort etwas auf den Boden fallen läßt. Als sie sich dort umsehen, entdecken sie die Hälfte einer in zwei Teile gerissenen Spielkarte, einen Pik-Buben. Im Haus der Rothenburgs wird die andere Hälfte der Karte gefunden, auf deren Rückseite sich eine Aufschrift befindet: 58th Airborne – Expect no mercy! (58. Luftlandeeinheit – Erwartet keine Gnade!) Frank erklärt, daß solche Karten im Vietnamkrieg von US-Soldaten dazu benutzt wurden, um ihre »Abschüsse« zu dokumentieren und eine Art Signatur darstellen. Er ist jetzt sicher, den Mörder zu kennen. Es könnte sich um einen gewissen Richard Alan Hance handeln, der schon als Teenager verdächtigt wurde, seine Großeltern ermordet zu haben. Da ihm die Taten allerdings nicht nachgewiesen werden konnten, meldete er sich freiwillig zur Armee und verbrachte zwei Dienstzeiten in Vietnam. Kurz nach seiner Entlassung aus dem Militärdienst fand man bei der Leiche einer Frau eine halbe Spielkarte, deren andere Hälfte einige Tage später bei einem toten Jogger entdeckt wurde. Es dauerte nicht lange, bis man zwei weitere Leichen fand, die jeweils mit einer halben Spielkarte verziert waren. Es stellt sich heraus, daß Frank, der damals beim FBI war, einer von vier Agenten war, die die Aufgabe hatten, das vermeintliche Versteck von Hance zu durchsuchen, auf das sie ein anonymer Tipgeber aufmerksam gemacht hatte. Doch allem Anschein nach wußte Hance, daß sie kommen würden, da er zwei der Agenten tötete und ihnen einen Schnitt an der Handfläche beibrachte. Auch Frank wurde beinahe ein Opfer des Killers, doch nachdem er ihn an der Hand verletzt hatte, gelang es Franks Partner Riley, Hance anzuschießen, woraufhin der Mörder seinerseits das Feuer auf Riley eröffnete und ihn tötete. Frank hatte den Finger bereits am Abzug, um Hance zu erschießen, doch entschied dann, ihn stattdessen festzunehmen. Bletcher sieht den Fall als gelöst an und will eine Fahndung nach Hance einleiten, doch Frank erklärt ihm, daß Hance für die Morde nicht verantwortlich sein kann, da er nach wie vor im Gefängnis sitzt. Allerdings finden sie heraus, daß sein langjähriger Zellengenosse, ein Mann namens Jacob Tyler, vor kurzem aus der Haft entlassen wurde. Frank hält es für möglich, daß Tyler in Hances »Fußstapfen« getreten ist. Weil Hance damals vier Menschen in rascher Folge ermordet hat, ist er der Ansicht, daß sie in Kürze mit zwei weiteren Morden rechnen müssen. Tatsächlich werden wenig

später zwei weitere Opfer des Killers gefunden, die jedoch bereits seit längerer Zeit tot sind. Frank beschließt, Hance im Gefängnis einen Besuch abzustatten, bevor Tyler eine zweite Mordserie beginnen kann. Bei dem Treffen beklagt sich Hance darüber, daß er nie in Ruhe schlafen könne, weil seine Zelle Tag und Nacht von Neonlicht erhellt sei. Als Frank Näheres über die Morde von damals erfahren will, gesteht Hance freimütig, daß er es genossen habe, die drei FBI-Agenten zu töten. Frank gibt sich dem Killer als derjenige zu erkennen, der ihm entkam. Für einen Augenblick sieht es so aus, als wolle Hance sich auf ihn stürzen, um zu beenden, was er vor Jahren begonnen hat, doch letztlich begnügt er sich mit dem Wissen, daß Frank sich sein Leben lang fragen wird, ob es nicht besser gewesen wäre, ihn bei ihrer ersten Begegnung zu erschießen.
Nach dem Gespräch verläßt Frank das Gefängnis in der Gewißheit, daß es damals Hance selbst war, der dem FBI den Tip über seinen Aufenthaltsort gegeben hat, um die Agenten in eine Falle zu locken. Er nimmt an, daß Tyler sich genauso verhalten wird, und tatsächlich ruft der Killer wenig später bei der Polizei an und schickt die Cops zu einem verlassenen Lagerhaus, wo sie den Mann finden sollen, der den Angestellten des Schnapsladens erschossen hat. Ein SWAT-Team umstellt das heruntergekommene Gebäude, doch plötzlich eröffnet Tyler von einem nahen Haus aus mit einem Präzisionsgewehr das Feuer und verwundet zwei Polizisten. Frank und Bletcher stürmen in das Gebäude. Es gelingt Tyler, den Profiler niederzuschlagen, doch gerade, als er ihn töten will, zeigt Frank ihm die kleine weiße Narbe auf seiner Handfläche. Tyler ist für einen Moment verunsichert. Frank nutzt die Chance und versteckt sich. Tyler feuert sein gesamtes Magazin leer, jedoch ohne zu treffen. Frank erkennt, daß Tyler glaubt, er selbst sei Hance, und schafft es, ihm seine eigene wahre Identität wieder vor Augen zu führen. In diesem Moment betritt Bob Bletcher den Raum. Erschrocken richtet Tyler die Waffe

auf ihn. Bletcher fühlt sich bedroht und erschießt ihn. In der letzten Szene sehen wir, wie in Hances Zelle zum ersten Mal seit Jahren das grelle Neonlicht erlischt und der Killer sich in den Schlaf weint.

Kommentar

Die Idee zu »The Thin White Line« kam den Autoren Glen Morgan und James Wong bei der Lektüre des Buches *The Hot House*, einer Art Biographie des Gefängnisses Leavenworth. Wong: »In einem der Kapitel geht es um einen Kerl, der einen Wächter umbringt und als Strafe dafür in den Keller gesperrt wird – es las sich wirklich wie das, was sie mit Hannibal Lecter gemacht haben. Sie haben das Licht nie abgeschaltet und fortan kein Wort mehr mit ihm gesprochen. Ein Käfig in einem Käfig, sozusagen. Wir dachten, daß das ein wirklich eindringliches Bild wäre.« Drumherum kreierten sie eine düstere, grimmige Episode, die einen tiefen Einblick in die Seele von Frank Black gewährt. In »The Thin White Line« wird uns gezeigt, welche Anstrengungen er unternehmen muß, um dem Wahnsinn um ihn herum zu widerstehen und nicht selbst ein Teil der Dunkelheit zu werden. Zugleich wird jedoch deutlich, daß er die Kraft besitzt, sich dem Bösen zu widersetzen, mehr noch, es so vehement zu bekämpfen, daß es sich letztlich von ihm abwendet, was vor allem in der Schlußszene deutlich wird, als Frank dem Killer Hance trotz allem die Dunkelheit schenkt, die er so lange vermißt hat. Abgesehen von den eindringlichen psychologischen Aspekten, die »The Thin White Line« auszeichnen, gehört die Episode allerdings bereits allein der handwerklichen Finesse wegen, mit der Regisseur Tom Wright Vergangenheit und Gegenwart ineinanderfließen läßt, zu den Höhepunkten dieser Serie. Für *Millennium*-Fans ist »The Thin White Line« jedenfalls Pflichtprogramm.

Wahre Hintergründe

Die Idee, daß Jacob Tyler glaubt, seine Opfer würden sich ihm freiwillig hingeben, stammt nicht von dem Autorenduo Morgan und Wong, sondern wurde einem realen Fall entliehen, der im Frühjahr 1973 Schlagzeilen machte. Herbert Mullin, von seinen Mithäftlingen später »Little Herbie« genannt, ist ein kleiner, schmächtiger unscheinbarer Kerl mit einer dominanten, besitzergreifenden Mutter, die ihren Sohn streng nach den Prinzipien des Katholizismus erzog. Verglichen mit anderen Serienkillern verbrachte er eine überraschend normale Jugend. Er beendete sein Studium mit Bravour und war trotz seiner unspektakulären Erscheinung einer der besten Sportler der ganzen Universität. Schatten senkten sich erst über sein Leben, als sein bester Freund im Juni 1965 bei einem Unfall ums Leben kam, woraufhin Mullin sein Schlafzimmer in einen Altarraum zum Gedenken an den Toten verwandelte und seiner Verlobten mitteilte, daß er befürchte, homosexuell zu sein. Mit dem Aufkommen von Hippies und Flower Power begann Mullin, LSD zu nehmen, und beschäftigte sich intensiv mit östlichen Religionen – so intensiv, daß er den Kontakt mit der Realität zu verlieren drohte und von seinen Eltern in eine Klinik gebracht wurde, aus der man ihn aber bereits nach wenigen Wochen wieder entließ, weil er sich weigerte, mit dem Psychiater zu kooperieren. Wieder zu Hause, schluckte Mullin Drogen wie andere Leute Fruchtdrops und fing an, Stimmen zu hören, die ihm seltsame Dinge auftragen, etwa, sich den Schädel kahl zu rasieren oder sich seinen Penis mit einer Zigarette zu verbrennen, bevor sie ihm im Herbst des Jahres 1972 schließlich befahlen zu töten. »Little Herbie« Mullin kam der Order gehorsam nach und brachte zwischen dem 13. Oktober 1972 und dem 13. Februar 1973 elf Menschen um, bevor er endlich von der Polizei geschnappt wurde, kurz nachdem er im Zentrum seiner Heimatstadt Santa Cruz im

Vorbeifahren einen Mann namens Fred Perez erschossen hatte, der in seinem Vorgarten arbeitete. Während des anschließenden Verhörs zeigte er sich zutiefst verblüfft, daß man ihn des Mordes beschuldigte, da er die Menschen doch bloß von ihrem trüben Dasein erlöst habe, um durch diese Opfer zu verhindern, daß der Staat Kalifornien von einem verheerenden Erdbeben heimgesucht und daraufhin ins Meer stürzen würde. Herbert Mullin sitzt in Vacaville in der Nähe von San Francisco eine mehrmals lebenslängliche Haftstrafe ab.

MLM-115

»Sacrament« (»Im Zeichen Luzifers«)
Regie: Michael Watkins
Drehbuch: Frank Spotnitz
US-Erstausstrahlung: 21.02.1997 (DE: 23.01.1998)
Wertung: **MM**

»He said to me in a dreadful voice
that I had indeed escaped his clutches,
but he would capture me still.«

»Mit schrecklicher Stimme tat er mir kund,
daß ich seinen Fängen wahrhaftig noch einmal entkommen sei,
er mich jedoch dennoch bekommen würde.«

die heilige Teresa von Avila

Gaststars

Terry O'Quinn (Peter Watts), Stephen James Lang (Detective Giebelhouse), Bill Smitrovich (Bob Bletcher), Philip Anglim (Tom Black), Dylan Haggerty (Richard Green), Brian Markinson (Teeple), Lorena Gale (Dr. Patricia Moss), Daphne Goldrick (Greens Mutter), French Tickner (Ladenbesitzer), Ken Roberts (Greens Vater), Liz Bryson (Helen Black)

Eine Baptistenkirche in Seattle. Franks Bruder Tom und seine Frau Helen sind mit ihrem erst wenige Wochen alten Sohn in die Heimatstadt der Blacks zurückgekehrt, um das Kind in derselben Kirche taufen zu lassen wie Tom. Nach der Zeremonie sprechen Tom und Frank mit Catherine über alte Kindheitserlebnisse, als der Profiler mit einemmal eine Ahnung hat und sich auf die Suche nach Jordan macht. Als er seine Tochter findet, ist sie verängstigt und weint. Sie berichtet von einem Mann, der ihrer Tante Helen etwas antun würde. Er bringt Jordan zu seiner Frau und läuft nach draußen. Auf dem Rücksitz von Toms Mietwagen findet er das Baby unversehrt, doch von seiner Schwägerin ist nichts zu sehen. Bloß ein einzelner Tropfen Blut auf der Wange des Kindes deutet darauf hin, daß sie entführt wurde. Später sieht sich Frank Fotos von Sexualverbrechern und Mördern an. Wiederholt führt er sich die Feier vor Augen, wo er gesehen hat, wie ein Mann, der mit dem Rücken zu ihm stand, mit Helen sprach. Er ist überzeugt, daß der Unbekannte sie entführt haben muß, kann ihn aber nicht identifizieren. Bletcher verbietet ihm, an diesem Fall mitzuarbeiten, weil kein Gericht Beweise zulassen würde, die auf den Ermittlungen eines Verwandten beruhen. Genauso wie Franks Hilfe lehnt er auch die Mitarbeit der Millennium-Gruppe ab. Doch Frank läßt sich nicht abschrecken und ermittelt auf eigene Faust weiter. Als Helens und Toms Gepäck zum Haus der Blacks gebracht wird, entdeckt der Profiler, daß an einer Tasche der Adreßanhänger fehlt. Er ist überzeugt, daß der Entführer bereits am Flughafen Kontakt mit Helen aufgenommen und dabei den Anhänger gestohlen hat, um sie später wiederfinden zu können. Bei der Sichtung der Überwachungsbänder des Flughafens entdecken Frank und Tom den Mann aus der Kirche, der kurz mit Helen spricht. Frank geht mit dieser Information und dem Hinweis, daß die Gruppe die Technik besitzt, um aus dem

ungenauen Bild ein brauchbares Portrait des Entführers zu machen, zu Bletcher. Bob lehnt zwar erneut jede Hilfe von Frank ab, teilt ihm aber mit, daß auf einem Parkplatz ein gestohlenes Auto gefunden wurde, in dem man Spuren von Helens Blut fand. Von Peter Watts erhält Frank die Polizeiakten jener Hauptverdächtigen, die Peter über die Quellen der Millennium-Gruppe organisiert hat. Bei der Durchsicht der Informationen über Sexualtäter, die in der Gegend von Seattle leben, stößt Frank auf einen gewissen Richard Green, den er als jenen Mann wiedererkennt, der auf der Tauffeier war. Er ruft Bletcher an, doch Bob erklärt ihm bloß, daß Green bereits überwacht werde und Frank sich gefälligst endlich raushalten solle. Der Profiler beschließt, seinem Bruder nichts von Green zu sagen, um ihn nicht noch mehr zu beunruhigen.
Am nächsten Morgen sieht Richard Green, daß vor dem Haus seiner Eltern, bei denen er gerade lebt, ein Polizeiwagen steht. Er wird wütend und bedroht die Beamten Giebelhouse und Teeple mit einem Messer, bis er von seiner Mutter zurück ins Haus gerufen wird. Unterdessen fährt Frank zu einer Anstalt für psychisch gestörte Straftäter, in der Green die letzten acht Jahre verbracht hat. Von der Ärztin erfährt er, daß sie gegen Greens Entlassung war und davon überzeugt ist, daß er früher oder später rückfällig werden wird. An der Wand von Greens alter Zelle entdeckt Frank ein Zeichen, in dem er das Symbol Luzifers erkennt. Von der Ärztin erfährt er, daß Green sich dieses Zeichen auch in die eigene Haut gebrannt hat. In der Zwischenzeit durchsucht Tom Franks Büro und entdeckt dabei Greens Akte. Er nimmt Franks Pistole an sich und fährt zum Haus der Greens, wo er Richard bedroht und ihn zwingen will, ihm zu sagen, wo er Helen versteckt hält, doch bevor er Gewalt anwenden kann, tauchen Giebelhouse und Teeple auf und bringen ihn dazu, die Waffe zu senken. Nachdem Frank seinen Bruder bei der Polizei abgeholt hat, macht Tom ihm Vorwürfe, weil er ihm nichts von Green

erzählt hat; zur gleichen Zeit wird Jordan, wie schon in der Pilotepisode, von einem rätselhaften Fieber befallen, für das es keine medizinisch faßbare Ursache zu geben scheint. Einmal fragt Jordan ihre Mutter, warum der Mann ihre Tante zum Weinen bringen würde, doch Catherine kann mit der verwirrenden Frage nichts anfangen. Zwischenzeitlich hat Peter Watts das Auto untersucht, in dem Helen Black entführt wurde, und darin Nadeln einer seltenen japanischen Tanne entdeckt, die in der Umgebung von Seattle lediglich im Peninsula National Park anzutreffen ist. Peter, Frank und Tom machen sich auf den Weg dorthin und entdecken schließlich eine abgelegene Hütte, in der Blutspuren darauf hinweisen, daß Helen hier tatsächlich gefangengehalten wurde. Da in dem Gebäude außerdem Blut von Richard Green gefunden wird, nimmt man ihn fest. Die Polizei durchsucht das Haus seiner Eltern. Im Garten finden sie eine vergrabene Frauenleiche, die in einem Kleidersack aus Plastik steckt, wodurch der Verwesungsprozeß stark verlangsamt wurde. Watts vermutet, daß die Frau bereits vor neun Jahren ermordet und dort verscharrt wurde. Auf Fragen nach Helen antwortet Green stur, daß er nicht wisse, wo sie ist. Bei der Autopsie der Frauenleiche entdecken sie das Zeichen Luzifers, das dem Opfer mit Zigaretten in den Gaumen gebrannt wurde. Frank kommt zu dem Schluß, daß Helen noch lebt, da der unter polizeilicher Beobachtung stehende Green bislang keine Gelegenheit hatte, ihre Leiche unbemerkt zu beseitigen. Weil im Haus auch Werkzeuge gefunden werden, die erst kürzlich benutzt wurden, vermutet er, daß Helen irgendwo in dem Gebäude versteckt ist. Bei der Durchsuchung stoßen sie auf eine frische Wand. Sie brechen durch und entdecken dahinter Helen, die sofort in ein Krankenhaus gebracht und gerettet wird. Richard Green wird festgenommen. Zwei Wochen später wird Helen wieder aus dem Hospital entlassen. Obgleich es ihr gutgeht, ist das Verhältnis zwischen Frank und seinem Bruder nach wie vor von Spannungen überschattet.

Nachdem Tom und Helen abgereist sind, findet Frank seine Tochter auf der Veranda des gelben Hauses. Als er sie fragt, ob mit ihr alles in Ordnung sei, stimmt sie zwar zu, doch der Blick in Franks Augen verrät, daß er sich da nicht so sicher ist.

Kommentar

Obgleich »Sacrament« objektiv betrachtet eine der schwächsten Episoden der ersten Staffel ist, gewinnt sie durch die Andeutung, Jordan habe möglicherweise die Gabe von ihrem Vater geerbt, einen gewissen Reiz. Drehbuchautor Frank Spotnitz dazu: »Über die Idee hatten wir bereits seit einer ganzen Weile diskutiert, und als wir schließlich beschlossen, das Thema in *Millennium* einzubauen, gingen wir dabei sehr behutsam zu Werke. Auch in ›Sacrament‹ haben wir es absichtlich eher vage gehalten – hat Jordan nun etwas gesehen oder nicht? Es passiert eigentlich alles im Off...« Außerdem, so Spotnitz, wollte er mit »Sacrament« beweisen, daß man eine spannende, beängstigende Folge auf die Beine stellen kann, bei der niemand umgebracht wird, und zudem den Handlungsrahmen der Serie erweitern: »Frank läuft sonst einfach nur in der Gegend herum und fängt miese Burschen, wobei er den Opfern gegenüber aber oft völlig unbeteiligt wirkt. Dann kamen wir darauf, daß das eigentlich ein Problem war und wir noch einmal über die Zusammenhänge nachdenken mußten. Wir nahmen uns die Zeit, genau zu überlegen, worauf wir im Endeffekt hinauswollten – also auf eine Serie, die nicht bloß von Serienkillern handelt.« Das ist der Grund, warum sich »Sacrament« in mancherlei Hinsicht von den meisten anderen *Millennium*-Folgen unterscheidet, ohne daß diese Veränderungen der Show jedoch zum Vorteil gereichen würden, da sich in der Episode schlichtweg zu viele Dinge finden, die den Gesamteindruck schwächen. Beispielsweise ist es beim besten Willen nicht nachvollziehbar, warum alle Cops, denen Frank über den Weg läuft, sich darüber aufregen, daß er sich nicht einfach in die Ecke setzt und Däumchen dreht, obwohl sie genau wissen, daß er ihnen durch seine Fähigkeiten in dem Fall eine große Hilfe sein würde. Auch der Streit zwischen Frank und seinem Bruder Tom trägt nicht eben dazu bei, diese Episode inhaltlich zu bereichern, da es sich bei den Spannungen allem Anschein nach nur um den Höhepunkt einer schon länger andauernden Entwicklung handelt, deren Ursachen dem Zuschauer jedoch vorenthalten werden, weshalb der Bruderzwist im Kontext der Folge völlig überflüssig wirkt. Insgesamt ist »Sacrament« jedenfalls eine Episode, die der Serie mehr schadet als nützt.

Wahre Hintergründe

Wenn Richard Green in »Sacrament« Frauenleichen in seinem Garten verscharrt, ist das verglichen mit den Methoden, deren sich reale Serienkiller bedienen, um sich ihrer Opfer zu entledigen, relativ unspektakulär. Neben den »Klassikern« wie dem Zerstückeln des Opfers in der Badewanne und dem Runterspülen der Leichenteile in der Toilette oder dem Verbrennen im Zentralheizungsofen des eigenen Hauses gilt auch die Kalkgrube als beliebte Art, unliebsame »Anhängsel« loszuwerden. Experten gehen davon aus, daß seit 1904 die Leichen von mindestens eintausendfünfhundert Menschen auf diese Weise beseitigt wurden; Beweise gibt es für diese Vermutung allerdings nur wenige, da man nur in sieben Fällen identifizierbare Überreste fand, weil der Kalk die Toten innerhalb kurzer Zeit komplett zersetzt, solange er feucht gehalten wird. Letzteres schien zu Dorothea Puente allerdings noch nicht durchgedrungen zu sein, da sie zwar ausreichend Kalk über die sieben Leichen kippte, die in ihrem Hintergarten in einer flachen Grube verscharrt waren, aber vergessen hatte, Wasser daraufzuschütten, wodurch die Toten nicht aufgelöst, sondern vielmehr so lange konserviert wurden, bis die Polizei sie schließlich ausgrub, nachdem sie Verdacht geschöpft hatte, weil Mrs. Puentes Untermieter regelmäßig wie vom Erdboden verschwanden.

Auch Tiere werden hin und wieder zu Komplizen der Mörder, etwa im Fall Marc DePaul, der seine Schwiegermutter zu Hackfleisch verarbeitete, das er anschließend mit Maismaische mischte und an seine Enten verfütterte, wobei er die Knochen übrigens zu Mehl zerstampfte, um damit seinen Gemüsegarten zu düngen. Ed Gordings hingegen verfütterte seine Opfer stets komplett an seine Schweine, bevor er seine Farm verkaufte und an seinem neuen Wohnort dem Tierheim regelmäßig großzügige Spenden von »Fleischabfällen« zukommen ließ oder den Obdachlosen in der Stadt zu Weihnachten »feinsten Fleischeintopf« spendierte. Im Fall des ehemaligen Schwarzbrenners Joe Ball waren es sogar Alligatoren, die er als Publikumsattraktion hinter seiner Bar *Sociable Inn* in einem kleinen Betonbecken hielt, die sich um die Beseitigung mehrerer Leichen kümmerten.

Der erste »Preis« für die skurrilste Leichenbeseitigung gebührt aber wohl Glen Whitcomb, der nach einem »ziemlich danebengegangenen Rendezvous« mit einemmal die Leiche einer jungen Frau am Hals hatte. Beim Versuch, sie verschwinden zu lassen, band er ihr ein Seil um, das am anderen Ende an einen Motorblock geknüpft war, und versenkte sie – ganz klassisch – im Hafen, doch das Seil löste sich, und die Tote trieb wieder an die Oberfläche. Also fischte Whitcomb sie wieder aus dem Wasser und versuchte, sie, wiederum ganz klassisch, im Heizofen des Apartmenthauses zu verbrennen, in dem er wohnte. Da die Tote jedoch nicht auf einmal hineinpaßte, schob er sie mit den Füßen zuerst durch die Ofenklappe, um dann den Rest hinterherzuschieben. Allerdings hatte er nicht mit dem widerwärtigen Gestank gerechnet, den eine verbrennende Leiche produziert, so daß er sein Vorhaben rasch beendete und die Tote in den Kofferraum seines Wagens lud, um in der Gegend nach einem Platz Ausschau zu halten, wo er sie leichter »entsorgen« konnte. Unterwegs kam er zufällig an einer Baustelle vorbei, wo er – einmal mehr den »Klassikern« verhaftet – eine Ladung Beton zusammenmischte und die Tote im Fundament des neuen Gemeindezentrums einbetonierte. Zu Whitcombs Pech war der Polier jedoch ein überaus ordentlicher Mensch, der, als er am nächsten Morgen auf die Baustelle kam und die frisch betonierte Stelle vorfand, sofort die Polizei rief, die keine Stunde brauchte, um Whitcomb ausfindig zu machen, da er der Toten in dem ganzen Durcheinander nicht die Brieftasche abgenommen hatte, so daß sie schnell identifiziert werden konnte, woraufhin ihre Mitbewohnerin den Beamten promt die Adresse des Mörders nannte.

MLM-116

»Walkabout« (»Der Versuch«)
Regie: Cliff Bole
Drehbuch: Chip Johannessen, Tim Tankosic
US-Erstausstrahlung: 28.03.1997 (DE: 06.03.1998)
Wertung: **MMM**

»I remember the very things I do not wish to;
I cannot forget the things I wish to forget.«

»An die Dinge, an die ich mich zu erinnern wünsche,
kann ich mich nicht erinnern.
Jene, die ich zu vergessen wünsche,
kann ich nicht vergessen.«

Cicero

Gaststars

Terry O'Quinn (Peter Watts), Stephen James Lang (Detective Giebelhouse), Zeljko Ivanek (Danny), Greg Itzin (Hans Ingram), Ron Sauve (Tardot), Dee Jay Jackson (G. J.), Cheryl Mullen (Sal), Arthur Corber (Moxie), Nancy Kerr (Dana Flender), Alison Matthews (Sandy Geiger), Kym Sheppard (Schwester)

Inhalt

Eine Klinik in Yakima, Washington. Man hört Schreie und Lärm. Plötzlich stürzt eine Krankenschwester aus einem der Räume. Ein Mann greift nach ihr, doch sie kann die Tür im letzten Moment verriegeln. Ein Blick durch das in die Tür eingelassene Fenster offenbart, daß in dem Raum dahinter vollkommenes Chaos herrscht. Die Menschen darin fallen gegenseitig über sich her und verstümmeln sich selbst; einer von ihnen drückt sich mit den Fingern die Augen aus. Ein Mann erscheint am Fenster und fängt an, wie wahnsinnig dagegen zu hämmern – es ist Frank Black …

Am nächsten Morgen sucht Peter Watts Catherine auf und erkundigt sich, ob sie etwas von ihrem Mann gehört habe, da Frank heute früh eigentlich einen Termin mit der Polizei von Yakima hatte, dort aber nicht aufgetaucht sei. Doch Catherine hat keine Ahnung, wo Frank steckt. Zusammen sehen sie sich in seinem Büro um, in der Hoffnung, dort irgendwelche Hinweise auf seinen Aufenthaltsort zu finden. Dabei entdecken sie, daß Frank unter dem Pseudonym David Marx per E-mail in Kontakt mit einem gewissen Dr. Daniel Miller stand. Catherine erklärt, daß Frank in der Zeit vor seinem Zusammenbruch des öfteren für mehrere Tage verschwunden sei, um unter dem Namen David Marx in Motels abzusteigen; Marx war ein Jugendfreund von ihm, der damals gestorben ist. Etwa zur gleichen Zeit findet die Polizei von Yakima den Profiler in einer Seitenstraße. Er befindet sich in schlechtem Zustand, seine Hände wurden verbunden. Er wird nach Seattle gebracht, wo Catherine ihn im Büro von Bletcher abholt. Bob teilt ihr mit, daß Frank ein Krankenhausarmband mit dem Namen David Marx trug, als man ihn entdeckte. Frank selbst kann sich an nichts von dem erinnern, was ihm widerfahren ist; er weiß nur, daß während seines Blackouts jemand ums Leben kam. Mit Hilfe von Watts gelingt es ihm, Dr. Daniel Miller ausfindig zu machen, der ihnen erklärt, daß Frank sich an ihn gewandt habe, weil er ein Heilmittel für seine »Gabe« suchte. Miller selbst war vor Jahren bis zu einem psychischen Zusammenbruch ein brillanter, hochgeschätzter Arzt, der sich vor allem um scheinbar hoffnungslose Fälle kümmerte. Seither arbeitet er als Vermittler von Menschen, die gegen Bezahlung Arzneimittel in ihrer Erprobungsphase testen. Frank wollte von ihm etwas über das Medikament ProLoft erfahren, ein Antidepressivum, das gegen vorübergehende Halluzinationen wirken soll, sich jedoch noch in der Testphase befindet. Miller hat Frank daraufhin an eine der entsprechenden Testgruppen weitervermittelt, was der Profiler allerdings nicht so recht glauben kann, da er grundsätzlich nie irgendwelche Arzneien einnimmt, nicht einmal Aspirin. Nachdem sie von Dr. Miller erfahren haben, daß der Medikamentenversuch in einer Klinik in Yakima stattgefunden hat, macht Frank sich auf den Weg. Dort eingetroffen, kehrt ein Teil seiner Erinnerung zurück. Er kann sich an das Chaos im Versuchsraum erinnern und an die anderen Testpersonen, die wie er selbst unwissentlich Wasser getrunken haben, das mit einer Droge versetzt war. Durch seine Verbindungen zu dem Pharmakonzern, der ProLoft entwickelt, gelingt es Dr. Miller, die Namen von fast allen an dem Versuch beteiligten Leuten herauszubekommen. Als sich Frank und Peter in Millers Apartment mit ihnen treffen, kehren weitere Teile der Erinnerung zurück. Frank entsinnt sich des Mannes, der sich selbst geblendet hat, und glaubt, daß er den Versuch mit dem Leben bezahlte. Anschließend begibt sich der Profiler zu dem Krankenhaus, wo seine Hände verbunden wurden und aus dem er anscheinend geflohen ist, bevor ihn am nächsten Tag die Polizei auflas. Dort stellt er fest, daß die Krankenakte von David Marx keinerlei Eintragungen enthält. Später stößt er in einem Müllcontainer auf die Leiche der Schwester, die bei dem Versuch dabei war. Als er noch einmal Dr. Miller besucht, enthüllt der Arzt, daß er über eine ähnliche Gabe verfüge wie er und dadurch langsam in den Zusammenbruch getrieben wurde, bis er eines nachts mitten auf einer stark befahrenen Straße entlanglief, wo er um ein Haar überfahren wurde. Eine Wissenschaftlerin der Gruppe findet unterdessen heraus, daß es sich bei der Droge, mit der das Wasser versetzt war, nicht um ProLoft handelt, sondern um eine Substanz, die zwar dieselben Grundstoffe enthält, welche aber so dosiert waren, daß das Medikament genau die entgegengesetzte Wirkung zeigte. Die Folge war, daß die Testpersonen jegliche Kontrolle über sich verloren. Es stellt sich heraus, daß hinter dem Versuch ein Angestellter des Pharmakonzerns steckt, ein Mann namens Hans Ingram, der auf eigene Faust die Wirkstoffe ausgetauscht hatte. Ingram dringt in das Apartment von Dr. Miller ein, der erneut einen Zusammenbruch erleidet und wieder auf einer dicht befahrenen Straße herumläuft. Frank kann ihn aufspüren, doch bevor er ihn erreicht, wird Miller von einem Wagen erfaßt und überfahren. In seiner Wohnung finden sich Computerausdrucke, auf denen wiederholt der Name Ingram auftaucht. Watts und Bob Bletcher durchsuchen Ingrams Apartment und finden dort im Kühlschrank die Leiche jenes Mannes, der sich bei dem Versuch die Augen ausgestochen hatte, sowie einige Päckchen eines Produkts namens *Smooth Time*. Zur selben Zeit bricht in einem Bürohochhaus, in dem Hans Ingram Gratisproben von *Smooth Time* verteilt hat, das Chaos aus. Frank findet Ingram schließlich in der Sicherheitszentrale des Gebäudes, von wo aus er über Monitor verfolgt, wie die Menschen auf die Droge reagieren. Er erklärt Frank, daß die Vereinigten Staaten ein Land voller Zombies seien, die wie betäubt durchs Leben taumeln, und daß er sie durch sein Präparat aus ihrem lethargischen Zustand wachrütteln wolle. Ingram wird festgenommen. Später erzählt Frank seiner Frau, warum er überhaupt Kontakt zu Dr. Miller aufgenommen hat: Seit den Ereignissen während der Entführung von Helen Black (siehe »Sacrament«) fürchtet er, daß Jordan seine Gabe tatsächlich »geerbt«

haben könnte, und wollte mehr darüber in Erfahrung bringen. Er verspricht Catherine, Jordan helfend zur Seite zu stehen, sollte sich seine Vermutung bestätigen, damit sie lernt, mit ihrer Fähigkeit zu leben.

Kommentar

»Im Grunde basiert ›Walkabout‹ auf der Idee, daß Franks Gabe auch ihre Schattenseiten hat«, so der Autor Chip Johannessen. »Da die Chance besteht, daß Jordan dieselbe Fähigkeit besitzt wie er selbst, und Frank nicht will, daß sie das gleiche erleidet wie er, interessiert er sich für die Tests mit diesem neuen Medikament. (...) Ursprünglich sollte die Folge die Zuneigung unterstreichen, die er für Jordan empfindet. Wir dachten, daß die Zuschauer endlich wissen sollten, daß Frank, der manchmal ja etwas gefühlskalt wirkt, durchaus zu tiefgehenden Emotionen fähig ist.« Zunächst sah alles recht vielversprechend aus, da die meisten Mitarbeiter in »Walkabout« eine Möglichkeit sahen, die Serie vielfältiger zu gestalten, doch als das Skript dann schließlich vorlag, begannen sich dunkle Wolken am Horizont zusammenzuziehen. Johannessen dazu: »Lance Henriksen haßte das Drehbuch. Ich war mir zwar darüber im klaren, daß es ein wenig schräg wirkte, aber im Grunde fand ich es durchaus in Ordnung. Lance hingegen haßte es. Er schickte mir ein langes Fax ›vom Schreibtisch des Frank Black‹, und es ist ein ziemlich schlechtes Zeichen, wenn Schauspieler so etwas machen.« Als sich weitere Stimmen zu Wort meldeten, die Henriksen darin zustimmten, daß Frank in »Walkabout« auf eine Weise agieren sollte, die nicht im geringsten zu ihm paßte, sah sich Johannessen schließlich einen Tag vor Drehbeginn mit dem nicht unerheblichen Problem konfrontiert, die gesamte Episode noch einmal umschreiben zu müssen. Zwar ist die Struktur der Folge dabei letztlich weitgehend unangetastet geblieben, doch es kamen mehrere komplett neue Szenen hinzu, während andere Sequenzen so umgeschrieben wurden, daß Frank nun aus einer ganz anderen Motivation heraus agiert. Auch als die Dreharbeiten bereits liefen, wurden noch Einzelheiten am Skript verändert, aber das änderte auch nichts daran, daß das gesamte Team zehn Tage nach dem offiziellen Abschluß der Produktion noch einmal zusammengetrommelt wurde, um sechs Drehbuchseiten nachzudrehen, die Johannessen im nachhinein noch geschrieben hatte. Das Resultat dieses Durcheinanders ist eine *Millennium*-Folge, die zwar eine Dreiviertelstunde lang ordentlich unterhalten kann, danach jedoch schnell wieder vergessen ist.

MLM-117

»Covenant« (»Engel sterben nicht«)
Regie: Roderick J. Pridy
Drehbuch: Robert Moresco
US-Erstausstrahlung: 21.03.1997 (DE: 27.02.1998)
Wertung: **MM**

»Thou dost frighten me with dreams
and terrify me by visions.«

»So schrecktest du mich mit Träumen
und machtest mir Grauen durch Gesichte.«

Hiob 7, 14

Gaststars

John Finn (William Garry), Michael O'Neill (Cal Smith), Sarah Koskoff (Didi Higgens), Jay Underwood (Slattery), Steve Bacic (Deputy Kevin Reilly), Don MacKay (Jack Meredith), Nicole Oliver (Dr. Alice Steele), Colleen Winton (Mrs. Garry), Tyler Thompson (William Garry, jr.), George Gordon (Richter Francis Maher), Karen Elizabeth Austin (Mrs. Anderson), David Abbott (Mr. Anderson), Norman Armour (Medical Examiner), Noah Heney (Charles Horvath), Nikol Tschenscher (Mary Garry), Cody Shaer (Gabriel Garry)

Inhalt

William Garry, der Sheriff von Weber County, Utah, werkelt in seiner Garage herum, als seine Frau mit den drei Kindern vom Einkaufen zurückkommt. Zwischen dem Ehepaar scheint es zu kriseln. Am Abend kommt William junior die Treppe in die Küche herunter. Am unteren Ende der Stufen sieht der Junge ein blutiges Bündel liegen. Dann sieht er seinem Mörder in die Augen. Eine Stunde später klingelt bei Deputy Kevin Reilly das Telefon; Sheriff Garry gesteht stammelnd den Mord an seiner ganzen Familie.
Sechs Monate später macht sich Frank auf den Weg nach Utah, um bei der Gerichtsverhandlung gegen William Garry als Sachverständiger aufzutreten. In Weber County wird er von Staatsanwalt Calvin Smith empfangen, in dessen Auftrag er für das Gericht ein Täterprofil erstellen soll, um Garrys Schuldfähigkeit zu beweisen und den Geschworenen klarzumachen, daß er ein kaltblütiger Mörder ist. Garry hat bereits ein volles Geständnis abgelegt, und da sich auf der Mordwaffe seine Fingerabdrücke befinden, hofft Smith, den Sheriff in die Todeszelle bringen zu können. Smith versucht, Frank unter Druck zu setzen, indem er erklärt, daß Garry zum Tode verurteilt werden muß, damit die aufgebrachte Bevölkerung der Kleinstadt endlich wieder zur Ruhe kommt. Frank macht außerdem die Bekanntschaft der Gerichtsmedizinerin Didi Higgins. Später untersucht er in Begleitung von Deputy Reilly das Haus der Garrys. Reilly erklärt, daß der Sheriff ein guter Freund von ihm war und er sich dessen plötzlichen Blutrausch nicht erklären könne. Frank hört sich das auf Band mitgeschnittene Geständnis des Sheriffs an, während er sich im Haus umschaut. Überall finden sich Engelsfiguren, für die Mrs. Garry offenbar eine besondere Vorliebe hatte. Ihr Mann bastelte noch an einer weiteren Figur, kurz bevor er die Morde begangen haben will. Im Medikamentenschrank entdeckt Frank ein Fläschchen, das sich

später als Schwangerschaftstest herausstellen wird. Außerdem fällt ihm eine mit Blut geschriebene Zahlenfolge auf dem Küchenfenster auf: 1, 28, 15. Deputy Reilly erklärt, daß es ihnen bis dato nicht gelungen sei, die Bedeutung dieser Nachricht zu entschlüsseln. Abends hat Frank in seinem Motel eine Vision des Mordes. Die toten Kinder sind dabei von einer Art Heiligenschein umgeben. Ihm kommen Zweifel, ob Sheriff Garry wirklich der Killer ist. Am nächsten Morgen trifft er sich mit Michael Slattery, Garrys Anwalt. Slattery willigt ein, daß der Profiler seinen Mandanten befragen darf. Der Staatsanwalt versucht weiter, Druck auf Frank auszuüben, indem er ihn mit Mr. und Mrs. Anderson konfrontiert, den Eltern der ermordeten Mrs. Garry. Die alten Leute flehen Frank an, dafür zu sorgen, daß der Mörder ihrer Tochter und ihrer Enkel seiner gerechten Strafe nicht entgeht. Als Frank Smith seine Zweifel hinsichtlich der bisherigen Mordtheorie offenbart, reagiert der Staatsanwalt wütend. Später besucht Frank den Sheriff im Gefängnis. Garry behauptet erneut, seine Familie umgebracht zu haben, doch er glaubt ihm nicht. Zusammen mit Didi Higgins durchsucht er erneut das Haus der Garrys, wobei ihm auffällt, daß sich vor und bei dem Küchenfenster, auf das die blutigen Zahlen geschrieben wurden, keinerlei Blutspuren befinden, was ihn zu dem Schluß verleitet, daß jemand den Teppich nach dem Mord gereinigt haben muß. Frank sucht Dr. Alice Steele auf, bei der Mrs. Garry in Behandlung war. Zwar weicht Dr. Steele seinen Fragen aus, doch sie gibt zu, daß es mit der ehelichen Beziehung der Garrys nicht zum besten stand. Um zu beweisen, daß Garry nicht der Mörder ist, läßt Frank den Sheriff einem Lügendetektortest unterziehen, doch das Ergebnis scheint eher zu bestätigen, daß er die Tat begangen hat. Zwischen Smith und Frank kommt es zu einer Auseinandersetzung; der Staatsanwalt wirft ihm vor, einen mehrfachen Mörder schützen zu wollen. Frank fordert Didi Higgins auf, eine erneute Obduktion an den Toten vorzunehmen. Als sie auf dem Weg zum Friedhof sind, wo die Leichen der Garrys exhumiert werden, trifft ein Stein die Windschutzscheibe des Autos, auf den jemand das Wort SCHULDIG! geschrieben hat. Später ergibt die Autopsie von Mrs. Garry, daß die Verletzungen, die sich an ihren Händen finden, nicht von einer Abwehrbewegung herrühren. Frank stattet dem Sheriff einen zweiten Besuch ab und erklärt, daß er inzwischen wisse, was sich wirklich in der Mordnacht abgespielt habe. Garry habe seine Unschuld durch die Zahlen auf dem Fenster dargelegt, bei denen es sich nicht, wie bisher angenommen, um die Zahlenfolge 1, 28, 15 handelt, sondern vielmehr um die Bibelstelle J (für Jesaja), 28, 15, wo es heißt: »Ihr habt gesagt: Wir haben mit dem Tod ein Bündnis geschlossen, wir haben mit der Unterwelt einen Vertrag gemacht. Wenn die Flut heranbraust, erreicht sie uns nicht; denn wir haben unsere Zuflucht zur Lüge genommen und uns hinter der Täuschung versteckt.« Frank hält Garry vor, gelogen zu haben, um seine Frau, die wirkliche Mörderin, zu schützen. Außerdem habe er nicht gewußt, daß seine Frau erneut schwanger gewesen sei. Garry gibt zwar zu, daß Frank recht hat, will aber trotzdem sterben, um so seine Mitschuld am Tod der Kinder zu sühnen. Am nächsten Tag finden sich Frank, Didi und Staatsanwalt Smith bei Richter Maher ein. Frank erläutert, daß Mrs. Garry ihre eigenen Kinder ermordet hat, weil sie sie für Engel hielt. Da sie aber der Meinung war, daß sie mit den Jahren »unrein« geworden wären, schickte sie sie lieber in den Tod, damit sie für immer Engel blieben. Didi führt aus, daß Mrs. Garry sich selbst das Messer mehrfach in die Brust stieß, nachdem sie ihrem Mann erklärt habe, er sei für den Tod der Kinder verantwortlich, weil sie den Gedanken nicht ertragen konnte, noch ein Kind von ihm in diese verkommene Welt zu setzen. Calvin Smith glaubt kein Wort davon und besteht darauf, den Prozeß fortzusetzen. Der Richter gibt zu, daß die Theorie zwar plausibel klingt, es aber dennoch keinen Beweis gebe, der das Verfahren gegen Garry beeinflussen würde.

Erst als Frank noch einmal mit Deputy Reilly spricht, wendet sich das Blatt. Reilly gibt zu, daß er seinem verzweifelten Freund in der Mordnacht dabei half, die Leiche seiner Frau aus der Küche in den Keller zu schaffen und den Fußboden vom Blut zu reinigen, um die Ermittler auf eine falsche Fährte zu locken. Frank fordert ihn auf, seinem Freund zu helfen und dem Gericht endlich die Wahrheit zu sagen.

Kommentar

Das Drehbuch zu »Covenant« war das *Millennium*-Debüt von Robert Moresco, der in der Mitte der ersten Staffel zum Autorenteam stieß, nachdem Charles Holland und Jorge Zamacona wegen »kreativer Differenzen« mit Chris Carter aus der Produktion ausgeschieden waren. Allerdings schien Moresco zunächst nicht mehr Glück zu haben als seine beiden Vorgänger, da die Vorstellungen, die er von der Geschichte hatte, offenbar mit den Rahmenbedingungen kollidierten, die Carter für *Millennium* konzipiert hatte. In einem Interview sagte er dazu: »Als ich die Rohfassung der Episode geschrieben hatte, rief mich Chris Carter an, um mit mir über mein Skript zu sprechen, das nicht seinen Vorstellungen entsprach. Da war so ein Unterton in seiner Stimme, als ob er sagen wollte: ›Verdammt, Bobby, das ist nicht meine Serie.‹ Dann rief er zwei Minuten später wieder an, weil er ein schlechtes Gewissen hatte. Er sagte, daß es ihm leid tue, daß er so schroff zu mir gewesen war und daß ich eine echte Bereicherung für die Serie wäre. Aber in Wahrheit war er gar nicht schroff, sondern sehr nett und freundlich. Es ist Carters Serie, er hat sie entwickelt, und ich bin hier nicht am richtigen Platz, wenn ich ihm die Storys nicht so liefern kann, wie er sie braucht. Also sagte ich zu ihm: ›Ich werde das Skript noch mal überarbeiten.‹ Darauf er: ›Das wußte ich.‹ Also bin ich noch einmal massiv drübergegangen, und schließlich wurde es zu *Millennium*« – allerdings nicht zu dem *Millennium*, das die Fans sich wünschen, denn die Geschichte, die Johannessen in »Covenant« präsentiert, ist etwa so spannend wie die Lektüre einer Versicherungspolice und wirkt zudem stark konstruiert. Nachdem praktisch jeder Beweis für Garrys Schuld von Frank ins Gegenteil verkehrt wurde, wird rasch seine Frau ein zweites Mal untersucht, und plötzlich sind die Verletzungen an ihren Händen gar keine Abwehrwunden mehr, sondern stammen daher, daß sie sich selbst das Messer mehrfach in die Brust gestoßen hat – da lobt man sich doch einen guten Pathologen! So entpuppt sich »Covenant« trotz einer durchaus interessanten Grundidee aufgrund der kaum zu übersehenden Drehbuchmängel als bittere Enttäuschung und wird neben »The Well-Worn Lock« zu einer der schlechtesten Episoden der ersten Staffel, wenn auch aus vollkommen anderen Gründen.

MLM-118

»Lamentation« (»Gesichter des Bösen«)
Regie: Winrich Kolbe
Drehbuch: Chris Carter
US-Erstausstrahlung: 18.04.1997 (DE: 13.03.1998)
Wertung: **MMMMMM**

»Every man before he dies shall see the Devil.«

»Jeder Mann sollte, bevor er stirbt,
den Teufel gesehen haben.«

Englisches Sprichwort, um 1560

Gaststars

Terry O'Quinn (Peter Watts), Stephen James Lang (Detective Giebelhouse), Bill Smitrovich (Bob Bletcher), Michael David Simms (Agent Tom Babich), Alex Diakun (Dr. Ephraim Fabricant), Sarah-Jane Redmond (Lucy Butler), Andrew Airlie (Willmore), David MacKay (Pathologe), Kurt Max Runte (Marshal), Lee Van Paassen (Sondra Fabricant), Nino Caratozzolo (Agent Cuevas), Jane Perry (Agent Pierce)

Inhalt

Der zu lebenslanger Haft verurteilte Serienmörder Dr. Ephraim Fabricant wird, umgeben von bewaffneten US-Marshals, auf einer Bahre durch den Gang eines Krankenhauses in den Operationssaal gerollt, wo ihm eine Niere entfernt werden soll, die er seiner im Sterben liegenden Schwester spenden will. Bevor er durch die Narkose das Bewußtsein verliert, sieht er, wie sich fünf Krankenschwestern mit durchschnittener Kehle über ihn beugen – seine Opfer. Stunden nach der Operation kommt eine Schwester zu Fabricants Zimmer und wird von dem Wache haltenden Marshal zu dem betäubten Mörder gelassen. Als der Marshal verdächtige Geräusche aus dem Raum hört, sieht er nach und wird brutal niedergeschlagen. Das Bett von Fabricant ist leer. Unterdessen besteigen Frank und Bob Bletcher zusammen den schneebedeckten Mount Baker in den Cascade Mountains. Bob erzählt ihm, daß sein Vater ihn vor Jahrzehnten zu diesem Platz geführt hat und er seitdem ein- oder zweimal im Jahr hierherkommt, um alles andere zu vergessen. Sie sind gerade an dem Platz angekommen, als Franks Beeper ihm einen wichtigen Anruf des FBI anzeigt. Beim FBI-Hauptquartier in Quantico, West Virginia, angekommen, klärt Special Agent Babich ihn über die Flucht von Fabricant auf, der Jahre zuvor in Cedar Falls mehrere Krankenschwestern ermordet hat und durch ein Täterprofil von Frank gefaßt wurde. Aufgrund von Franks Aussage vor Gericht wurde Fabricant für schuldig befunden, doch statt der Forderung des Staatsanwalts nach der Todesstrafe zuzustimmen, hat der Profiler dafür plädiert, Fabricant zu lebenslanger Haft zu verurteilen, damit das FBI ihn studieren könne, um auf diese Weise weitere Erkenntnisse über Serienmörder zu gewinnen. Peter Watts ist ebenfalls in Quantico, um Frank zu unterstützen, und informiert ihn darüber, daß Fabricant während der letzten sechs Jahre im Gefängnis eine Brieffreundin hatte, eine Frau namens Lucy Butler, die er sogar per Internet »geheiratet« hat. Sie suchen Lucy auf, die ihnen erklärt, daß sie seit seiner Flucht keinen Kontakt mit Fabricant hatte. Während sie sich bei Lucy aufhalten, erhält sie eine E-mail mit einem Bibelzitat: Hesekiel 19, 10 (im Englischen Ezekiel 19, 10). Frank ist beunruhigt, da seine Adresse in Seattle 1910 Ezekiel Road lautet. Er ruft Catherine an, um sich zu erkundigen, ob mit ihr und Jordan alles in Ordnung ist. Als er sie bittet, die Post durchzusehen, findet sie einen nicht weiter beschrifteten Umschlag, in dem sich Polaroidfotos von Judge Parks befinden, dem Richter des Bundesgerichts. Frank nimmt an, daß Parks ermordet wurde, und tatsächlich wird seine Leiche im Büro gefunden. Der Mörder hat sie so hingelegt, daß die Arme als Uhrzeiger fungieren, die die Zeit 2:17 Uhr anzeigen. Da dies nicht die Todeszeit von Parks war, kommt Frank zu dem Schluß, daß es sich hierbei um einen Hinweis auf ein weiteres Bibelzitat handelt: Judges (Das Buch der Richter) 2, 17; ein Zitat, mit dem der Mörder das Bestreben des FBI verhöhnt, das Böse durch das Studium von Verbrechern zu verstehen und zu bekämpfen: » … so gehorchten sie den Richtern auch nicht, sondern liefen anderen Göttern nach und beteten sie an und wichen bald von dem Wege, auf dem ihre Väter gegangen waren, als sie des Herrn Wort gehorchten; sie jedoch taten nicht wie diese.« In der Zwischenzeit hat die mysteriöse Krankenschwester, die Fabricant offensichtlich aus dem Krankenhaus entführt hat, die Klammern entfernt, die die Operationswunde zusammenhalten. Nachdem Frank und Peter Watts erfahren haben, daß Lucy Butler früher als Krankenschwester gearbeitet hat und vor vier Jahren beschuldigt wurde, ihren eigenen Sohn mit Strychnin ermordet zu haben, demselben Gift, mit dem auch Judge Parks getötet wurde, suchen sie sie erneut auf, doch Lucy erwidert lediglich, daß sie ihr nichts beweisen könnten. Unterdessen bringt ein Detective in Erfahrung, daß das Haus, in dem sie lebt, eigentlich an einen gewissen Robert Davies vermietet ist, der kurz nach Lucys Einzug spurlos verschwand. Später fahren sie zum Krankenhaus, um zu sehen, ob der im Koma liegende Marshal wieder zu sich gekommen ist. Plötzlich taumelt Fabricant in die Notaufnahme, das Krankenhaushemd voll von Blut. Die Ärzte stellen fest, daß man ihm auch die zweite Niere entfernt hat – ohne Betäubung. Frank erkennt, daß jemand auf Fabricants Krankenhausarmband seine eigene Telefonnummer notiert hat. Er ruft zu Hause an, kommt allerdings nicht durch. Unterdessen bemerkt Catherine in Seattle, daß die Kühlschranktür einen Spalt offensteht. Als sie nachsieht, entdeckt sie eine menschliche Niere, die in einem der Ablagefächer auf einem Teller liegt. Sekunden später hört sie Jordan weinen und läuft zur Treppe. Auf dem oberen Absatz steht ein Mann mit langem braunem Haar, der eine verblüffende Ähnlichkeit mit Lucy Butler aufweist. Catherine eilt in den Keller, um Franks Waffe zu holen, die jedoch verschwunden ist. Als sie wieder hochkommt, läuft sie Bletcher in die Arme, der von Frank alarmiert wurde. Er bringt Catherine nach draußen zu Detective Giebelhouse, der bereits auf Jordan aufpaßt. Dann geht er zurück ins Haus und sieht auf dem Treppenabsatz Lucy Butler stehen, die langsam die Stufen herunterkommt. Dabei ist ihr Gesicht von einem sonderbaren Glanz umgeben und verwandelt sich plötzlich in eine Bestienfratze. Wenig später entdeckt Giebelhouse Bletchers Leiche im Keller des Black-Hauses, an einer Wand aufgehängt, die Kehle durchschnitten. Bevor Frank Virginia verläßt, ruft ihn der sterbende Fabricant zu sich und erklärt ihm, daß der »Quell alles Bösen« ihm die zweite Niere genommen habe. Er warnt Frank, daß dieses namenlose Böse auch ihn kenne. Wieder daheim, erfährt er, daß Lucy Butler wegen eines Verkehrsvergehens in Seattle verhaftet wurde. Da die am Tatort von Bletchers Ermordung gefundenen Fingerabdrücke aber nicht mit ihren übereinstimmen, wird sie wieder auf freien Fuß gesetzt. Zuletzt sehen wir, wie Frank Jordan zu dem Aussichtspunkt auf dem Mount Baker bringt, den ihm erst wenige Tage zuvor Bob Bletcher gezeigt hat.

Kommentar

Obwohl Chris Carter bei *The X-Files* bereits mehrfach bewiesen hat, daß er bereit ist, auch so populäre Figuren wie Deep Throat oder Mr. X über die Klinge springen zu lassen, kommt der Tod von Bob Bletcher in »Lamentation« dennoch ziemlich überraschend. »Es war wirklich eine schwere Entscheidung«, so Carter. »Ich habe gerne über Bletcher geschrieben, und ich mochte die Art, wie ihn Bill Smitrovich gespielt hat, sozusagen als direkten Gegensatz zu Frank Black. Bill hat einen starken Charakter, der viel Raum einnimmt, und Lance ist eher zurückhaltend, verschlossen und minimalistisch. Das ergab eine schöne Dynamik zwischen den beiden Charakteren, aber das war bereits genügend ausgereizt. Und da die Schauspieler auch persönliche Probleme miteinander hatten, kamen wir letztlich zu dem Schluß, daß sich Bletcher am besten dafür eignete, die Unberechenbarkeit der Serie zu demonstrieren.« Doch Bletchers Ausscheiden ist nicht der einzige Einschnitt, den »Lamentation« für *Millennium* mit sich bringt, denn während das vielzitierte »Böse« bis dahin in rein menschlicher Gestalt in Form von Gewaltverbrechern daherkam, schlägt diese Episode einen gänzlich anderen Weg ein, den man im Kontext der bisherigen Folgen nur als konsequent bezeichnen kann. Zwar erfährt der Zuschauer nicht, wer Bletcher wirklich umgebracht hat, aber wer immer es war, es war mit Sicherheit kein normaler Mensch. Falls es tatsächlich der Teufel gewesen sein sollte, wie hier angedeutet wird, dann hieße das aber auch, daß Frank bislang einen äußerst erfolgreichen Kampf gegen ihn geführt hat. Darum tötet er, weil er an Frank selbst nicht herankommt, dessen besten Freund und nimmt ihm damit die einzige Person, mit der er sich sowohl privat wie auch beruflich gut verstand. Gleichwohl gelingt es Carter, die Episode trotz der düsteren, grimmigen Atmosphäre hoffnungsvoll ausklingen zu lassen, denn auch wenn Frank eine schwere Niederlage erlitten hat, bringt er Jordan schließlich zu dem Plateau, das Bletcher ihm gezeigt hat, und ehrt damit sein Andenken, während zugleich deutlich wird, daß er seinen Kampf gegen das Böse nicht aufgeben wird. Vieles in »Lamentation« wirkt kryptisch und unerklärlich, eine Menge Fragen bleiben unbeantwortet, doch wie in den besten Episoden von *The X-Files* trägt dies auch bei »Lamentation« wesentlich dazu bei, die Spannung zu steigern. Unterm Strich ist »Lamentation« neben dem noch folgenden »Maranatha« jedenfalls einer der absoluten Höhepunkte der ersten Staffel und bereitet bereits den Weg für die zweite Season von *Millennium*.

Wahre Hintergründe

Mordgierige Mediziner wie Dr. Ephraim Fabricant gehören zu den seltensten Vertretern unter den Serienkillern und tauchen in Wirklichkeit wesentlich weniger häufig auf, als uns Filme und Romane glauben machen wollen. Doch wenn ein Arzt einmal seine mörderischen Triebe entdeckt, dann ist die Zahl seiner Opfer in der Regel extrem hoch, so wie bei Herman Webster Mudgett, der seine kriminelle Laufbahn im Jahr 1880 begann, als er an der University of Michigan in Ann Arbor Medizin studierte. Dort nutzte er seinen freien Zugang zu Toten, indem er zunächst eine Versicherung auf einen fiktiven Namen abschloß, dann so lange wartete, bis ihm eine Leiche unterkam, die rein äußerlich der angegebenen Beschreibung entsprach, sie einfach umtaufte und die Versicherungssumme einstrich. Nachdem er 1884 als einer der Jahrgangsbesten sein Studium beendet und seinen Doktortitel erworben hatte, siedelte er nach Chicago über, wo er sich seines sperrigen Namens entledigte und sich fortan Dr. Henry Howard Holmes nannte. Er bändelte mit einer Witwe an, der eine Apotheke gehörte, und erbte diese, als die Frau wenig später spurlos verschwand, bevor er sich von dem Geld, das er im Lauf der Zeit durch seine Betrügereien zusammengetragen hatte, direkt gegenüber der Apotheke eine prächtige Villa mit etlichen Zimmern errichten ließ, die zudem über eine Reihe von weniger wohnlichen Einrichtungen verfügte: Gaskammern, feuerfeste, schalldichte Räume, mit Pech gefüllte Brunnen, Säurebäder, Falltüren, versteckte Gucklöcher, Geheimgänge, die fast alle Zimmer miteinander verbanden, und ein großes Labor, das er zum Präparieren seiner Opfer benutzte, um sie später an die umliegenden Universitäten zu verkaufen. Vor allem während der Weltausstellung in Chicago 1893 konnte er seinen Kunden eine beachtliche Menge »frisches Material« zukommen lassen. Man kam Holmes erst auf die Schliche, als er versuchte, den Ermittlern einer Versicherung weiszumachen, daß eine von ihm präparierte Leiche sein »alter Freund« Ben Pitezel sei, und aufflog. Als schließlich die Polizei anrückte, um ihn festzunehmen, steckte er sein »Schloß des Grauens« in Brand und floh, um kurz darauf von Versicherungsdetektiven gefaßt zu werden. Zwar wurde er am 7. Mai 1896 als Amerikas offiziell erster Serienkiller dem Strang überantwortet, doch das Gericht hatte ihn lediglich für einen einzigen Mord verurteilt, obwohl man in den verbrannten Überresten seiner Villa die Überreste von siebenundzwanzig bis fünfzig Menschen fand. Gleichwohl kann man davon ausgehen, daß H. H. Holmes mit schätzungsweise zweihundert Opfern insgesamt neben dem Killerpaar Henry Lee Lucas und Otis Toole sowie Pedro Alonso Lopez, dem »Monster der Anden«, auf dessen Konto weit über dreihundert Tote gehen sollen, zu den aktivsten Serienkillern überhaupt gehörte.

MLM-119

»Powers, Principalities, Thrones and Dominions« (»Tote Freunde«)
Regie: Thomas J. Wright
Drehbuch: Ted Mann, Harold Rosenthal
US-Erstausstrahlung: 25.04.1997 (DE: 20.03.1998)
Wertung: **MMMM**

»Paranoia is just a kind of awareness,
and awareness is just a form of love.«

»Paranoia ist nur eine Form des Bewußtseins,
und Bewußtsein ist nur eine Art der Liebe.«

Charles Manson

Gaststars

Terry O'Quinn (Peter Watts), Stephen James Lang (Giebelhouse), Bill Smitrovich (Bob Bletcher), Richard Cox (Alistair Pepper), Robin Gammell (Mike Atkins), Rodney Eastman (Sammael), Sarah-Jane Redmond (Lucy Butler), Alf Humphreys (Damon Rummer), Guy Fauchon (Martin), Bonne Hay (Mills), Dean Gibson (Phil Brice), Robert Moloney (Adams), Judith Maxie (Richterin Myers), Allan Franz (Anderson), Marya Delver (Annie), Gerry Nairn (Lyon), Terry King (Mike)

Der Parkplatz eines Supermarktes. Der Anwalt Alistair Pepper geht mit einer Tüte im Arm zu seinem Wagen, öffnet die Tür und verstaut die Einkäufe auf dem Rücksitz. Ein junger Mann, Sam, kommt auf ihn zu und streckt seinen Arm nach ihm aus. Frank kommt aus dem Geschäft und sieht, wie ein Lichtblitz aus der Handfläche des jungen Mannes schießt und Pepper mitten ins Herz trifft, woraufhin der Anwalt zusammenbricht. Frank läuft zu den beiden Männern und sieht neben Sam eine Pistole auf dem Boden liegen.

Rückblende. Vier Tage zuvor untersucht Peter Watts in einer kleinen Stadt nahe Seattle den Tod von Eddy Pressman, dessen Leiche in einem Bungalow entdeckt wurde. Offenbar wurde er das Opfer eines satanischen Rituals. Auf dem Boden befindet sich ein Pentagramm, das zur Beschwörung von Dämonen dient, während man Pressmans Blut teilweise mit einem Kelch aufgefangen und seine Organe entfernt hat; überall im Raum stehen schwarze Kerzen, und auf einem Tisch liegt ein Buch mit zeremoniellen Formeln. Pressman war Diakon der Gemeindekirche. Aufgrund der grotesken Umstände des Mordes ruft Watts bei Frank an und bittet ihn um Unterstützung. Frank, der wegen der Ermordung von Bob Bletcher noch immer unter Schock steht, ist jedoch noch nicht in der Lage, seine Arbeit wieder aufzunehmen. Gleichwohl kann Catherine ihren Mann in einem ernsten Gespräch davon überzeugen, daß er wieder arbeiten muß, da sein Rückzug ins Privatleben zu einem Bumerang für sie alle werden könnte. Unterdessen hat Watts am Tatort ein seltsames Erlebnis, da Sam mit einemmal an einem der Fenster erscheint und hineinschaut, obwohl sich der Raum im zweiten Stock befindet. Als Frank schließlich kommt, berichtet er ihm von dem Zwischenfall und gibt ihm ein Foto, das Schaulustige zeigt, die vor dem Haus stehen, in dem sich der Mord ereignet hat. Unter ihnen ist auch Sam. Die Polizei

drängt Frank, sie bei der Aufklärung des Mordes aktiv zu unterstützen, doch bevor sie irgendwelche Hinweise auf den Täter finden können, geschieht auf einem nahen Spielplatz ein zweiter Mord. Martin, ein Kleinganove, schlitzt vor mehreren Zeugen einem Kindermädchen die Kehle auf und wird unmittelbar darauf von der Polizei verhaftet. Alles deutet darauf hin, daß er auch Pressman ermordet hat. Als Frank nach einer Vision, die Martin mit dem Tod von Bob Bletcher in Verbindung bringt, die Polizeistation verläßt, begegnet er Al Pepper, Martins Anwalt. In der Nacht hat er einen Alptraum, in dem er Bob in einem Sessel in seinem Wohnzimmer sitzend vorfindet. Bletchers Kehle ist durchschnitten, und er versucht vergeblich, ihm etwas zu sagen.
Die schrecklichen Erlebnisse der letzten Zeit machen Frank arg zu schaffen. Zudem hat er das Gefühl, daß seine »Gabe« ihn diesmal in die Irre führt und er sich nicht mehr richtig in die Gedanken der Täter hineinversetzen kann. Dennoch ist er davon überzeugt, daß Martin nicht Pressmans Mörder ist. Als er am nächsten Morgen auf den Spielplatz kommt, ist neben Peter Watts auch Mike Atkins da, Franks Mentor, der wieder genesen ist (siehe »Gehenna«) und von jemandem, der sich am Telefon als Frank Black ausgegeben hat, nach Seattle gelockt wurde. Die Anklage gegen Martin fällt zunehmend in sich zusammen, als die vermeintlichen Zeugen ihn plötzlich nicht mehr identifizieren können, die Fingerabdrücke offenbar von der Tatwaffe beseitigt wurden und das technische Labor auf Martins Jacke nicht einmal Blutflecken des letzten Opfers finden kann. Pepper wendet sich an Frank und bietet ihm die Partnerschaft in seiner Kanzlei an, wobei er durchblicken läßt, daß er in dem Fall, daß Frank zustimmen sollte, bereit wäre, seinen Mandanten dahingehend zu beeinflussen, daß er sich in bestimmten Punkten für schuldig bekennt. In der Anhörung vor Gericht gesteht Martin den Mord an Bletcher. Nun ist Frank endgültig davon überzeugt, daß es bei diesem Fall von

Anfang an nur um ihm selbst ging und der erste Mord bewußt so arrangiert wurde, daß sich die Millennium-Gruppe in die Ermittlungen einschalten würde. Martin wird nach Seattle ins Untersuchungsgefängnis überstellt, wo er sich in der Zelle mit einer Rasierklinge offenbar selbst die Kehle aufschlitzt. Doch die Autopsie ergibt, daß die Verletzungen, die er sich zugefügt hat, zu oberflächlich waren, um zum Tod führen zu können; gestorben ist er an einem Blutgerinnsel im Gehirn. Aber auch das kann Frank nicht davon überzeugen, daß der Gangster auf natürlichem Weg gestorben ist. Am nächsten Tag sucht er Pepper im Büro auf, wo Pepper zwar sein Angebot wiederholt, es jedoch nicht versäumt, indirekt eine Drohung gegen Franks Familie auszusprechen. Ein anonymer Hinweis führt ihn und Watts später zum Motel von Mike Atkins, wo sie Mike sterbend vorfinden; aus seiner Brust ragt ein Ritualmesser. Der Täter entkommt über den Balkon. Frank heftet sich an seine Fersen und folgt dem Mörder bis in einen Supermarkt, wo er Al Pepper am anderen Ende einer Regalreihe entdeckt. Er bleibt an seinem Ende des Ganges und geht parallel zu Pepper weiter. Als der Einkaufswagen zum zweiten Mal in seinem Blickfeld auftaucht, wird er jedoch von Martin geschoben. Beim dritten Mal ist es schließlich Lucy Butler. Dann sieht Frank wieder Pepper, der den Supermarkt verläßt und mit den Einkäufen zu seinem Wagen geht. Sam taucht auf, und Frank beobachtet, wie er auf Pepper zugeht und den Arm nach ihm ausstreckt, doch diesmal sehen wir die Szene aus einem neutralen Blickwinkel, und es scheint nun kein Blitz zu sein, der Pepper tötet, sondern eine Kugel, die Sam auf den Anwalt abfeuert. Später spricht Frank mit dem in Untersuchungshaft sitzenden jungen Mann, der zwar den Mord an Pepper gestanden hat, sich über seine Motive aber hartnäckig ausschweigt. Sam erklärt, daß Pepper wegen seiner eigenen Fehler sterben mußte, und meint, daß jede Hilfe, die Frank oder seine Familie durch sein Handeln erhalten hätten, reiner Eigennutz war. Frank verläßt mit dem

Gedanken die Zelle, daß Sam Teil eines Rätsels ist, das er bislang nicht einmal ansatzweise entschlüsseln konnte.

Kommentar

Viele Fans, die hofften, daß »Powers, Principalities, Thrones and Dominions« einige der Fragen beantworten würde, die in der vorangegangenen Episode »Lamentation« aufgeworfen wurden, sind von dieser Quasi-Fortsetzung enttäuscht, da statt dessen nur weitere Fragen auftauchen, auf die man sich keinen rechten Reim machen kann. Gleichwohl ist »Powers« bei weitem nicht so bitter wie »The Well-Worn Lock« oder »Covenant«. Das liegt im wesentlichen daran, daß die gesamte Millennium-Gruppe hier zum ersten Mal mit einem Feind konfrontiert wird, der ihre innere Struktur genau zu kennen scheint, sich jedoch soweit im Hintergrund hält, daß weder seine Ziele noch seine Identität ganz deutlich werden. Auch der rätselhafte Sam ist von einigem Interesse. Daß er kein Mensch ist, sollte klar sein. Aber was ist er dann? Ein Abgesandter der dunklen Mächte? Oder ist er am Ende gar der persönliche Schutzengel von Frank? Fragen über Fragen, auf die »Powers, Principalities, Thrones and Dominions« uns zwar die Antworten schuldig bleibt, was jedoch nichts daran ändert, daß die Episode trotz inhaltlicher Schwächen durchaus das Ansehen lohnt.

Wahre Hintergründe

Obwohl in den Medien immer wieder Berichte über vermeintliche Satanskulte die Runde machen, die bei ihren Ritualen zu Ehren des Teufels grausige Menschenopfer darbringen, ergab eine breit angelegte Untersuchung des FBI vor einigen Jahren, daß durch Satanismus motivierte Morde praktisch nicht vorkommen. Zwar gab es immer wieder Killer, die sich auf die Kräfte der Hölle beriefen, wie etwa Daniel Berkowitz, der berühmte »Son of Sam«, der vor Gericht erklärte, daß der Labrador seines Nachbarn von einem sechstausend Jahre alten Dämon besessen sei, der ihn dazu zwang, zwischen Juli 1976 und August 1977 in New York City sechs Menschen mit einer Waffe vom Kaliber .44 zu erschießen und sieben weitere Personen zu verletzen, doch erweisen sich diese Äußerungen meist rasch als Schutzbehauptungen, damit die Jury auf Unzurechnungsfähigkeit erkennt und Milde vor Recht walten läßt. Der einzige Fall eines »echten« satanistischen Serienkillers ist wohl Richard Ramirez, der sogenannte »Night Stalker«, der 1985 acht Monate lang Los Angeles und Umgebung terrorisierte und dabei mindestens sechzehn Menschen ermordete. Ramirez drang in die Häuser Unbekannter ein, vergewaltigte und folterte sie zu den Rhythmen des Songs *Night Prowler* der Hardrockgruppe AC/DC, von der er ein großer Fan war, und ließ seine Opfer dem Satan Treue schwören, bevor er sie tötete und mit ihrem Blut satanische Symbole an die Wände schmierte. Ramirez wurde von einer Gruppe aufmerksamer Bürger gefaßt, nachdem sein Phantombild durch die Presse gegangen war. Später während des Prozesses beteuerte er lautstark seine Liebe zu Satan und präsentierte der Jury ein Pentagramm, das er sich in die Handfläche hatte tätowieren lassen. Richard Ramirez wurde am 20. Juli 1989, mehr als drei Jahre nach seiner Verhaftung, zum Tod verurteilt und wartet seitdem in San Quentin auf seine Hinrichtung, was ihn aber nicht davon abhielt, am 3. Oktober 1996 im Besuchsraum des Zuchthauses die damals einundvierzigjährige Doreen Lioy zu heiraten. Lioy, die als Redakteurin für verschiedene amerikanische Teen-Magazine tätig war, einen IQ von nachweislich 152 besitzt und angeblich noch immer Jungfrau ist, war 1985 durch ein Bild in einer Zeitung auf Ramirez aufmerksam geworden und schrieb ihm in der Folge fünfundsiebzig flammende Liebesbriefe, bevor ihr die Direktion von San Quentin zum ersten Mal gestattete, den »Night Stalker« zu besuchen. Natürlich fragt man sich, was sie dazu bewogen haben mag, sich Ramirez so an den Hals zu werfen, doch es ist eine Tatsache, daß nicht nur Filmstars oder Sänger ihre Groupies haben, sondern auch Killer; tatsächlich erhielt der charismatische Ted Bundy, wohl der berühmteste Serienmörder überhaupt, noch wenige Wochen vor seiner Hinrichtung am 24. Januar 1989 in Florida *täglich* ein bis zwei Heiratsanträge …

MLM-120

»Broken World« (»Der Pferdemörder«)
Regie: Winrich Kolbe
Drehbuch: Robert Moresco, Patrick Harbinson
US-Erstausstrahlung: 02.05.1997 (DE: 03.04.1998)
Wertung: **MMM**

»Man is the cruelest animal.«

»Der Mensch ist das grausamste Tier.«

Friedrich Nietzsche

Gaststars

Terry O'Quinn (Peter Watts), John Dennis Johnston (Sheriff Falkner), Michael Tayles (Detective Billy), Van Quattro (Willi Borgsen), Donnelly Rhodes (Pete Dumont), Tom Bougers (Tom), Sue Fuller (Mary Ann), Ingrid Kavelaars (Sally Dumont), Jo Anderson (Claudia), P. Adrien Dorval (Fatso), J. B. Bivens (Deputy)

Inhalt

In North Dakota kommt Sally Dumont, die Besitzerin einer auf Pferdezucht spezialisierten Ranch, von einem Ausritt zurück. Als sie

das Pferd im Stall in seiner Box versorgt, hört sie unvermittelt eigenartige Geräusche und entdeckt in einer der anderen Boxen ein sterbendes Pferd. Sie blickt zur Seite und sieht ein Paar Gummistiefel unter dem Spalt, woraufhin sie zum Telefon geht und den Polizeinotruf wählt, doch bevor sie etwas sagen kann, wird sie von dem Fremden bewußtlos geschlagen.
Auf einer einsamen Landstraße wird Frank von Sheriff Falkner angehalten, der den Fall bearbeitet. Falkner entschuldigt sich und erklärt, daß die Mitarbeit der Gruppe hier nicht notwendig sei, da schließlich nur ein Pferd und nicht Sally Dumont von dem Eindringling getötet wurde. Frank jedoch ist anderer Ansicht und weist den Sheriff darauf hin, daß in den letzten zweieinhalb Jahren im County insgesamt einundzwanzig Pferde auf die gleiche Art getötet wurden. Er ist überzeugt, daß der Pferdemörder früher oder später dazu übergehen wird, Menschen zu töten, da die Tiere nicht mehr ausreichen, um seinen Trieb zu befriedigen. Die Ereignisse auf der Little Horrow Farm, als der Mörder zum ersten Mal nicht nur ein wehrloses Pferd, sondern auch eine Frau in seiner Gewalt hatte, kämen in diesem Punkt einer Initialzündung gleich. Frank vermutet, daß der Killer unmittelbar davorsteht, seinen ersten Mord zu begehen. Die Untersuchung im Stall der Dumonts fördert Spermaspuren in der Nähe des Pferdekadavers zutage. Von Mr. Dumont erfährt der Profiler, daß das Zaumzeug von Sallys Pferd gestohlen wurde. Außerdem entdeckt er an einer Wand in der Nähe des Telefons eine mit Blut geschriebene Nachricht des Killers: HELP (Hilfe). Frank kommt zu dem Schluß, daß sie dabei sind, sozusagen die »Geburt« eines psychosexuellen Serienmörders mitzuerleben. Nach Absprache mit Peter Watts, der sich in die Ermittlungen eingeschaltet hat, beschließt er, in der Lokalzeitung einen Artikel veröffentlichen zu lassen, in dem er dem Pferdemörder Hilfe anbietet und eine Telefonnummer angibt, unter der er zu erreichen ist. Watts erinnert ihn daran, daß ein solches

Unterfangen nicht ohne Risiko sei und auch den gegenteiligen Effekt haben könne, aber Frank ist überzeugt, daß eine direkte Kontaktaufnahme der einzige Weg ist, Schlimmeres zu verhindern.
Am nächsten Tag liest Willi Borgsen in einer Bar den Artikel und geht zum Münztelefon in der Ecke. Er wählt die angegebene Nummer, legt aber auf, als sich die Telefonistin des Sheriffbüros meldet. Er verläßt das Lokal, dringt in einen Truckanhänger ein, in dem Schweine transportiert werden, und fängt an, die hilflosen Tiere mit einem Elektroschocker zu attackieren. Als plötzlich der Fahrer des Trucks auftaucht, setzt er den Mann mit dem Schocker außer Gefecht und schleift ihn in ein nahegelegenes Gebüsch, wo er ihn zu Tode prügelt. Da man am Tatort Spuren findet, die mit dem Profil der Stiefel im Pferdestall identisch sind, schließt Frank, daß der Pferdemörder nun sein erstes menschliches Opfer gefunden hat. Er nimmt an, daß der Killer den Trucker mit einem Elektroschocker überwältigt hat, wie er in der Regel von den Arbeitern eines Schlachthofs benutzt wird. Kurz darauf wird die Leiche einer Frau namens Mary Ann Wright auf ihrer Ranch gefunden, neben ihr ein totes Pferd. An einer Wand findet sich erneut eine Nachricht: THANK YOU! (Vielen Dank!). Später nimmt Borgsen über die angegebene Telefonnummer Kontakt zu Frank auf und erklärt, daß ihm das Töten von Menschen viel mehr Freude bereite als das Massakrieren von Pferden; die am Tatort zurückgelassene Nachricht sei für Frank gedacht. Später diskutiert der Profiler den Fall mit der Tierärztin Claudia Vaughan, die ihn zuvor bereits auf die vermeintlichen Motive des Täters aufmerksam gemacht hat, nämlich seine Eifersucht auf Pferde, die im Gegensatz zu ihm von Frauen geliebt würden. Während der Fahrt sehen sie einen Transporter, der Fohlen zu einem Schlachthof bringt. Claudia erklärt, daß North Dakota der einzige Staat in Nordamerika ist, in dem Stuten auf gewissen Farmen ständig schwanger gehalten werden, weil ihr Urin einer der Hauptbestandteile von Hormonpräparaten

für Frauen ist. Die vielen Fohlen, die so zur Welt kommen, werden geschlachtet, um das Fleisch zu verkaufen. Einige dieser Farmen wurden in den letzten Jahren geschlossen, weshalb Frank vermutet, daß der Mörder bei einem dieser Betriebe gearbeitet hat und durch die Entlassung in eine tiefe emotionale Krise gestürzt wurde. Kurz darauf meldet sich Borgsen erneut und warnt ihn, daß der Mord an Mary Ann Wright seinen Drang nicht befriedigen konnte und sein Blutdurst immer größer werde. Frank wird bewußt, daß Claudia Vaughan in Gefahr ist, sein nächstes Opfer zu werden, doch als er mit Watts und Falkner bei ihrem Haus ankommt, ist die Tierärztin bereits verschwunden. Frank nimmt an, daß der Killer sie zu seinem ehemaligen Arbeitsplatz bringen wird. Als sie in das Schlachthaus eindringen, setzt Willi Borgsen die Anlage in Betrieb. Falkner sieht, daß Claudia an einem der Flaschenzüge hängt. Plötzlich taucht Willi auf und schickt den Sheriff mit dem Elektroschocker zu Boden. Auf der Suche nach dem Killer wird Frank ebenfalls attackiert und in eine der Schlachtboxen gedrängt. Borgsen feuert mit einem Bolzenschußgerät auf ihn, verfehlt ihn aber. Ein Deputy taucht hinter dem Killer auf, tritt jedoch auf ein Knochenfragment und verrät sich. Der Killer wirbelt herum und schießt einen Bolzen in die Brust des Polizisten. Frank will fliehen, aber Borgsen schnappt ihn und hält ihm die Waffe gegen die Stirn. In diesem Moment tauchen unvermittelt mehrere Pferde auf und trampeln Willi Borgsen zu Tode.

Kommentar

Probleme mit dem Drehplan führten dazu, daß das Drehbuch zu dieser Episode in wesentlich kürzerer Zeit fertiggestellt werden mußte, als normalerweise üblich. Um dennoch rechtzeitig fertig zu werden, wandte Skriptautor Robert Moresco sich an Patrick Harbinson, einen jungen Briten, mit dem er bereits bei *EZ Streets* zusammengearbeitet hatte. Zusammen entwickelten sie die Story und schrieben das Drehbuch, wobei die Grundidee für den Plot wie so häufig bei *Millennium* auf einem Tatsachenbericht beruht, den Harbinson einige Zeit zuvor gelesen hatte und in dem es um den »Pferderipper von Hampshire« ging, der in England über einen längeren Zeitraum hinweg immer wieder Pferde tötete. Da Tierquälerei fast schon traditionell zu den »Frühsünden« eines angehenden Serienkillers gehört, kamen sie schließlich auf den Gedanken, in »Broken World« sozusagen die »Geburt« eines solchen Mörders zu verarbeiten. Trotz dieser durchaus interessanten Idee ist »Broken World« nach den letzten beiden, inhaltlich äußerst kryptischen Folgen eine eher durchschnittliche Episode. Der Handlungsverlauf ist simpel gestrickt, es gibt nur wenige überraschende Wendungen, doch unter der Regie von Winrich Kolbe, der unter anderem bereits für *Star Trek: The Next Generation* und *Deep Space Nine* gearbeitet hat, wird die Episode immerhin zu solider Thrillerkost ohne besondere Höhen und Tiefen.

Wahre Hintergründe

Wie wird jemand zum Serienkiller? Sind manche Menschen schon von Geburt an dazu verdammt, zu morden, vielleicht durch ein zusätzliches Y-Chromosom in den Erbanlagen, wie von manchen Wissenschaftlern behauptet wird? Oder werden sie vielmehr von ihrem gesellschaftlichen Umfeld zu dem gemacht, was sie sind? Die Suche nach der Antwort auf diese Frage ist seit Jahren Bestandteil von kontroversen Diskussionen. Fest steht, daß Serienkiller meist eine gewisse Entwicklung durchlaufen und oft schon früh bestimmte Symptome erkennen lassen, die darauf hindeuten, daß bei ihnen mehr im argen liegt, als für den Uneingeweihten auf den ersten Blick ersichtlich sein mag. Zu den am häufigsten beobachteten »Jugendsünden« späterer Serienmörder gehören eine Neigung zu Feuer und Brandstiftung, Bettnässen auch noch im Teenageralter sowie ein ausgeprägter Hang zum Sadismus, der zumeist an Tieren ausgelebt wird. So quälte und mißbrauchte Henry Lee Lucas bereits mit dreizehn Jahren Katzen, Welpen und Kaninchen, bevor er sie tötete. Ähnlich war es bei Jeffrey Dahmer, der als Junge Frösche fing, sie an einen Baum nagelte und ihnen den Bauch aufschlitzte, um zuzuschauen, wie sie verendeten. Doch während Lucas und Dahmer ihre Perversionen im Lauf der Zeit selbst ausbildeten, erhielt Peter Kürten, der »Vampir von Düsseldorf« und neben Fritz Haarman und Joachim Kroll wohl der bekannteste deutsche Serienkiller, »fachliche« Anleitung von einem alten Hundefänger, der ihm zeigte, was man alles mit einem hilflosen Tier anstellen kann. Auch später noch, nachdem er begonnen hatte, seine mörderischen Triebe an Menschen auszuleben, bestand sein befriedigendstes Sexualerlebnis nach eigener Aussage darin, ein Schwein oder ein Schaf zu vergewaltigen und es beim Höhepunkt zu erstechen. Nachdem Kürten wegen neun Morden und siebenundsiebzig anderen Straftaten vor Gericht gestellt und zum Tod verurteilt wurde, war sein letzter Wunsch, »zu hören, wie sein eigenes Blut den Korb füllte«. Am 5. Juli 1931 erfüllte ihm der Scharfrichter mit dem Fallbeil diese Bitte.

MLM-121

»Maranatha« (»Der schwarze Mann«)
Regie: Peter Markle
Drehbuch: Chip Johannessen
US-Erstausstrahlung: 09.05.1997 (DE: 17.04.1998)
Wertung: **MMMM**

»Behold ye scoffers,
for I will work wonders in your days,
which ye will not believe.«

»An Euch Spötter:
Ich werde Wunder tun,
die ihr nicht zu glauben vermögt.«

Das Buch Habakuk 1, 5

Gaststars

Terry O'Quinn (Peter Watts), Bill Nunn (Lt. McCormick), Boris Krutonog (Yura Surov), Vladmir Moskovchenko (älterer Evgenii Alexandrovitch Mateev), Dmitri Boudrine (Andrei Petrovich Melnikov), Levani Outchaneichvili (Japonchik), Brian Downey (Mediziner), Bill Croft (Broadface), Michael Cram (Sanitäter), Roger Haskett (Arzt), Beverly Dale (Sängerin), Michael Aniol (Priester)

Inhalt

Frank Black begibt sich nach Brooklyn, um Lieutenant McCormick bei der Aufklärung einer bizarren Mordserie in Brighton Beach zu unterstützen, einem Viertel, das in erster Linie von russischen Einwanderern bewohnt wird. Bereits zum dritten Mal innerhalb weniger Wochen wurde dort eine verstümmelte Leiche an einem öffentlichen Ort zurückgelassen. Man hat den Opfern aus nächster Nähe eine Ladung Schrot ins Gesicht geschossen und ihnen anschließend die Finger abgeschnitten, weshalb bislang keiner der Toten identifiziert werden konnte. Frank glaubt, daß dem Mörder vor allem daran gelegen ist, Terror zu verbreiten. Für Yura Surova, der von der Moskauer Polizei zur Unterstützung der Ermittlungen nach Amerika gesandt wurde, handelt es sich um ein Werk der russischen Mafia. Am Tatort des letzten Mordes hat Frank eine Vision, bei der er eine Nuklearexplosion sieht. Als sie sich im Leichenschauhaus die Toten ansehen, stellt der Lieutenant ihnen Andrei Menikov vor, der undercover in den Clubs von Brighton Beach ermittelt. Die Art, wie Yura und Andrei miteinander umgehen, läßt Frank schließen, daß sich die beiden bereits kennen. Sie sehen sich die Leichen an. Im Haar des zweiten Opfers, einer Frau, entdeckt Frank Spuren von Blattgold. Am Haaransatz des dritten Toten, der seltsame Strahlungsschäden aufweist, findet er ein Zeichen in Form eines abwärtsgewandten Dreizacks, das Yura als »Mafia-Symbol« identifiziert. Am Abend treffen sich Yura und Andrei im Nachtclub *Novgorod*, wo Yura seinem Kollegen Fotos von Ikonen zeigt, die er erworben habe, um »ihn« anzulocken. Die Männer bemerken Frank, der ihnen in den Club gefolgt ist. Während Yura den Profiler dazu bewegen will, das Lokal wieder zu verlassen, um ihre Tarnung nicht auffliegen zu lassen, setzt sich ein Mann an Andreis Tisch. Einige der anderen Gäste scheinen ihn zu kennen, denn sie verlassen hastig den Club;

Frank kann den Namen Japontschik aufschnappen. Der Name alarmiert Yura, doch es ist bereits zu spät. Der Unbekannte zieht eine Schrotflinte und schießt Andrei aus nächster Nähe mitten ins Gesicht, bevor es ihm in der ausbrechenden Panik gelingt zu fliehen. Yura verliert die Fassung und bedroht einen anderen Gast mit seiner Waffe, um zu erfahren, wohin der Mörder verschwunden ist. Frank kann ihn zwar beruhigen, doch auf seine Frage, wer Japontschik sei, schweigt Yura. Die Polizei läßt Phantombilder von dem Mann seltsamerweise erstellen, die sich jedoch als wertlos erweisen, da alle Gäste den Mann anders beschreiben. Auf Franks Drängen erklärt ihm Yura schließlich, daß es sich bei Japontschik um eine Figur des russischen Volksaberglaubens handelt, eine Art schwarzen Mann. Obwohl er abstreitet, an den Mythos zu glauben, zweifelt Frank aufgrund seiner Reaktion im *Novgorod* an seiner Aufrichtigkeit. Später erklärt Watts, den Frank zur Unterstützung hinzugebeten hat, daß es sich bei dem Dreizack auf der Stirn eines der Opfer um den unteren Teil des Christusmonogramms handelt, was Frank zu einer russisch-orthodoxen Kirche führt, in der er auf das von einem Blattgoldrahmen eingefaßte Bild eines Heiligen stößt, dem das Gesicht weggekratzt wurde. Peter Watts vertritt die Ansicht, das Chi-Rho-Zeichen bedeute, daß man den Toten heimlich gesegnet hat. Weiter führt er aus, daß Japontschik für viele Russen die Inkarnation des Bösen darstellt; auch die Katastrophe von Tschernobyl soll dieser durch einen Sabotageakt herbeigeführt haben, was als Erfüllung einer Prophezeiung aus den Offenbarungen des Johannes angesehen wird. Offenbar, so Watts, handele es sich bei Japontschik um den Antichrist persönlich. Er übergibt Frank ein Foto, auf dem Yura und Andrei zu sehen sind, die gemeinsam für die Staatssicherheit in Tschernobyl gearbeitet haben. Für den Profiler ist damit klar, daß Yura sehr wohl an die alte Legende glaubt und nach Amerika gekommen ist, um Japontschik zu töten. Er geht davon aus, daß Japontschik Menschen umbringt, die – wie Yura und Andrei – um seine Existenz wissen und ihn zur Rechenschaft ziehen wollen. Er verbreitet Terror, um den Glauben an seinen eigenen Mythos zu verstärken. Inzwischen konnte das weibliche Opfer als eine Ikonenrestauratorin identifiziert werden. An ihrem Arbeitsplatz finden sich Blattgold und ein Paket mit einem Heiligenbild, das an Sergei Stepanovich Senin im russischen Konsulat adressiert ist. Frank glaubt, daß die tote Frau die Identität von Japontschik herausgefunden hat und ihm Ikonen sandte, damit er sie verschont. Frank und Peter fahren zum Konsulat, wo sie die Ikone an Senin übergeben, der sich als der Mann erweist, der Andrei erschossen hat. Als Frank ihn mit dem Namen Japontschik anspricht, wird Senin ungehalten, pocht auf seine diplomatische Immunität und wirft sie raus. Frank weist ihn darauf hin, daß er nun kein Mythos mehr sei. Später findet der Killer in einem russischen Badehaus zwei weitere Opfer. Mit zerschossenen Köpfen liegen die Toten in der Sauna, während Japontschik ihnen die Finger abschneidet. Aus dem Dampf hinter ihm taucht plötzlich Yura auf. Senin erklärt ihm, daß er ihn nicht töten könne, doch Yura zieht seine Waffe und schießt ihm in den Kopf. Als Frank und Watts bei dem Badehaus ankommen, werden die drei Leichen gerade abtransportiert. Erst nach einer Weile wird dem Profiler klar, daß einer der Toten Japontschik gewesen sein muß, woraufhin sie sich sofort zum Hospital begeben, da es in der biblischen Prophezeiung heißt, der Antichrist werde auf wunderbare Weise eine tödliche Kopfverletzung überleben. Aber Yura kommt ihnen zuvor. Er betritt das Krankenzimmer von Japontschik, der auf der Fahrt bereits wieder zu sich gekommen ist, und setzt ihm die Pistole auf die Brust. Doch der Killer kann ihn davon überzeugen, daß er nicht hier sei, um ihn zu töten, sondern um ihn zu beschützen. Daraufhin bringt Yura Japontschik zum Helikopterlandeplatz auf dem Dach, wo kurz darauf Peter, Frank, Lieutenant McCormick und zwei Polizisten auftauchen. Aber ein verschlossenes Sicherungsgitter versperrt ihnen den Weg. Yura schleppt Japontschik zum wartenden Hubschrauber. Frank ruft ihm zu, daß er dem Herrn der Lügen nicht glauben darf, doch Yura hört nicht auf ihn. Zwei Konsulatsangestellte springen aus dem Helikopter und bringen Japontschik an Bord. Sie wollen auch Yura zum Mitkommen bewegen, der aber mit einemmal wieder zu sich kommt und verzweifelt zu dem Gitter läuft, wo ihm Frank seine Arme entgegenstreckt und ihn festhält. Die Männer wollen ihn loszureißen und zum Helikopter schleppen. Sie ziehen ihre Waffen, woraufhin McCormick und seine Männer es ihnen gleichtun. Während sich Yura an Frank klammert und nicht glauben kann, was er getan hat, laufen die beiden Russen zum Hubschrauber zurück, der abhebt und am Horizont verschwindet, wobei man sieht, daß er die Kennummer 666 trägt, die Zahl des Antichrist.

Kommentar

Auf die Idee zu »Maranatha« kam Chip Johannessen, als er über die volkstümliche Interpretation der biblischen Prophezeiung vom Erscheinen des Antichrist nachdachte. Johannessen: »Die Christen in diesem Land glauben, daß die Europäische Union der Schauplatz der Apokalypse sein wird. Mich hat das nie überzeugt. (...) Aber dann dachte ich mir: Was wäre denn mit Rußland? Seit die Sowjetunion sich aufgelöst hat, bildet sich daraus eine neue Allianz – und das könnten die zehn Nationen sein, die in der Bibel angesprochen werden. Ich finde das *extrem* überzeugend. Ich halte es durchaus für denkbar, daß sich in Rußland jemand zum Despoten aufschwingt und einen Krieg mit Israel anzettelt, was zumindest die Endschlacht der Apokalypse verwirklichen würde. Die Idee eines neuen russischen Diktators hat etwas für sich – es wäre schockierend, wenn es *nicht* passieren würde.«

Wegen des religiösen Inhalts von »Maranatha« hatte die Zensurbehörde, das Standard and Practices Department, das bei jeder Episode darüber entscheidet, was gezeigt werden darf und was nicht, einige Bedenken, weshalb sich Autor Johannessen und die Produzenten von *Millennium* mit einem Mitarbeiter von Standards zusammensetzte, um etwaige Schwierigkeiten aus dem Weg zu räumen. Laut Johannessen wirkte dieses Treffen streckenweise höchst surreal: »Sie wollten nicht, daß irgendwelche der in der Geschichte gezeigten Devotionalien mit Jesus Christus in Verbindung gebracht werden könnten. John Kousakis wies darauf hin, daß Jesus oft mit einer Bibel gezeigt wird, also könnten wir in diesem Fall auch keine Bibel abbilden. Nein, sagten sie, und schlugen vor, daß wir etwas verwenden sollten, was Christus auf gar keinen Fall halten würde, wie zum Beispiel einen Toaster...« Nach einigem Hin und Her einigte man sich schließlich darauf, daß Christus zwar mit einer Bibel, aber nicht mit einer Waffe gezeigt werden durfte, und bewahrte damit die vielleicht beste Episode der gesamten ersten Staffel davor, ein Lachschlager zu werden. Tatsächlich wäre »Maranatha« eine großartige Abschlußfolge der Season gewesen. Von Anfang an erzählte die Serie nicht nur den Kampf von Frank Black gegen alle Serienkiller der westlichen Welt, sondern man hat uns im Lauf der Zeit immer mehr Hinweise darauf gegeben, daß dieser Kampf stellvertretend für das Gefecht von Gut und Böse steht. Ausgehend von dieser Überlegung tut »Maranatha« den nächsten logischen Schritt und läßt Frank zum ersten Mal dem Leibhaftigen Angesicht in Angesicht gegenübertreten, um ihn letztlich sogar triumphieren zu lassen, indem er den Antichrist letztlich in die Flucht schlägt und ihm auch noch die Seele von Yura entreißt. Fazit: Großartig erzählt und in Szene gesetzt, mit überwältigender düsterer Atmosphäre und grandiosen Schauspielern ist »Maranatha« ohne Zweifel der Höhepunkt der ersten Staffel.

MLM-122

»Paper Dove« (»Schweigen ist Gold«) 1. Teil
Regie: Thomas J. Wright
Drehbuch: Ted Mann, Walon Green
US-Erstausstrahlung: 16.05.1997 (DE: 24.04.1998)
Wertung: **MM**

»And now there is merely silence, silence, silence
saying all we did not know.«

»Und nun ist dort nur Stille, Stille, Stille,
die uns all das verrät, was wir nicht wissen.«

William Rose Benet

Gaststars

Mike Starr (Henry Dion), Ken Pogue (Tom Miller), Maxine Miller (Justine Miller), Barbara Williams (Dawn), Michael St. John Smith (Gil), Angela Donahue (Amy Lee Walker), Todd Waite (Agent Kane), Frank Cassini (Agent Devlin), Arlen Jones (Agent Emmerlich), Linda Sorenson (Marie France Dion), Judy Norton (Carol Scammel), Noah Dennis (Nick Scammel), Mitch Davies (Rick Scammel), William Nunn (C. R. Hunziger), Doris Chilcott (Adele Hunziger), Eric Breker (Malcolm Hunziger), Garry Davey (Ranger Chet), Brenda McDonald (Mrs. Steinberg), Paul Raskin (The Figure)

Song

Stranger in the House von Wayne Kramer

Inhalt

Hagerstown, Maryland. Amy Lee Walker tritt aus dem Supermarkt und geht zu ihrem Wagen. Dabei kommt sie an einem älteren Van vorbei, in dem ein bloß mit einer Unterhose bekleideter Mann namens Henry Dion sitzt, der die Musik voll aufgedreht hat und Amy beobachtet. Als sie losfährt, startet auch er seinen Wagen und folgt ihr unauffällig. Zu Hause angekommen, beginnt Amy, die Lebensmittel in der Küche auszupacken. Sie hört, wie die Eingangstür geöffnet wird, und glaubt, daß ihr Gatte von der Arbeit nach Hause gekommen ist. Dann dreht sie sich um und muß zu ihrem Entsetzen erkennen, daß nicht ihr Gatte, sondern Henry Dion vor ihr steht, mit Gummistiefeln und einer Gummilatzhose bekleidet. Etwa zur gleichen Zeit kommen Frank, Catherine und Jordan in einem Vorort von Arlington, Virginia, an. Zusammen mit Catherines älterer Schwester Dawn und ihrem Ehemann Gil wollen sie eine Woche Urlaub bei Catherines Eltern, Justine und Tom Miller, machen. Ein mysteriöser Mann mit einer dunklen Sonnenbrille hält unterdessen mit einem schwarzen Sportwagen vor Dions Garage, wo dieser gerade seine Campingausrüstung in den Van lädt. Henry geht zu dem Mann, der im Wagen sitzenbleibt, und bedankt sich bei ihm, daß er ihm geholfen habe, Amy Lee Walker zu »entdecken«. Der andere Mann erwidert, daß er wollte, daß der Mord geschieht, solange Frank Black in der Nähe sei. Etwas später ist Dion mit dem Van unterwegs zu einem Campingplatz in den Appalachen, die jetzt im Frühjahr noch wenig besucht sind. Während der Fahrt spricht er mit der in einen Teppich eingerollten

Leiche von Amy Lee Walker, als sei sie eine ganz normale Zuhörerin. Als sich Frank abends in der Küche seiner Schwiegereltern einen Kakao macht, erzählt ihm Tom von einem befreundeten Ehepaar, C. R. und Adele Hunziger, deren Sohn Malcolm vor vier Jahren wegen Mordes an seiner Frau verhaftet und zu lebenslanger Haft verurteilt wurde. Mittlerweile ist der alte C. R. unheilbar an Bauchspeicheldrüsenkrebs erkrankt, und obwohl er nicht mehr lange zu leben hat, weigert er sich, noch einmal seinen einzigen Sohn zu sehen, da er mit einem Mörder nichts zu tun haben will. Im Gegensatz zu seiner Gattin ist er davon überzeugt, daß Malcolm seine Frau tatsächlich getötet hat. Als Frank die Hunzigers besucht, um C. R. zu sagen, daß er einen Besuch von Malcolm bei seinen Eltern aufgrund der vorliegenden Situation wohl arrangieren könne, streitet der alte Mann ab, überhaupt einen Sohn zu haben. Bevor er das Haus der Hunzigers verläßt, übergibt Adele ihm die Prozeßakten ihres Sohnes und bittet ihn, Malcolms Unschuld zu beweisen. Frank stimmt zu und besucht ihn im Gefängnis. Da sowohl nach dem Gespräch mit Malcolm als auch nach der Durchsicht der Akten nichts darauf hindeutet, daß er in der Lage gewesen wäre, seine Ehefrau zu töten und ihr den Kehlkopf herauszuschneiden, wendet Frank sich an einige seiner ehemaligen Kollegen beim FBI, die Agenten Kane, Devlin und Emmerich. Er bittet sie um die Unterlagen sämtlicher Fälle, die Ähnlichkeiten zu dem Mord an Malcolms Frau aufweisen. Nach der Sichtung der Akten kommt er zu dem Schluß, daß der Mord an Hunzigers Frau die erste Tat eines Serienkillers war, der seitdem vier weitere Frauen in den umliegenden Staaten getötet hat. Obwohl er sich während des Besuchs bei seinen Schwiegereltern eigentlich nur um seine Familie kümmern wollte, bricht er zu dem Nationalpark auf, in dem vor vier Jahren die Leiche von Mrs. Hunziger gefunden wurde. Von dem zuständigen Rancher Chet erfährt er, daß die Tote damals aufgrund eines anonymen Anrufs entdeckt wurde. Frank ist sicher, daß der

Anruf vom Mörder selbst kam. Kurz darauf erhält die für den Meherrin National Park zuständige Polizei telefonisch den Hinweis, daß im Park die Leiche von Amy Lee Walker versteckt ist. Unterdessen kehrt Dion nach Hause zurück, wo er mit seiner dominanten Mutter Marie France lebt, einer resoluten Person, deren Mundwerk keine einzige Sekunde stillzustehen scheint. Henry Dion arbeitet als Kranken- und Altenpfleger. Während er eine verwirrte ältere Frau versorgt, taucht sein mysteriöser Freund mit der dunklen Sonnenbrille wieder auf. Henry spricht offen über Amy Lee Walker und zeigt dem Brillenträger Polaroids, die er von sich und der Toten aufgenommen hat. Im Gegenzug überreicht der Mann ihm einen Umschlag, in dem sich Fotos von verschiedenen Frauen befinden. Auf einem der Bilder sind Catherine Black und Jordan auf einem Spielplatz in Arlington zu sehen. Nachdem der Unbekannte gegangen ist, sieht Dion sich einen Fernsehbericht an, aus dem hervorgeht, daß die Leiche von Amy Lee Walker in dem Park gefunden wurde und daß das FBI davon ausgeht, daß es sich bei ihrem Mörder um einen geistig minderbemittelten Homosexuellen handelt. Henry ist darüber so erbost, daß er beim FBI anruft und in einer wahren Tirade seine Schreckensherrschaft und weitere Morde in den ganzen Vereinigten Staaten ankündigt. Dem FBI, das den Bericht auf Franks Rat hin herausgegeben hat, um den Mörder aus der Reserve zu locken, gelingt es, den Anruf zu Dions Patientin zurückzuverfolgen. Als Frank und die Agenten dort eintreffen, hat eine Schwester Dions Dienst übernommen. Sie teilt ihnen seine Adresse mit, woraufhin sie Dion zusammen mit seiner Mutter, die mittlerweile ebenfalls ein Opfer ihres Sohnes geworden ist, in Dions Haus finden. Henry Dion wird festgenommen, woraufhin Malcolm Hunziger aus dem Gefängnis entlassen wird und zu seinen Eltern zurückkehrt. Bevor Frank, Catherine und Jordan sich auf dem Weg zum Flughafen machen, um zurück nach Seattle zu fliegen, statten sie den Hunzigers einen Besuch ab, bei dem Adele Jordan eine aus Papier gefaltete Taube schenkt. Zu Hause in Seattle angekommen, geht Frank mit Jordan zum Wagen, während Catherine im Terminal auf ihr Gepäck wartet. Als er mit dem Rover vorfährt, um seine Frau abzuholen, ist Catherine nirgends zu sehen. Besorgt läuft er in die Flughafenhalle, doch seine Frau ist fort. Auf dem Boden findet er die Papiertaube, und auf dem ansonsten leeren Gepäckband kreisen einsam die Koffer der Blacks …

Kommentar

»Paper Dove«, das Finale der ersten *Millennium*-Staffel, wurde von Walon Green und Ted Mann geschrieben, die von Anfang an im Clinch mit Standards and Practices lagen, da sie eigentlich wollten, daß Henry Dion Sex mit den Leichen hat. Doch der Sender sprach sich strikt dagegen aus, daß in der Episode Nekrophilie thematisiert wurde, weshalb der erste Drehbuchentwurf auch mit dem Vermerk zu den Autoren zurückkam, daß das Skript für eine Ausstrahlung ungeeignet sei – etwas, das Chris Carter bereits bei der Folge »Irresistible« bei *The X-Files* passiert war, wo der Killer Donnie Pfaster ebenfalls zunächst als Nekrophiler angelegt war. Weil sich die Zensurbehörde in diesem Punkt nicht umstimmen ließ, änderten Green und Mann die Geschichte dahingehend ab, daß Dion einfach mit den Leichen sprach, als wären sie lebendig – und versetzen der Folge damit endgültig den Todesstoß. Aber auch in anderer Hinsicht ist »Paper Dove« die unglücklichste Episode, die Carter für das Staffelfinale auswählen konnte: »Paper Dove« ist schlichtweg langweilig und ohne jegliches Tempo, die Folge rauscht ohne nennenswerte Überraschungen über den Bildschirm und präsentiert mit Dion zudem einen – im Kontext der Serie – eher uninteressanten Killer. Letzteres gilt auch für den rätselhaften Polaroidmann, jenen großen Unbekannten, der sogar den unerschütterlichen Frank Black das Fürchten gelehrt haben soll, obgleich er sich gegen den Antichrist aus »Maranatha« ungefähr so furchteinflößend ausnimmt wie Donald Duck. All dies führt dazu, daß ein großer Teil der Glaubwürdigkeit, die die Serie bislang aufgebaut hat, mit einem Schlag zerstört wird. Als eigenständige Episode wäre »Paper Dove« gar nicht mal *so* schlecht, aber von einem Staffelfinale sollte man einfach mehr erwarten können.

Hintergründe

Von allen Killern, die in der ersten Staffel von *Millennium* ihr Unwesen treiben, ist Henry Dion mit Sicherheit derjenige, der von den Drehbuchautoren am deutlichsten nach einem realen »Vorbild« gestaltet wurde, nämlich dem sogenannten »Riesen von Santa Cruz«, Edmund Emil Kemper III, der mit einem IQ von beinahe 150 als der Einstein unter den Serienmördern gilt und insofern ein Phänomen ist, als er bislang der einzige Vertreter dieser Gattung war, der sich jemals selbst der Polizei gestellt hat. Kemper, der in Vacaville bei San Francisco einsitzt und einige Zeitlang ein Zellennachbar von Herbert »Little Herbie« Mullin war, wurde wegen achtfachen Mordes ersten Grades verurteilt und entging der Todesstrafe nur, weil sie in Kalifornien kurz zuvor abgeschafft worden war, auch wenn sie inzwischen wieder eingeführt wurde. Wie Henry Dion, dessen Darsteller Mike Starr bereits aufgrund seiner Größe und massigen Figur Ähnlichkeit mit »Big Ed« aufweist, ermordete Kemper seine dominante Mutter und schnitt ihr den Kehlkopf heraus, um ihn im Müllschlucker zerhacken zu lassen und Mrs. Kemper, die ihn zeitlebens immer nur angeschrien hatte und ihn im Keller schlafen ließ, weil sie meinte, er sei wertlos, mit dieser symbolischen Geste endlich zum Schweigen zu bringen. Zuvor hatte er sechs Studentinnen aus Santa Cruz getötet, die genau dem Typ Mädchen entsprachen, von dem seine Mutter stets behauptet hatte, daß sie sich nie mit jemandem wie ihm einlassen würden. Er wollte die Gesellschaft dort treffen, wo es ihr weh tut. Nachdem er am Ostersonntag 1973 schließlich mit seiner Mutter den Quell seiner Qual beseitigt hatte (und eine gute Freundin von ihr gleich mit), verließ er das Haus und rief nach einiger Zeit von einer Telefonzelle aus bei der Polizei an, um sich zu stellen, doch dort glaubte man ihm zunächst kein Wort. Die Beamten kannten Kemper gut, weil er häufig mit ihnen in einer Bar namens *The Courtroom*, einem Treffpunkt für Polizisten, verkehrte, wo er sich umhörte, um herauszufinden, wie die Ermittlungen in seinem Fall vorangingen. Ein halbes dutzendmal legten die Cops lachend den Hörer auf, als Kemper ihnen sagte, daß er der gesuchte »Studentinnenmörder« sei, bis es ihm endlich gelang, einen Beamten davon zu überzeugen, daß er es ernst meinte, und verhaftet wurde. Später stellte sich heraus, daß Kemper mehrmals mit der Tochter des Chefs der Kriminalpolizei von Santa Cruz ausgegangen war und wiederholt bei ihnen zum Abendessen weilte, weil der Kripochef ihn für eine gute Partie hielt. Nach seiner Verhaftung fragte ihn der Beamte, warum er ihn oder seine Tochter bei diesen Gelegenheiten nicht ebenfalls getötet hatte, woraufhin Kemper erklärte, daß »Sie mich immer liebenswürdig behandelt haben, genau wie Ihre Tochter«.

Kemper ist seit fünfundzwanzig Jahren der Musterhäftling von Vacaville. Seit seiner Verurteilung 1973 unterrichtet er seine Mitgefangenen in Informatik und nimmt aktiv an einem Programm für Blinde zur Transkription literarischer Werke in Braille teil, was ihm bereits mehrere Auszeichnungen von seiten der amerikanischen Behörden eingebracht hat. Seit einigen Jahren könnte er rein rechtlich in den Genuß einer Freilassung auf Ehrenwort kommen, doch abgesehen davon, daß es ziemlich unwahrscheinlich ist, daß sie ihm tatsächlich zugestanden werden würde, ist Kemper klug genug, lieber freiwillig im Gefängnis zu bleiben – ebenfalls ein Phänomen unter den Serienkillern.

2. STAFFEL

Stabliste

Produktionsteam

Produktionsfirma	Fox Television, Ten Thirteen Productions
Executive Producer	Chris Carter, Glen Morgan, James Wong
Co-Executive Producers	David Nutter, Frank Spotnitz
Co-Executive Producer (L. A.)	Ken Horton
Co-Executive Producer (B. C.)	John Peter Kousakis
Associate Producer	Jon-Michel Preece
Consulting Producers	Chip Johannessen
Co-Producers	Ken Dennis, Robert Moresco
Creative Consultant	Walon Green
Schnitt	James Coblentz, Chris Willingham, George Richard Potter
Visual Effects	Area 51
Special Effects Supervisor	Glenn Campbell
Visual Effects Producer	Tim McHugh
Special Makeup Effects	Lindala Makeup Effects, Inc.
Production Designers	Mark Freeborn, Sheila Haley
Kamera	Robert McLachlan
Musik	Mark Snow
Original Casting	Randy Stone
Casting	Rick Pagano, Debi Manwiller

Musikschnitt	Jeff Charbonneau
Special Effects Coordinator	Toni Pedersen
Story Editor	Charles Holland

Besetzung

Lance Henriksen	Frank Black
Megan Gallagher	Catherine Black
Brittany Tiplady	Jordan Black
Kristen Cloke	Lara Means
Terry O'Quinn	Peter Watts
Stephen James Lang	Detective Giebelhouse
Allan Zinyk	Brian Roedecker

Einleitung zur 2. Staffel

Obwohl die erste Staffel von *Millennium* zahlreiche Preise für sich verbuchen konnte und unter anderem mit dem prestigeträchtigen »People's Choice Award for Best New Drama Series« geehrt wurde, deren Gewinner durch eine landesweite Abstimmung unter den Zuschauern selbst ermittelt werden, und nicht von Nominierungen durch ein kleines Fachpublikum abhängig sind, war Fox Television nicht mit der Richtung zufrieden, in die sich die Serie bewegte. Zwar hatten sich die Quoten inzwischen stabilisiert, doch verglichen mit *The X-Files* lief *Millennium* eher mäßig, weshalb Fox verlangte, daß der Handlungsrahmen für die 2. Season erweitert und das Konzept der Show zum Teil überarbeitet werden sollte. Der düstere Grundton, der von verschiedenen Seiten als »zu einseitig« kritisiert wurde, sollte in Zukunft lockerer sein. Außerdem forderten die Fox-Mächtigen, daß der grimmige Frank Black den Zuschauern »zugänglicher« gemacht werden sollte, was einigen Ärger mit Chris Carter nach sich zog. Zwar war Carter bereit, gewisse Änderungen vorzunehmen und Frank sogar einen Partner zur Seite zu stellen, da aber die Vorstellungen des Senders seiner Meinung nach das gesamte Konzept der Serie umgeworfen hätten, weigerte er sich, allen Forderungen nachzukommen. Damit kam es zu einer Pattsituation, denn obwohl Fox die Rechte an *Millennium* besitzt, hat Carter dafür gesorgt, daß die Charaktere weiterhin sein geistiges Eigentum sind, und da Fox die Show schlecht ohne Frank Black & Co. machen konnte, einigten Fox Television und Carter sich schließlich auf einen Mittelweg. Allerdings hatte Carter danach nicht mehr vor, weiter so aktiv an der Serie mitzuarbeiten wie bislang, weshalb er sich abgesehen von einer Nennung in den Credits ganz aus der Produktion von *Millennium* ausklinkte und den Posten des Executive Producers seinen langjährigen Freunden und Kollegen Glen Morgan und James Wong übertrug. Das beliebte Autorenduo sollte die Show über Platz 94 der Fernsehhitliste hinausheben, wo sie am Ende der 1. Staffel stand, ohne dabei allzusehr von Carters »Vision« abzuweichen. Eigentlich hatten Morgan und Wong nach dem Ende ihrer ersten eigenen Serie *Space: Above and Beyond*, die aufgrund lauer Quoten nach der ersten Staffel abgesetzt wurde, die Absicht, eine zweite Show mit dem vielversprechenden Titel *The Notorious Seven* auf die Beine zu stellen, für die auch Glen Morgans Bruder Darin schreiben sollte, doch Fox stellte sie vor die Wahl, entweder *Millennium* zu machen oder gar nichts. Also entschieden sich die Wong Brothers für *Millennium.*

»Wir wollten, daß es bei *Millennium* so wird wie bei *The X-Files*, nämlich, daß die Zuschauer beim Einschalten einer neuen Folge nicht wissen, was sie diesmal erwartet«, so Wong. Dazu waren von Anfang an einige radikale Änderungen nötig, die aber mit Chris Carter abgestimmt waren. So wurden beispielsweise die bereits vorliegenden Drehbücher für die ersten beiden Episoden der 2. Staffel dem Müll übergeben, was Wong folgendermaßen kommentiert: »Es war uns sehr wichtig, die Botschaft auszusenden, daß diese Staffel anders werden würde. Und die ersten beiden Folgen waren genauso dramatisch und beängstigend, wie man es von der ersten Season her kannte. Es war natürlich klar, daß wir den Cliffhanger auflösen mußten, aber wir wollten, daß es von Anfang an anders war, eine völlig veränderte Serie.« Sie kündigten an, daß in der 2. Staffel die Millennium-Gruppe weiter in den Mittelpunkt rücken sollte und man statt des »Serienkillers der Woche« verstärkt auf Themen wie Spiritualität und Prophetie sowie abstrakte Wesen wie Engel und Teufel zurückgreifen würde. Glen Morgan: »Wir wollten Episoden, die nicht so düster sind. Die Millennium-Gruppe ist sich dessen bewußt, daß die Jahrtausendwende kommen und Feuer und Schwefel wie auch eine neue Harmonie mit sich bringen kann. Und es ist wirklich spannend zu sehen, wie das ausgeht.«

Auch wollten Morgan und Wong, die sich bereits seit der High School kennen und zusammen Filmwissenschaften studiert haben, daß in der zweiten Staffel mehr Humor zu finden sein sollte als in der ersten Season. »Selbst in einem Hitchcock-Film oder in *Der Exorzist* findet man Raum für Humor«, so Morgan. »Also gibt es mit Sicherheit auch eine Möglichkeit, in *Millennium* ein wenig Humor einzubauen, etwa, indem wir weitere Mitglieder der Millennium-Gruppe auftreten lassen. Natürlich wollen wir daraus keine Versammlung von Irren machen, aber wir wollen so etwas schaffen wie die Lone Gunmen in *The X-Files* und die Serie auf diese Weise auflockern. Das bedeutet jedoch nicht, daß Frank oder irgendwelche anderen Figuren jetzt ständig Witze reißen werden wie Bob Hope.«
Tatsächlich haben Glen Morgan und James Wong es mit Hilfe von Darin Morgan geschafft, mit der zweiten Staffel eine deutliche Steigerung der Einschaltquoten zu erreichen, die zwar mit etwa zwölf bis vierzehn Millionen Zuschauern noch immer deutlich hinter dem erfolgreichen älteren Bruder *The X-Files* zurückbleibt, aber zusammen mit den profitablen Auslandsverkäufen in aller Herren Länder dafür sorgen wird, daß *Millennium* und Frank Black uns noch einige Zeit lang erhalten bleiben werden.

MLM-201

»The Beginning and the End« 2. Teil
Regie: Thomas J. Wright
Drehbuch: Glen Morgan, James Wong
US-Erstausstrahlung: 19.09.1997
Wertung: **MMMM**

Gaststars

Terry O'Quinn (Peter Watts), Doug Hutchison (Polaroid Man), Allan Zinyk (Roedecker), Drew Reichelt (Dicky Bird Perkins), Judith Maxie (Finley), Alexander Ruurs (Kind), Martin Comtois (Hare Krishna), Francis Boyle (Flughafensicherheitsbeamter), Mitch Kosterman (Viewpoint Cop), Alan Robertson (Elderly Man), Norman Armour (Suited Man), Sheri Kowall (weiblicher Officer), John Dadey (State Trooper), Jake T. Roberts (Police Officer), Patricia Mayen-Salazar (Frau im Waschraum), Klodyne Rodney (Airport Parking Attendant), Marek Wiedman (Special Agent)

Inhalt

Die Episode beginnt mit Bildern des Weltalls. Wir sehen, wie ein Komet über das Firmament zieht, und hören aus dem Off Frank Blacks Stimme: »Es gibt einen Kometen für jedes Leben, das jemals war und jemals sein wird. Und wie die meisten Leben tauchen sie für einen Augenblick aus dem Dunkel auf … In dem Augenblick, wenn sie ihre Reise zurück zur Sonne antreten. Sich der Sonne zu nähern bringt maßgebliche Veränderungen mit sich. Es wird niemals wieder dasselbe sein. Tauchen sie in unseren Sphären auf, geht der Glaube, daß es sich dabei um die Ankündigung außerordentlicher Ereignisse handelt. Die Geburt von Königen ... Den Tod von Imperien ... Nach Jahrhunderten ... oder Jahrtausenden ... muß die Reise enden. Vielleicht erstickt von seinem eigenen Staub, setzt der dunkle, seelenlose Körper seine Reise durch Zeit und Raum endlos fort. Er mag zerfallen und zerbröckeln zu belanglosen Trümmern. Oder er geht auf ewig verloren, stürzt brennend ... in die gelbe Sonne. Und in dieser Nacht, während ich in den Himmel emporblicke und er auf mich hinabschaut, frage ich mich ... welcher dieser Kometen bin ich? Ich muß wissen, ob dies der Beginn der Reise ist ... oder das Ende.« Der Komet taucht am Nachthimmel über Frank auf, der die Spur des Gesteinsbrockens verfolgt, bis er in der Dunkelheit verschwindet.

Szenenwechsel. Am Flughafen von Seattle bringt Frank seine schlafende Tochter zum Wagen, während Catherine drinnen im Terminal beim Gepäckband auf ihre Reisetaschen wartet. Unter einem Vorwand nähert sich ihr ein Mann – der Polaroidmann. Er setzt Catherine mit einer Spritze außer Gefecht und schafft sie hinaus auf den Parkplatz des Flughafens, wo er sie in seinen Wagen sperrt. Während Frank das Sicherheitspersonal darüber informiert, daß seine Frau verschwunden ist, macht der Polaroidmann sich mit seiner Geisel aus dem Staub. Er fährt zu einem Aussichtspunkt, von wo aus er denselben Kometen beobachtet, den wir im Teaser gesehen haben. Ein Streifenpolizist erkundigt sich bei ihm, was er mitten in der Nacht hier oben zu suchen habe. Der Polaroidmann erklärt, daß der Komet ein wichtiges Omen für den bevorstehenden Jahrtausendwechsel sei. Inzwischen finden sich mehrere Mitglieder der Millennium-Gruppe, die Frank alarmiert hat, am Flughafen ein. Als eine Straßensperre nicht den erhofften Erfolg hat, kehrt er mit Jordan zum gelben Haus zurück. An ihrem Bett sitzend, versichert das Mädchen ihrem Vater, daß Engel bei ihnen im Zimmer seien. In einem vertraulichen Gespräch offenbart Frank Peter Watts später, daß er sich unendlich hilflos fühlt. Er fragt sich, welche Opfer er bringen muß, um Catherine wohlauf zurückzubekommen. Watts erzählt ihm daraufhin eine Geschichte aus einer Zeit, als er und seine Frau Barbara planten, ein weiteres Kind zu bekommen, weil Peter immer schon einen Sohn wollte, seine Frau ihm bisher aber »nur« Töchter geschenkt hat. Eines Tages wurde Watts zu einem Fall hinzugezogen, bei dem ein ermordetes Baby zerstückelt in einem Gefrierschrank gefunden wurde. Watts begann zu glauben, daß er, sollte es ihm gelingen, den Mörder des Kindes zu finden, dafür mit einem Sohn belohnt werden würde. Da er seinen »Pakt mit Gott« unbedingt einhalten wollte, erlaubte er seiner Frau nicht, schwanger zu werden. Heute hat er drei Töchter, aber noch immer keinen Sohn. Watts zweifelt daran, daß es möglich ist, eine Sache zu opfern, um dafür eine andere zu bekommen. Unterdessen fesselt der Polaroidmann die benommene Catherine in einem dunklen Keller an einen Stützpfeiler. Watts beauftragt zwei Mitglieder der Gruppe, Roedecker und Dicky Bird Perkins, in Franks Computer ein spezielles Sicherheitssystem zu installieren, und erklärt Frank, daß er nun in der Lage sei, auf die *wirklich* brisanten Informationen der Millennium-Datenbank zurückzugreifen, was Frank ziemlich überrascht, weil er eigentlich davon ausgegangen war, er hätte längst Zugang zu allen verfügbaren Unterlagen. Watts deutet an, daß der Polaroidmann aus genau denselben Gründen an Frank interessiert ist wie die Millennium-Gruppe, ohne genaueres dazu zu sagen. Nachdem Frank all seine üblichen Möglichkeiten, um Catherines Entführer zu finden, ausgeschöpft hat, wird ihm klar, daß die Antwort zum Profil des Mörders in ihm selbst liegt. Als er die Informationen, die er über den Entführer hat, mit seiner eigenen Vergangenheit vergleicht, beginnt er, Hinweise auf Catherines Aufenthaltsort zu finden. Eine Reihe von Zahlen blitzt durch seinen Kopf, die sich als die Adresse jenes Hauses erweisen, in dem Frank und Catherine zuvor gelebt haben. Auf seinen Befehl hin durchsucht die Polizei in Washington das Gebäude, doch es ist verlassen. Frank sieht sich wenig später ebenfalls vor Ort um und findet dort einen weiteren Hinweis, den der Polaroidmann offenbar mit Absicht für ihn zurückgelassen hat: ein Bild von einem anderen Haus. Unter Zuhilfenahme des Computers gelingt es Frank, das Gebäude ausfindig zu machen, doch da er nicht über genug Einfluß verfügt, um eine weitere Polizeirazzia auf die Beine zu stellen, macht er sich alleine und bewaffnet auf den Weg, seine Frau zu retten. Als er in den Keller des Hauses eindringt, sieht er Catherine von einer niedrigen Decke hängen. Bevor er etwas unternehmen kann, wird er vom Blitzlicht einer Polaroidkamera geblendet. Er eröffnet das Feuer. Der Polaroidmann taucht aus der Dunkelheit auf und rammt ihm ein Messer in die Schulter. Ein Kampf entbrennt. Die Kamera fällt zu Boden, und im immer wieder aufleuchtenden Blitzlicht setzen die Männer das Gefecht fort. Schließlich gelingt es Frank, das Messer zu schnappen. Er rammt es wiederholt in den Körper des Killers, immer wieder und wieder, bis der Polaroidmann schließlich tot ist – Catherine muß sich abwenden, da sie ihren eigenen Mann nicht mehr wiedererkennt. Später, als Catherine zu Hause die Sachen ihres Mannes in eine Reisetasche packt, sagt sie ihm, daß sie das Gefühl habe, er habe etwas für die Sicherheit von ihr und Jordan geopfert. Sie bittet ihn um etwas Zeit und Distanz, um zu sehen, ob es jemals wieder so werden kann wie früher. Frank verläßt das gelbe Haus mit seiner Reisetasche in der Hand und fährt in die Nacht davon.

Kommentar

Glen Morgan und James Wong, die neuen Executive Producers der Serie, schaffen es mit »The Beginning and the End«, dem eher lauen Cliffhanger »Paper Dove« einen Staffelauftakt folgen zu lassen, der besser ist, als befürchtet wurde. Die erste Folge des »neuen« *Millennium* bezieht ihren Reiz vor allem daraus, daß sie zahlreiche Dinge in die richtige Perspektive rückt und den Weg für zukünftige Änderungen bereitet. Durch die Enthüllung, daß es innerhalb der Millennium-Gruppe höhere Wissensebenen gibt, zu denen Frank bislang keinen Zugang hatte, wird die Gruppe schlagartig zu mehr als einem Zusammenschluß ehemaliger Cops und FBI-Agenten, was zusammen mit dem Scheitern der Beziehung von Catherine und Frank viel Spielraum für die Zukunft läßt. Auch die Besetzung des Polaroidmannes mit Doug Hutchison, der X-Philes vor allem durch seine Rolle als leberverschlingender Eugene Victor Tooms aus den *X-Files*-Episoden »Squeeze« und »Tooms« in Erinnerung sein dürfte, ist ein geschickter Schachzug, um das Interesse der Zuschauer wachzuhalten. Alles in allem ein solider, wenn auch nicht überragender Einstieg in die 2. Staffel.

MLM-202

»Beware of the Dog«
Regie: Allen Coulter
Drehbuch: Glen Morgan, James Wong
US-Erstausstrahlung: 26.09.1997
Wertung: **MMMM**

Gaststars

Terry O'Quinn (Peter Watts), Randy Stone (Michael Beebe), Mike Roberds (Al), Arnie Walters (Paul Lombardo), Anita Wittenberg (Cora), Margaret Martin (Mary Anne Lombardo), Ralph Alderman (Nate), Carolyn Tweedle (Mrs. Willingham), Brent Butt (Short Order Cook), Stephen Aberle (Mr. Willingham), R. G. Armstrong (alter Mann), David Major (Mr. Thompson), Kate Robbins (Mrs. Coblenz), Brad Wattum (Mr. Coblenz), Jim Poyner (Dr. Potter), Sally Stevens (Radio Singer)

Inhalt

Ein pensioniertes Ehepaar fährt eine Landstraße entlang. Nach einer Weile halten sie außerhalb einer kleinen Ortschaft, die sie nicht auf ihrer Karte finden können, am Straßenrand. Ein Mann taucht auf und erklärt ihnen, daß sie bis zum Ortsschild weiterfahren sollten. Dort schlagen sie für die Nacht ihr Lager auf. Plötzlich dringt eine Gruppe Hunde in ihren Trailer ein und tötet sie. Peter Watts versucht, Frank zu erreichen, um ihn über den Fall zu informieren, doch der Profiler bringt gerade Jordan nach Hause zu Catherine. Er ignoriert seinen Beeper und spricht mit seiner Frau über ihre neuen Lebensumstände und darüber, wie es weitergehen soll. Catherine ist entschlossen, Jordan zu sich zu nehmen und mit einer Freundin zusammenzuziehen, und da Frank sich mittlerweile selbst eine Bleibe gesucht hat, diskutieren sie darüber, ob sie das Haus verkaufen sollen. Nachdem Frank nach Hause zurückgekehrt ist, nimmt er endlich mit Peter Watts Kontakt auf, der ihn dazu drängt, diesen Fall zu übernehmen. Zwar ist Frank ziemlich sicher, daß das Ehepaar nur ein paar wilden Hunden oder Coyoten zum Opfer gefallen ist, aber Watts läßt nicht locker und erklärt rätselhaft, daß es jetzt »Zeit für ihn sei, dorthin zu gehen«. Also begibt sich Frank zu dem Städtchen Bucksnort und sucht dort ein Lokal auf, in dem er auf einige Einwohner stößt, die ihn fälschlicherweise für den neuen Sheriff halten. Als er erklärt, daß er sich noch nach einer Unterkunft für die Nacht umsehen muß, raten sie ihm, vor Einbruch der Dunkelheit zurück zu sein. Unter den Leuten fällt ein Mann namens Michael Beebe ins Auge, ein Yuppie, der Frank erklärt, daß er kürzlich aus Los Angeles hergezogen sei, um den gewaltverseuchten Straßen der Großstadt zu entkommen. Da auch Beebe denkt, er sei der neue Sheriff, rät er ihm, Nachforschungen über seinen »Nachbarn« anzustellen, einen alten Kauz, den er verdächtigt, irgend etwas mit dem Angriff der Hunde auf das Rentnerpaar zu tun zu haben. Anschließend sieht Frank sich den Trailer des toten Ehepaares an. Kurz nachdem die Sonne untergegangen ist, bemerkt er fünf Hunde, die sich von einem nahegelegenen Hügel nähern. Er fährt zurück in den Ort, doch er muß feststellen, daß er aus dem Hotel, in dem er sich einquartiert hat, ausgesperrt wurde und die Menschen im Innern des Gebäudes seine Bitte, ihn hereinzulassen, ignorieren. Als er sich nach einer anderen Bleibe umsieht, wird er von den Hunden attackiert. Er kämpft sich seinen Weg zurück zum

Wagen frei, überfährt einen der Hunde und begibt sich zu einem kleinen Krankenhaus. Trotz seiner verzweifelten Rufe, daß er verletzt sei, wird er allerdings nicht hineingelassen. In der Zwischenzeit stoppt ein alter Mann seinen Truck und lädt den toten Hund ein. Die anderen Hunde trotten dem Fahrzeug hinterher, als es davonfährt. Nachdem Frank sich ausgewiesen hat, läßt man ihn schließlich doch in das Hospital. In der Annahme, er sei bewußtlos, reden die Anwesenden über die Situation von Bucksnort und die neue »Störung«. Frank bekommt jedoch jedes Wort mit und kommt auf den Gedanken, daß in der Stadt größere Kräfte am Werk sind als wilde Hunde. Früh am nächsten Tag sieht er sich im Wald um und stößt dort in der Nähe eines Hügels auf mehrere Obelisken. Plötzlich taucht Michael Beebe aus den Büschen auf, während in der Nähe die Hunde erscheinen. Als der alte Mann hinzukommt, bittet Frank ihn, die Tiere zurückzurufen, doch der Alte meint nur, daß es nicht seine Hunde seien. Dennoch verschwinden die Tiere kurz darauf wieder. Als Frank den Stein, den er zur Verteidigung aufgehoben hatte, näher in Augenschein nimmt, bemerkt er, daß darauf eine Schlange eingeprägt ist, die sich selbst in den Schwanz beißt – ein Ouroboros, das Zeichen der Millennium-Gruppe. Verwirrt sucht er die Hütte des alten Mannes in den Wäldern auf, die von Steinen mit dem Millennium-Symbol umgeben ist. Es stellt sich heraus, daß der Alte zur Gruppe gehört. Sie sprechen über die Millennium-Gruppe, über die Geschichte und Bedeutung des Ouroboros und vor allem über die bevorstehende Jahrtausendwende. Die Männer begeben sich zu einer nahegelegenen Lichtung, wo der Alte Frank auffordert, sich den knurrenden Hunden zu nähern, die sich dort versammelt haben. Als der Profiler dem Befehl nachkommt, wird er von einer raschen Folge vertrauter Bilder übermannt: Catherine, Jordan, sein altes Zuhause, und so weiter. Er starrt die Hunde an, die eine Inkarnation des Bösen zu sein scheinen, und weicht nicht vor ihnen zurück. Nach einer Weile ziehen sich die Tiere ins Unterholz zurück und verschwinden. Frank hat die Prüfung bestanden, woraufhin der Alte erklärt, daß das Gleichgewicht zwischen Gut und Böse mit dem Herannahen des Millenniums mehr und mehr aus der Balance gerät. Frank erkennt, daß die Hunde anfingen, die Menschen anzugreifen, nachdem Beebe ein Haus auf ehemals geschütztem Grund errichtet hatte und damit das fragile Gleichgewicht zum Kippen brachte. Der alte Mann meint, daß das Verbrechen, vor dem Beebe aus der Stadt geflohen ist, nicht das Böse sei, sondern daß es in Wirklichkeit die Angst wäre, die ihn in seinem Heim, in seiner kleinen Welt gefangenhält. Da er fürchtet, daß die Hunde Beebe töten werden, geht Frank zu ihm und versucht ihn dazu zu bewegen, wieder aus dem Haus auszuziehen. Doch Beebe sträubt sich gegen den Vorschlag und weist den Profiler statt dessen an, seinen Grund und Boden auf der Stelle zu verlassen, was allerdings nicht möglich ist, da die Hunde das Gebäude inzwischen umzingelt haben. Der alte Mann taucht auf und erklärt, daß der einzige Weg, das Gleichgewicht wieder herzustellen, darin bestehe, das Haus zu zerstören. Er legt in dem Gebäude Feuer und brennt alles nieder, woraufhin sich die Tiere tatsächlich zurückziehen. Wieder in Seattle, entfernt Frank das ZU VERKAUFEN-Schild aus dem Vorgarten des leeren gelben Hauses und erklärt Catherine, daß sie die Idee, die hinter dem Haus steht, nicht so einfach aufgeben könnten, sondern dahin zurückkehren werden, sobald das Haus wieder zu einem *Zuhause* für sie alle geworden sei.

Kommentar

»Beware of the Dog« beginnt zwar wie ein schlichter Mystery-Thriller, als Frank sich im rätselhaften Bucksnort umsieht, driftet aber ab der Halbzeit deutlich ins Mystische ab, als der Profiler erkennt, daß der alte Mann zur Gruppe gehört und die Hunde offenbar eine Art übernatürliche Antwort auf das aus den Fugen geratene Gleichgewicht des Ortes sind. Interessant an »Beware of the Dog« ist vor allem die Enthüllung, daß Franks familiäre Probleme offenbar seine Gabe beeinträchtigen, doch der alte Mann verspricht, daß seine Fähigkeit, dunkle Dinge zu sehen, schließlich von einer noch mächtigeren abgelöst werden wird; ein reizvolles Versprechen, sowohl für den Charakter als auch für die Serie. Die Episode ist rätselhaft und beschreitet offenkundig den neuen Weg von *Millennium*, indem man uns einen tieferen Einblick in die Hintergründe der Gruppe gewährt und zugleich deutlich macht, daß sich die Serie in Zukunft nicht mehr so stark auf Serienmörder konzentrieren wird wie bisher, sondern der Fokus vielmehr auf den Aktivitäten der Millennium-Gruppe und ihren einzelnen Mitgliedern ruht.

MLM-203

»Sense and Antisense«
Regie: Thomas J. Wright
Drehbuch: Chip Johannessen
US-Erstausstrahlung: 03.10.1997
Wertung: **MMM**

Gaststars

Terry O'Quinn (Peter Watts), Stephen James Lang (Giebelhouse), Allan Zinyk (Roedecker), Clarence Williams III (Zero/Kramer), Ricky Harris (Gerome Knox), Forbes Angus (Dr. Pettey), Brian Jensen (Wright), Colin G. Vint (Coroner Lewis Badja Djola alias Lacuna), Peter Bryant (Editor), Jennifer Lee (Rezeptionistin), Chris Nelson Norris (Patterson), Paul Chevreau (Sicherheitsbeamter), Michael Vairo (Officer Ginelli), Andrew McIlroy (Coroner Clark), Adam Harrington (Polizist), George Gordon (Arzt), Mark Schoaley (I. A. Cop), Alan Costar (Bum), Jenn Fargie (Krankenschwester), Colin Murdock (SWAT-Leiter), Darwin Haine (John Doe Bum)

Inhalt

Ein Afroamerikaner, Codename: Patient Zero, versucht auf einer vielbefahrenen Straße in einer Großstadt ein Taxi anzuhalten, doch die Wagen fahren vorbei, ohne sich um ihn zu kümmern. Nur ein afroamerikanischer Taxifahrer mit Namen Gerome Knox hält. Zero

Frank Black und Lieutenant Robert »Bob« Bletcher (*Bill Smitrovich*).

Der Schein trügt – besonders viel hat Catherine seit ihrem Umzug nach Seattle nicht mehr zu lachen …

steigt ein und erleidet auf dem Rücksitz unvermittelt einen Anfall. Schaum steht vor seinem Mund, und er schreit etwas von »Lastwagen«, die versuchen, ihn zu töten. Knox rast mit seinem Passagier zu einem Krankenhaus, wo die Ärzte die Symptome von Patient Zero unerlaubtem Drogenmißbrauch zuschreiben. Nachdem er eine Spritze bekommen hat, lassen seine Konvulsionen nach, doch als zwei mysteriöse Männer namens Wright und Patterson in der Eingangshalle des Krankenhauses auftauchen, droht erneut ein Anfall. Zero erklärt Knox, daß die Männer gekommen seien, um ihn zu töten, und da er um die Sicherheit von Zero bangt, hilft Knox ihm zu entkommen. Inzwischen stellen Wright und Patterson das gesamte Areal unter Quarantäne. Es stellt sich heraus, daß der verschwundene Zero mit einem hoch ansteckenden Virus infiziert ist. Detective Giebelhouse wendet sich an Frank und bittet ihn, ihnen bei der Suche nach dem vermißten Mann zu helfen. Sie nehmen an einer medizinischen Besprechung von Mitarbeitern des Zentrums für Infektionskrankheiten teil. Dort erklärt Dr. Pettey, daß Zero mit einem Pathogen infiziert ist, das man normalerweise nur im Kongo antrifft. Schließlich entdecken Polizeibeamte Zero und Knox in den Büroräumen einer Zeitung, wo Zero versucht hat, einen der Redakteure davon zu überzeugen, seine Geschichte zu veröffentlichen; er merkt an, daß rassisch motivierte medizinische Experimente früher schon in Tuskegee durchgeführt wurden. Bevor Zero festgenommen wird, beschmiert er den Rücken von Franks Shirt mit seinem Blut. Später ergeben Labortests, daß Zeros Blut nicht von dem Virus befallen ist. Ebenso rätselhaft ist, daß die Mitarbeiter des Zentrums für Infektionskrankheiten, einer Einrichtung der Regierung, plötzlich spurlos verschwunden sind. Giebelhouse und Frank wird klar, daß irgend jemand sie benutzt hat, um Zero ausfindig zu machen. Nach und nach kommt der Profiler dahinter, daß die Verschwörer Flüchtlinge für ihre Experimente benutzen, und schaltet die Millennium-Gruppe ein. In einem Obdachlosenasyl bedroht ein nur mit einem Knüppel bewaffneter infizierter Einwanderer unterdessen zwei Polizisten. Die Beamten eröffnen ohne zu Zögern das Feuer und töten den Mann. Frank und Peter Watts untersuchen den Zwischenfall, doch es zeigt sich, daß man keinen Wert auf ihre Mitarbeit legt. Frank kann sich an den Wachen vorbei zum Tatort schleichen, um eine Blutprobe von dem Toten zu nehmen. Zudem kann er ein Etikett mit den Buchstaben D. O. E. an sich nehmen, von dem er annimmt, daß es sich um eine Abkürzung für das Department of Energy handelt, die staatliche Energiebehörde. Er kommt zu dem Schluß, daß die amerikanische Regierung dabei ist, eine neue Art von psychischer Waffe zu entwickeln, die in den Opfern Unberechenbarkeit und gewalttätiges Verhalten hervorruft. Beteiligt an der Entwicklung ist offenbar auch das Human Genome Project, ein Projekt, das dabei ist, einen Bauplan der menschlichen DNS zu erstellen. Watts vergleicht die DNA-Analyse der Blutprobe von Patient Zero mit der des Obdachlosen und kommt zu dem Schluß, daß ihr verwirrter Geisteszustand genetisch hervorgerufen wurde. Frank und Watts spekulieren, daß eine Gruppierung außerhalb des Regierung möglicherweise das Geheimnis zur Verhaltenskontrolle entdeckt hat – und jetzt Experimente mit Obdachlosen durchführt, unter dem Deckmantel, ihnen zu helfen. Später wird der Leichnam von Gerome Knox in einem Leichenschauhaus entdeckt. Watts, Frank und mehrere Cops stürmen das Gebäude einer Firma, der Suppenwagen gehören, mit denen Obdachlose verpflegt werden. Sie hoffen, Zero dort zu finden, und sie haben Glück. Allerdings entpuppt sich Patient Zero als Dr. William Kramer. Kramer täuscht Unwissen über seine Wahnperiode vor, was Frank zu der Frage führt, ob der Arzt Selbstversuche durchgeführt hat oder versehentlich infiziert wurde. Schließlich bemerkt er an der Bürowand ein Bild von Dr. Kramer in Uniform, das 1994 in Ruanda aufgenommen wurde, wo

Tausende von Menschen völlig sinnlos dahingemetzelt wurden, und glaubt, die Antwort nun zu kennen.

Kommentar

Mit »Sense and Antisense« begibt sich *Millennium* erneut in *X-Files*-Territorium, indem Chip Johannessen die altbekannten Elemente der Regierungsverschwörung und der Verletzung von öffentlicher Sicherheit benutzt, um mögliche Aspekte gewalttätigen Verhaltens auszuloten. Der Plot basiert auf der These, daß die Regierung einen Weg gefunden hat, um geistig gesunde Menschen mittels eines genetischen Schalters in brutale Irre zu verwandeln. Johannessens Drehbuch setzt die alte Tradition fort, Anspielungen auf die Millennium-Gruppe sowie Franks Rolle in ihr zu machen und so das Publikum auf die konzeptionellen Veränderungen innerhalb der Serie vorzubereiten. Dennoch bleibt das einzige wirkliche Highlight dieser alles in allem eher durchschnittlichen Episode der Gastauftritt von Clarence Williams III als Patient Zero/Dr. Kramer. Sein Spiel zwischen Wahn und geistiger Unzurechnungsfähigkeit ist mehr als beeindruckend und verleiht »Sense and Antisence« einen Glanz, der ansonsten gefehlt hätte.

MLM-204

»Monster«
Regie: Perry Lang
Drehbuch: Glen Morgan, James Wong
US-Erstausstrahlung: 17.10.1997
Wertung: **MM**

»The first thing we do,
let's kill all the lawyers.«

»Das Erste, was wir tun:
Laßt uns alle Anwälte töten.«

Heinrich IV., 2. Teil, 4. Akt, 2. Szene

Gaststars

Terry O'Quinn (Peter Watts), Kristen Cloke (Lara Means), Mary Gillis (Penny Plott), Lauren Diewold (Danielle Barbakow), Chris Owens (Deputy Sherman), Robert Wisden (Gordon Roberts), Thomas Miller (Billy Sherman, jr.), Ken Roberts (Polizeichef Jenkins), Elizabeth McLaughlin (Mrs. Sherman), Brendan Bitoiu (Jason Wells), Samantha Smith (Lisa Blair), Adam Pospisil (Ethan), Judy Norton (Coroner), J. Douglas Stewart (Zahnarzt), Gillian Barber (Mrs. Barbakow), Kevin Blatch (Schuhverkäufer), Fred Keating (Mr. Barbakow)

Peter Watts arrangiert für Frank ein Treffen mit dem Staatsanwalt Gordon Roberts, der im Fall von Penny Plott ermittelt, einer ältlichen Frau, die lange Jahre eine Tagesstätte für Kinder in Probity, Arkansas, betrieben hat und nun unter dem Verdacht des Kindesmißbrauchs steht. Ehe Frank nach Probity aufbricht, geht er mit Jordan in einem Warenhaus einkaufen. Wie Kinder nun mal so sind, wird Jordan mit der Zeit unruhig und verlangt nach Aufmerksamkeit. Frank verliert die Ruhe und tadelt seine Tochter für ihr Benehmen. Deputy Bill Sherman, dessen Sohn auch in Miss Plotts Kindertagesstätte untergebracht ist, entdeckt auf dem Rücken des Jungen eine Bißspur. Da Bill junior betont, daß er dafür büßen müßte, wenn er den Grund für die Verletzung nennen würde, gewinnen die Gerüchte weiter an Glaubwürdigkeit. Frank gibt vor, ein Elternteil zu sein, und besucht die Kindertagesstätte. Doch seine Ermittlungen werden kurz darauf von einer jungen Frau namens Lara Means unterbrochen, die offenbar engagiert wurde, um die Interessen von Miss Plott zu vertreten. Die beiden legen ihre Differenzen bei, als eines der Kinder, Jason Wells, plötzlich einen Anfall erleidet und zu atmen aufhört. Trotz Franks verzweifelter Bemühungen, ihn zu retten, stirbt der Junge. In der Zwischenzeit bringt Catherine ihre Tochter zum Zahnarzt, nachdem Jordan beim Zähneputzen Blut gespuckt hat. Der Zahnarzt vermutet, daß Jordan an der Lippe verletzt wurde, als man sie harsch gemaßregelt hat. Catherine überhört die Bemerkung, daß ihr Mann möglicherweise dafür verantwortlich sein könnte, doch als Jordan ihr erzählt, daß Frank im Einkaufszentrum die Beherrschung verloren hat, kommen ihr plötzlich Zweifel. Ein Gerichtsmediziner kommt zu dem Schluß, daß der Tod von Jason auf einen akuten Asthmaanfall zurückgeht. Obwohl es keinerlei Beweise dafür gibt, ist Staatsanwalt Roberts hingegen davon überzeugt, daß Miss Plott für das Unglück verantwortlich ist. Die Ermittlungen scheinen sich in eine Sackgasse zu bewegen, bis Frank, Lara und Roberts sich mit Danielle Barbakow unterhalten, einem der Kinder, die unter der Aufsicht von Miss Plott waren. Danielle erklärt, daß sie zufällig mitbekommen hat, wie Miss Plott den toten Jungen mißbrauchte. Kurz darauf wird Plott von der Polizei festgenommen. Im Verhörraum erinnert sie Bill Sherman daran, daß sie ihn als Kind ebenfalls unter ihren Fittichen hatte und daß sie in den sechsunddreißig Jahren, in denen sie die Tagesstätte führt, noch niemals beschuldigt wurde, irgend etwas falsch gemacht zu haben. Als sie auf Kaution aus der Haft entlassen wird, erklärt Bill Sherman, der von Schuldgefühlen gegenüber der Verdächtigen geplagt wird, daß er trotz des Umstands, daß sein eigener Sohn Bißspuren auf dem Rücken aufweist, nicht glaubt, daß Miss Plott imstande wäre, einem Kind so etwas anzutun. Frank und Lara sind derselben Meinung und vermuten, daß die junge Danielle für den Tod von Jason Wells verantwortlich ist. Es stellt sich heraus, daß Lara ebenfalls zur Millennium-Gruppe gehört. Offenbar hat man sie geschickt, um zu testen, wie sie beide zusammenarbeiten. Sie begeben sich zum Haus der Barbakows, wo sie auf Danielles Mutter Virginia treffen. Während Lara mit Mrs. Barbakow spricht, unterhält sich Frank mit ihrer Tochter in ihrem Zimmer. Plötzlich fängt Danielle lauthals an zu schreien – und beschuldigt Frank, sie unsittlich berührt und dann geschlagen zu haben. Virginia beruhigt ihre Tochter, deren Lippe verletzt ist. Frank wird wegen Gewalt gegen eine Minderjährige festgenommen. Außerdem, so erfährt er von Staatsanwalt Roberts, wird gegen ihn wegen des möglichen tätlichen Angriffs auf seine eigene Tochter ermittelt. Frank verlangt, daß Roberts eine fotografische Tiefenanalyse von Danielles Wunde durchführen läßt, da auf diese Weise seine Unschuld bewiesen werde. Lara kehrt noch einmal zu den Barbakows zurück und vergleicht die bei der Untersuchung entstandene Fotografie des Schnitts an Danielles Lippe mit den

Flügeln eines Engels im Zimmer des Mädchens. Sie stellt fest, daß die Muster identisch sind, und später gibt auch Virginia Barbakow zu, gehört zu haben, wie sich Danielle ihre Verletzungen selbst zugefügt hat. Catherine und Jordan treffen Frank nach seiner Entlassung aus der Haft vor der Polizeiwache. Catherine entschuldigt sich bei ihm, weil sie geglaubt hat, er sei für die Verletzung ihrer Tochter verantwortlich.

Kommentar

An »Monster« scheiden sich die Geister ebenso wie an »The Well-Worn Lock« aus der ersten Staffel, doch im Kontext des »neuen« *Millennium* wirkt diese Geschichte über angeblichen Kindesmißbrauch bei weitem nicht so deplaziert wie Carters Fehltritt. Dennoch ist »Monster« in vieler Hinsicht eine mehr als unglückliche Folge: Zwar wird mit Lara Means ein weiteres, interessantes Mitglied der Millennium-Gruppe eingeführt, aber Kristen Cloke liefert, verglichen mit ihrem eindrucksvollen Auftritt in der *X-Files*-Episode »The Field Where I Died«, eine äußerst enttäuschende Vorstellung. Auch dem Ende der Folge mangelt es deutlich an Energie, als Frank sich den Weg aus den Kräften, die sich gegen ihn verschworen haben, förmlich *herauspredigt*. Einzig der Gedanke, daß das Böse, hier in Gestalt von Danielle Barbakow, sich zunehmend mehr auf Frank selbst konzentriert, verleiht der Folge einen gewissen Reiz, aber bei weitem nicht genug, um eine Dreiviertelstunde gute Unterhaltung zu bieten.

MLM-205

»A Single Blade of Grass«
Regie: Rodman Flender
Drehbuch: Erin Maher, Kay Reindl
US-Erstausstrahlung: 24.10.1997
Wertung: **MMM**

Gaststars

Amy Steel (Dr. Liz Michaels), Garry Chalk (Richard Powell), Doug Abrahams (Sgt. Manny Walters), Michael Greyeyes (Joe Reynard), Floyd »Red Crow« Westerman (alter Indianer), Clint Andrew (Daniel Olivaw), Byron Chief Moon (Fenton), James Nicholas (Ernie), Rondel Reynoldson (Dr. Kathryn Huston)

Inhalt

Mehrere Gestalten mit rituellen Gesichtsmasken zwingen einen Indianer namens Daniel Olivaw dazu, das Gift einer Klapperschlange einzunehmen. Als das Gift seine Wirkung entfaltet, bittet einer der maskierten Männer, Joe Reynard, Olivaw zu beschreiben, was er sieht. Doch Daniel beginnt nur zu schreien und schüttelt sich unter Krämpfen. Kurz darauf wird seine Leiche auf einer Baustelle in Manhattan, auf der gleichzeitig archäologische Ausgrabungen stattfinden, neben den Überresten eines mumifizierten Toten gefunden. Sergeant Manny Walters aus New York City bittet Frank um Unterstützung bei der Aufklärung des grotesken Falles. Frank kann zwar nicht helfen, merkt aber an, daß es Gemeinsamkeiten zwischen dem mumifizierten Toten und Daniels Leiche gibt, in deren Nähe man eine Maske gefunden hat. Walters erklärt, daß es zwischen dem Vorarbeiter der Baufirma, Richard Powell, und der Leiterin der Ausgrabungen, der Archäologin Dr. Liz Michaels, zu einem Streit gekommen ist. Powell, dessen Mannschaft größtenteils aus Indianern besteht, muß die Bauarbeiten pünktlich zu Ende bringen, doch Liz besteht darauf, daß die Fundstelle so lange unberührt bleibt, bis ihr Team alles dort ausgegraben und freigelegt hat. Frank erkennt, daß Daniels Mörder sich im Kellergeschoß eines nahen Hotels befinden, und begibt sich mit Dr. Michaels und Manny Walters dorthin. Zwar sind die Killer verschwunden, doch dafür entdecken sie diverse Symbole, die an die Kellerwände geschmiert sind. Liz erläutert, daß sie alle ein gemeinsames Thema haben: Kommunikation mit der spirituellen Welt. Später gesellt sich Frank in einer Bar zu Joe Reynard und malt ein Zeichen auf eine Serviette, das er in einer seiner Visionen gesehen hat. Ein alter Indianer tritt vor und erklärt, das Symbol sei eine Warnung. Nachdem Frank die Bar verlassen hat, meint Reynard zu seinen Komplizen, daß Frank »derjenige ist«. Die Autopsie von Daniels Leiche ergibt, daß seine Genitalien vom Körper abgetrennt und danach wieder angenäht wurden. Liz Michaels erklärt, daß dieses Ritual vom Stamm der Seneca-Indianer praktiziert wird, um die Toten, die in die spirituelle Welt eingegangen sind und dort mit den Vorfahren kommuniziert haben, wiederzubeleben, damit sie von ihren Erlebnissen berichten. Frank entdeckt einen Gebetsstab, eine Art indianischen Rosenkranz, der Elemente des Christentums mit der Religion der Ureinwohner Amerikas kombiniert. Auf dem Stab ist dasselbe Symbol, das Frank in der Vision gesehen hat. Später werden er und Liz zu der Ausgrabungsstätte gerufen, wo Powell die antiken Knochen in Kartons verpackt und wegbringt. Zwischen Reynard und

Powell kommt es zu einem Kampf, bei dem der Vorarbeiter plötzlich mit einem massiven Herzanfall zusammenbricht und stirbt. Als Frank zu seinem Motel zurückkehrt, entdeckt er, daß jemand eine Ritualmaske auf seinem Bett deponiert hat. Er bringt sie zu Liz Michaels, die erklärt, daß die Maske die Kraft symbolisiert, zwischen der realen und den spirituellen Welten zu wandeln. Frank nimmt an, daß vor Hunderten von Jahren ein Indianerstamm seine Existenz dadurch vor dem weißen Mann geheimgehalten hat, daß sich die Mitglieder mit anderen bekannten Stämmen vermischten. Heute, in der Gegenwart, wurden sie durch Prophezeiungen dazu aufgefordert, sich wieder zu vereinen. Er vermutet, daß der Gebetsstab eine Art »Blaupause für die Apokalypse einer anderen Kultur« darstellt. Eines der Symbole repräsentiert Daniels Reise ins Totenreich, während ein anderes anscheinend für Frank steht, dessen Tod ein Portal zu einer anderen Stufe des Seins öffnen soll. Der Profiler wird von den Indianern umzingelt und verschleppt. Sie zwingen ihn, Klapperschlangengift zu trinken. Visionen stellen sich ein, doch er ist davon überzeugt, daß sie kein Produkt des Giftes sind. Gleichwohl sagt er voraus, daß sich der Stamm wieder vereinen und »der Büffel laufen« wird. Kurz darauf wird er von Liz, Walters und einer Gruppe Polizisten gerettet. Joe Reynard und seine Anhänger werden festgenommen. Als man sie zu den Streifenwagen führt, stürmen plötzlich vier Büffel, die aus einem Rodeo in der Nähe ausgebrochen sind, die Straße hinunter.

Kommentar

Obwohl der Gedanke, die Vorstellung des Weltuntergangs einer anderen Kultur zu untersuchen, durchaus einen gewissen Reiz besitzt, ist »A Single Blade of Grass« nach »Monster« bereits die zweite herbe Enttäuschung der 2. Season. Zum einen liegt das daran, daß der nahezu unverständliche Plot um apokalyptische Prophezeiungen, alte Indianerstämme und Rituale vor dem längst überstrapazierten Hintergrund der indianischen Kultur nach und nach wie ein Kartenhaus in sich zusammenfällt, und zum anderen daran, daß die Gastdarsteller wie Laien bei einer Schultheateraufführung wirken; sie sind hölzern und sprechen so, als würden sie ihren Text bloß ablesen. Der einzige Lichtblick ist der immer wieder gern gesehene Floyd »Red Crow« Westerman, der aber nicht genug Zeit auf dem Bildschirm bekommt, um die Löcher zu stopfen, die das Drehbuch von Erin Maher und Kay Reindl in die Handlung schlägt. Fazit: Nichts Neues, nichts Bedeutendes – nur eine Dreiviertelstunde leidlich unterhaltsame Mittelmäßigkeit.

MLM-206

»The Curse of Frank Black«
Regie: Ralph Hemecker
Drehbuch: Glen Morgan, James Wong
US-Erstausstrahlung: 31.10.1997
Wertung: **MMMM**

»Do you ever find yourself talking with the dead?
Since Willie's death, I catch myself every day,
involuntarily talking with him as if he were with me.«

»Haben Sie schon einmal bemerkt,
daß Sie mit den Toten sprechen?
Seit Willies Tod beobachte ich mich jeden Tag dabei,
wie ich unwillkürlich mit ihm rede,
als wäre er hier bei mir.«

Abraham Lincoln über den Tod seines Sohnes

Gaststars

Lachlan Murdoch (Hobo), Dean Winters (Mr. Crocell), A. J. Adamson (Frank, fünf), Shaun Toplass (Frank, vierzehn)

Inhalt

In der Halloweennacht vollendet Frank die Arbeit an einer Jack-O'-Laterne, einem ausgehöhlten Kürbiskopf, und zündet die Kerze darin an. Plötzlich erlischt die Flamme. Er sieht auf die Uhr und erkennt, daß es an der Zeit ist, seine Tochter zum traditionellen Trick-or-Treat-Spiel abzuholen. Als er über die Straße zum Wagen geht, bemerkt er eine Teufelsgestalt, den Gehenna Devil, die ihn anstarrt. Während er davonfährt, fängt die erloschene Kerze in dem Kürbiskopf mit einemmal aus unerklärlichen Gründen wieder an zu brennen. Später in dieser Nacht begleitet Frank Jordan, die als Marge Simpson verkleidet ist, durch die Nachbarschaft. Jordan spürt, daß in einem der Häuser etwas Böses ist, und will vorbeigehen, nachdem sie ihrem Vater erklärt hat, daß in dem Gebäude »Geister« seien. Frank versucht sie zu beruhigen, indem er sagt, daß es so etwas wie Geister nicht gibt, bevor er unvermittelt von einem Flashback überkommen wird, der ihn zurück in seine eigene Vergangenheit führt. Dort kommen der fünfjährige Frank Black und drei seiner Freunde an Halloween bei einem unheimlichen alten Haus an. Um seinen Kumpels zu beweisen, daß er nicht feige ist, klopft Frank an die Tür. Ein alter Mann namens Mr. Crocell öffnet die Tür und bittet ihn herein. Crocell erklärt ihm die Bedeutung von Halloween und wie in dieser Nacht die Geister der Toten zurückkehren, um die Lebenden zu besuchen. Crocell, ein Veteran des Zweiten Weltkriegs, bei dem er viele seiner Freunde verloren hat, will von dem jungen Frank wissen, ob solche Dinge möglich seien. Frank erwidert, daß es so etwas wie Geister nicht gibt. Mr. Crocell nickt und versinkt noch mehr in seinen Depressionen.

Gegenwart. Später in der Nacht, während er nach Hause fährt, bleibt Franks Jeep plötzlich mit scheinbar abgewürgtem Motor in einer dunklen Straße stehen. Der Profiler bemerkt nicht, daß der Tacho des Wagens ebenso wie seine Armbanduhr die Ziffernfolge 2–6–8 enthält. Er geht zu einem nahegelegenen Gebäude, um die Bewohner dort um Hilfe zu bitten – und kommt zu seinem alten gelben Haus, das von zwei Teenagern mit Eiern beworfen wird. Er jagt sie fort und geht hinein. Drinnen übermannen ihn Erinnerungen an bessere, glücklichere Zeiten mit Catherine und Jordan. Er folgt einem seltsamen Flüstern hinunter in den Keller und beobachtet dort aus dem Schatten heraus eine Gruppe junger Leute, die von einem Teenager herumgeführt werden, der seinen Freunden erzählt, daß Bob Bletcher hier seinem grausigen Schicksal begegnete und sein Geist seitdem ruhelos durch das Gebäude wandert, »darauf wartend, daß der Fluch von Frank Black genommen wird«. Frank gibt sich zu erkennen, woraufhin die Eindringlinge ängstlich das Weite suchen und aus dem Haus flüchten. Hinterher erinnert er sich an die Reaktion seiner Freunde damals, als bekannt wurde, daß Mr. Crocell Selbstmord begangen hatte. Bevor er das Haus verläßt, nimmt er eine Bibel auf, nur um einen Moment lang den Buchtitel anzustarren. Draußen sieht er den Eierkarton der Teenager auf dem Bürgersteig stehen. Er nimmt das letzte Ei heraus und schleudert es wütend auf das Haus. Als er nach Hause zurückkehrt, ist er überrascht, die erleuchtete Kerze im Kürbiskopf zu sehen. Er geht die Post durch. Ohne daß es ihm auffällt, enthalten die Umschläge alle die hervorgehobenen Buchstaben A-C-T. Dann, als er vor dem Fernseher sitzt, taucht die Nummer 268 immer wieder in verschiedenen Kombinationen auf. Frank erinnert sich schließlich daran, daß Crocells Hausnummer 268 war. Außerdem kommt ihm die Bibel in den Sinn, und der Titel: ACTs of the Apostles – die Apostelgeschichte. Hastig holt er eine Bibel hervor, bis er bei den Apostel zu Kapitel 26, Vers 8 gelangt, wo er folgende Passage findet: »Warum solltet ihr denken, es sei unmöglich, daß Gott die Toten auferstehen läßt?« Frank hört etwas auf dem Dachboden seines Hauses. Er klettert mit einer Taschenlampe in den Händen nach oben, um nach dem Rechten zu sehen. Auf dem Dachboden entdeckt er den alten Mr. Crocell, der ihm mitteilt, daß er zur Erde geschickt wurde, weil Frank zu dem geworden sei, was er damals war: ein Einsiedler. Er meint, Frank solle der Millennium-Gruppe den Rücken kehren, zu seiner Frau und Jordan zurückkehren und den Rest seines Lebens normal und glücklich verbringen. Nachdem Mr. Crocell fort sei, steigt Frank mit einem Eimer und Reinigungsmitteln in seinen Wagen. Er fährt zum gelben Haus und wischt den Eidotter fort, den er zuvor gegen eines der Fenster geworfen hat. Er erstarrt einen Moment, als er durch das Fenster den Gehenna Devil im Innern des Gebäudes zu sehen glaubt. Schließlich putzt er jedoch einfach weiter.

Kommentar

»The Curse of Frank Black«, die Halloweengeschichte aus der Feder von Glen Morgan und James Wong, gewährt den Figuren eine Reihe von humor- und stimmungsvollen Momenten und bringt mit dem Gehenna Devil einen denkwürdigen Charakter ins Spiel, der in Zukunft noch einige Bedeutung erlangen wird. Die Episode läßt uns einen Blick in Franks Vergangenheit werfen und hält für Lance Henriksen einige gute Szenen parat. Gleichwohl weist »The Curse of Frank Black« gewisse Schwächen auf, darunter den Umstand, daß die Geschichte einfach zu langsam daherkommt und keine wirkliche Spannung bietet. Doch weitaus gravierender ist zweifellos das Ende, als Frank schließlich dem Geist von Mr. Crocell auf dem Dachboden begegnet, da die Nachricht, die Crocell für den Profiler hat, viel zu platt und oberflächlich ist, als daß man sie ernst nehmen könnte. So kommt es, daß »The Curse of Frank Black« zwar einige überaus unheimliche Einstellungen präsentiert, abgesehen davon aber nicht viel zu bieten hat, um länger im Gedächtnis haften zu bleiben.

MLM-207

»19:19«
Regie: Thomas J. Wright
Drehbuch: Glen Morgan, James Wong
US-Erstausstrahlung: 07.11.1997
Wertung: **MMMM**

»The great day of his wrath is come.«

»Der große Tag seines Zorns ist angebrochen.«

Offenbarungen 6, 17

Gaststars

Kristen Cloke (Lara Means), Christian Hoff (Matthew Prine), Steve Rankin (Sheriff John Cayce), Kurt Evans (Deputy Jack), Colleen Rennison (Jessica Cayce), Ian Marsh (Trooper), David Abbott (Vernon Roberts), Bill Marchant (Accomplice), Elizabeth McCarthy (Susan), Ian Brown (Richard)

Inhalt

Ein Mann, der in einem Trailerpark lebt, schaltet sein Radio und mehrere verschiedene Fernseher ein und lauscht gleichzeitig den

Nachrichten von einem Dutzend verschiedener Sender. Der Mann sinkt auf dem weißen Linoleumboden auf die Knie und beginnt, mit schwarzem Marker kurze Notizen über die Nachrichten anzufertigen. Fast jeder Zentimeter des Bodens ist voll von seinen Kritzeleien, die alle zu einem letzten freien Fleck weisen. Dort schreibt der Mann das Wort »ich«, bevor er den Wohnwagen verläßt und, mit einer Bibel in Händen, von einer apokalyptischen Vision überwältigt wird, bei der er eine Nuklearexplosion und ein Feld voller Asche sieht.
Frank und Peter Watts unterstützen die Behörden bei der Suche nach einem Schulbus voller vermißter Kinder. Bänder des Funkverkehrs legen nahe, daß der Fahrer, Vernon Roberts, nicht der Täter, sondern ebenfalls ein Opfer ist. Man überbringt ihnen die Nachricht, daß der Bus in einem Fluß entdeckt wurde. Sie gesellen sich zu Sheriff Cayne, dessen Tochter Jessica sich unter den verschwundenen Kindern befindet, und verfolgen gebannt, wie das Fahrzeug aus dem Wasser geborgen wird. Doch der Bus ist leer. Als Frank Jessicas Rucksack berührt, hat er eine Vision, in der er dieselben apokalyptischen Bilder sieht wie der Mann aus dem Trailerpark. Er entdeckt weiße Lackspuren an der Tür des Busses und erklärt Cayce, daß der Täter und sein Komplize einen weißen Van benutzt haben, um ihre Geiseln von hier wegzubringen. Als die Polizei auf dem Highway einen weißen Van ausmacht, auf den die Beschreibung paßt, wird das Fahrzeug von den Cops angehalten. Bei den Insassen handelt es sich jedoch nur um eine Gruppe von Meteorologen, sogenannte Sturmjäger, die hinter einer heftigen Unwetterfront herjagen. Sie warnen Frank und die anderen, daß die Sturmfront imstande sei, einen vernichtenden Tornado hervorzubringen. Unterdessen schaffen der Mann aus dem Trailer und sein Komplize den Busfahrer und die Kinder in einen Container, der an einem abgelegenen Ort in den Boden eingegraben ist. Der Komplize zählt die Geiseln und stellt fest, daß sie siebzehn Kinder und einen Erwachsenen gefangen haben, obgleich es eigentlich neunzehn

Personen sein sollten. Vernon wird gezwungen, das fehlende Kind beim Namen zu nennen. Kurz darauf wird der Profiler durch die Sendung einer Radiostation auf eine Passage aus der Bibel aufmerksam, Offenbarungen 19, Vers 19, wodurch ihm bewußt wird, daß der Täter plant, neunzehn Geiseln in seine Gewalt zu bringen. Frank und Cayce fahren zum Haus des Kindes, das eigentlich bei der Gruppe sein sollte. Dort treffen sie auf den Mann aus dem Trailerpark, der in das Gebäude eingedrungen ist, um das Kind zu entführen. Es kommt zu einem Handgemenge, wobei der Mann von ihnen festgenommen wird. Frank erklärt Peter Watts, daß der Verdächtige kein Krimineller im eigentlichen Sinn sei, da er eine Mission verfolge, deren Hintergrund der Kampf zwischen Gut und Böse sei. Von Watts erfährt er, daß die Millennium-Gruppe eine Datenbank mit den Namen aller Leute besitzt, die in den letzten zehn Jahren auf dem Postweg eine Bibel erworben haben, und daß diese Liste auf gewisse spezielle Punkte eingegrenzt werden kann. So können sie schließlich den Anhänger des Mannes ausfindig machen und entdecken dort die Kritzeleien auf dem Boden. Später erklärt der Mann, der mittlerweile als Matthew Prine identifiziert wurde, daß der Dritte Weltkrieg unvermeidlich sei und es ihm darum gehe, die Zukunft zu beschützen. Frank wird klar, daß er die Kinder entführt hat, weil eines davon später einmal ein Friedensstifter sein wird. Mit Hilfe von Lara Means, die über eine ähnliche übernatürliche Gabe verfügt wie der Profiler, finden Frank und Watts heraus, daß Prine sich immer an der Hand kratzt, wenn er Schuld empfindet. Durch die Analyse von Erdproben an Matthew Prines Kleidung kommen sie zu dem Schluß, daß die Kinder in einem Aluminiumsteinbruch gefangengehalten werden. Ein Deputy fährt mit Prine raus zu dem Steinbruch. Während Frank, Watts und die anderen mittels versteckter Kameras zusehen, verrät Prine unabsichtlich die Stelle, wo sich der unterirdische Container befindet, indem er sich an der Hand kratzt. Der Komplize entdeckt den Wagen der Polizei und eröffnet das Feuer. Frank und Cayce versuchen, ihn zu überwältigen, doch der Mann schießt weiter. Mit einemmal bricht ein heftiger Sturm los. Ein Tornado taucht auf, umhüllt Prine – und hebt den schweren Lastcontainer aus seinem Grab im Boden. Nachdem der Wind nachgelassen hat, stecken die Kinder eines nach dem anderen ihre Köpfe aus dem Loch. Cayce läuft zu seiner Tochter und umarmt sie. Frank mutmaßt, daß Jessica möglicherweise die Retterin der Zukunft ist.

Kommentar

Rein vom Inhalt her hat »19:19« vermutlich das schlüssigste und am solidesten strukturierte Skript seit »The Beginning and the End«, der ersten Folge der zweiten Staffel. Auch wenn der Folge etwas das stilistische Flair und die originellen Ideen der vorangegangenen Episoden fehlen, ist die Idee eines selbsternannten Propheten, der Textstellen aus der Offenbarung des Johannes benutzt, um eine Weltuntergangsprophezeiung wahr werden zu lassen, dennoch solide genug, um »19:19« zu tragen. Hinzu kommt, daß es Morgan und Wong gelungen ist, das Ende so zu drehen, daß der Plot vor Unklarheiten gerettet wird. Kristen Cloke kehrt als Lara Means zurück, und diesmal ist ihre schauspielerische Leistung sehr viel überzeugender, zumal ihr die Widerwärtigkeit fehlt, die ihren ersten Auftritt in *Millennium* so beeinträchtigte, auch wenn ihr Erscheinen in der Episode im Grunde überflüssig ist. Alles in allem ist »19:19« eine solide Folge ohne große Durchhänger oder Schwächen, die in vieler Hinsicht Erinnerungen an die erste Staffel wachruft.

MLM-208

»The Hand of Saint Sebastian«
Regie: Thomas J. Wright
Drehbuch: Glen Morgan, James Wong
US-Erstausstrahlung: 14.11.1997
Wertung: **MMMMM**

Gaststars

CCH Pounder (Cheryl Andrews), Gottfried John (Josef Heim), Allan Zinyk (Brian Roedecker), Stephen Dimopoulos (Betzdorf), Grahame Andrews (Dr. Schlossburg)

Inhalt

Anno 998 wird ein Mann, der eine mumifizierte Hand – die Hand des heiligen Sebastian – bei sich trägt, von seinem Verbündeten an den Feind verraten. Zwei Bogenschützen treten aus dem Schatten und strecken den Flüchtigen nieder, als er versucht zu entkommen. Als der Verräter auf der Suche nach dem Relikt die Kleidung des Toten durchwühlt, enthüllt er die Haut des Leichnams, auf der sich eine Tätowierung befindet, ein Ouroboros – das Zeichen der Millennium-Gruppe.
In der Gegenwart bittet Watts Frank Black, ihn bei einem Fall zu unterstützen, der von der Gruppe nicht autorisiert wurde, ohne jedoch Einzelheiten zu nennen. Frank stimmt dennoch zu. Sie reisen zu

einem Labor in Deutschland, wo drei Tage zuvor ein gewisser Dr. Schlossburg ermordet wurde. Im Laboratorium steht ein Tisch, auf dem die Leiche eines mumifizierten Mannes liegt. Sie sehen sich den Leichnam an, werden dabei jedoch von zwei deutschen Polizisten, Heim und Betzdorf, unterbrochen, die das Gebäude überwacht haben. Die beiden werden auf die Polizeiwache gebracht, wo sie verhört werden sollen. Ein Kommissar entschuldigt sich für das Mißverständnis und sichert ihnen die volle Unterstützung seiner Behörde zu, doch als Frank darum bittet, Schlossburgs Leiche untersuchen zu dürfen, werden sie darüber informiert, daß der Gerichtsmediziner den Toten bereits eingeäschert habe. Als Frank und Watts die Wache verlassen und in ihren Mietwagen steigen, bemerkt der Profiler ein Stück Elektrokabel, das auf der Fußmatte vor dem Fahrersitz liegt. Hastig springen sie aus dem Wagen, der nur Momente später explodiert. Frank vermutet, daß jemand, der mit dem Tod Schlossburgs in Verbindung steht, die Bombe gelegt hat, und verlangt, daß Watts ihn endlich über die Einzelheiten des Falles informiert. Der erklärt daraufhin, daß der mumifizierte Leichnam zurückdatiert bis zum Beginn des Christentums – als die Millennium-Gruppe zum ersten Mal in Erscheinung trat. Ihre Unterhaltung wird unterbrochen, als sie feststellen, daß sie von zwei Männern verfolgt werden. Sie kehren zu ihrem Hotel zurück, wo sie auf Cheryl Andrews treffen, die ihnen ihre Hilfe anbietet, was Watts zwar höflich, aber bestimmt ablehnt. Unterstützt von Roedecker, kann Watts Schlossburgs Computerpaßwort knacken, der scheinbar ein Liebhaber von Pornographie war. Allerdings ist der Ermordete in Wirklichkeit noch am Leben. Als er im Krankenhaus wieder zu sich kommt, sagt er Heim, daß der Mann, der ihn überfallen habe, ein gewisser Peter Watts sei. Unterdessen klärt Cheryl Andrews Frank darüber auf, daß sie geschickt wurde, um Watts auf die Finger zu schauen, der ohne die offizielle Zustimmung der Millennium-Gruppe an diesem

Fall arbeitet. Sie gibt ihm eine Telefonnummer, unter der sie zu erreichen ist. Später trifft er Peter in Schlossburgs Labor. Watts beschreibt, wie tausend Jahre zuvor ein Ritterorden, der vor dem nahenden Millennium warnten, im Besitz der Hand des heiligen Sebastian war, einer Reliquie, die ihrem Besitzer das »Wissen verleiht, um die Schrecknisse der Jahrtausendwende zu überwinden«. Watts erklärt Frank, daß Dr. Schlossburg den Begräbnisort des Ordens entdeckt hat. Nach und nach finden sie heraus, daß Schlossburg noch sehr lebendig ist. Watts verschafft sich Zutritt zu Schlossburgs Krankenzimmer, woraufhin sich herausstellt, daß dieser nicht von ihm selbst, sondern von jemandem angegriffen wurde, der sich als Watts ausgab. Nachdem er Watts anvertraut hat, daß die Begräbnisstelle sich in einem Torfmoor in der Nähe befindet, wird Dr. Schlossburg ermordet. Unterdessen entdecken Frank und Peter im Moor einen konservierten Leichnam und eine mumifizierte Hand, bevor Watts wegen des Mordes an Schlossburg festgenommen wird. Frank bittet Roedecker herauszufinden, wer Schlossburgs Account benutzt hat, um sich zwei Tage zuvor in eine Sex-Chatline im Internet einzuloggen. Anschließend trifft er sich mit Cheryl Andrews in einem Lagerhaus, wo die mumifizierte Leiche, die sie gefunden haben, aufbewahrt wird. Dort wird das Paar von zwei Attentätern überrascht. Bei dem anschließenden Kampf gibt Frank die Lagernummer preis, wo sich der Leichnam befindet, woraufhin Cheryl Andrews sich an die beiden Männer wendet und sie auffordert, Frank gefangenzunehmen. Plötzlich springt eine Gruppe deutscher Polizisten aus ihrem Versteck, die Andrews und die Attentäter stellen. Frank erklärt der Verräterin, die Watts in eine Falle locken wollte, um die Glaubwürdigkeit der Millennium-Gruppe zu unterminieren, daß es ein Fehler war, sich mit der eigenen Telefonnummer in die Sexline einzuloggen. Nachdem sie abgeführt wurde, studieren Frank und Peter die Mumie, doch der Profiler glaubt nach wie vor, daß die Antworten, die sie suchen, eher in ihnen selbst liegen als in der uralten Leiche.

Kommentar

Aufgebaut auf dem soliden Fundament, das in »19:19« geschaffen wurde, ist »The Hand of Saint Sebastian« die bis dahin beste Episode des »neuen« *Millennium.* Auch wenn der Blick, den wir in die Hierarchie der Millennium-Gruppe werfen, etwas an das Schattenkabinett in *The X-Files* erinnert, ist es dennoch erfreulich, nach so vielen rätselhaften Anspielungen endlich mehr über die geheimnisvolle Organisation zu erfahren. Die Story wird stramm erzählt und kommt weitaus actionlastiger daher als die vorangegangenen Episoden. Außerdem rückt erstmals Peter Watts deutlich stärker in den Vordergrund, was Terry O'Quinn die Gelegenheit zu einer bemerkenswerten Vorstellung gibt. Der einzige Schwachpunkt von »The Hand of Saint Sebastian« ist der Umstand, daß sich Cheryl Andrews als Verräterin entpuppt und Teil der Verschwörung ist, die die Millennium-Gruppe von innen heraus zerstören will. CCH Pounder war eine der besten Nebendarstellerinnen der ersten Staffel und eine echte Bereicherung für die Serie, was ihr Ausscheiden um so tragischer macht. Dennoch: »The Hand of Saint Sebastian« ruft einem das Beste an der Arbeit von Glen Morgan und James Wong ins Gedächtnis, nämlich die nahtlose Verschmelzung von Inhalt und Stimmung, und wird so zu einem ersten Glanzlicht dieser 2. Staffel.

MLM-209

»Jose Chung's Doomsday Defense«
Regie: Darin Morgan
Drehbuch: Darin Morgan
US-Erstausstrahlung: 21.11.1997
Wertung: **MMMMMM**

Gaststar

Charles Nelson Reilly (Jose Chung)

Inhalt

Während eine Reihe von Fotografien ins Bild kommen, beschreibt der Autor Jose Chung – bekannt aus der *X-Files*-Episode »Jose Chung's From Outer Space« – das Leben von Juggernaut Onan Goopta, der zur Universität ging in der Hoffnung, einst ein berühmter Neurologe zu werden, statt dessen aber selbst von der Demenz befallen und in eine geschlossene Anstalt eingewiesen wurde. Während seines Anstaltsaufenthalts beschließt Goopta, Schriftsteller zu werden. Seine ersten literarischen Arbeiten zeugen von solcher Inkompetenz, daß man sie versehentlich für »brillante Parodien« hält. Chung traf Onan Goopta, als dessen Geschichten in einem Kriminalmagazin erscheinen sollten. Doch als die Publikation eingestellt wurde, bevor es dazu kam, ging der verzweifelte Goopta daran, »den Kurs der menschlichen Geschichte« zu ändern, indem er das erste einer Reihe von hypererfolgreichen Büchern zur Selbsthilfe veröffentlichte und das »Institut für Selbstlehre« gründete, wo den Mitgliedern gezeigt wurde, wie sie ihre negativen Gedanken ablegen können. Das Institut war ein gewaltiger Erfolg. Jeder, der Kritik an der Organisation übte, wurde mental »umprogrammiert«, und wenn das nicht half, bekam man den Spitznamen »Ratfinkovitch« und wurde aus der Glaubensgemeinschaft exkommuniziert. Während Chung über das »von neuem erstehende Glaubenssystem am Ende des Millenniums« recherchiert, begegnet er einem Mann namens Joseph Ratfinkovitch, der aus der Gruppe ausgeschlossen wurde, weil er Chungs jüngstes Werk gelesen hatte. Ratfinkovitchs Leiche wird in seinem Apartment gefunden, offenbar das Opfer einer Hinrichtung. Giebelhouse nimmt Kontakt zu Frank auf, in der Hoffnung, daß der Profiler Licht ins Dunkel dieses Falles bringen kann. Als sie den Tatort untersuchen, erklärt Chung, daß er für den Tod von Ratfinkovitch verantwortlich sei, und sagt, daß das »Institut für Selbstlehre« sich von einem Auszug aus seiner neuen Erzählung angegriffen gefühlt habe, die jüngst im *Playpen*-Magazin erschien. Anscheinend wurden die Mitglieder des Instituts angewiesen, alle greifbaren Magazine aufzukaufen, damit niemand die Geschichte zu Gesicht bekam. Ratfinkovitch las die Story trotzdem, und da sie ihm gefiel, erhielt er Besuch von einem Mr. Smooth, einem weiteren Selbstlehreanhänger. Mit Hilfe eines Apparats namens Onan-o-Graph versuchte er, Ratfinkovitch »den Kopf zu waschen«. Laut Chung hatte der Apparat eine Fehlfunktion, und Ratfinkovitch wurde unabsichtlich durch einen Stromschlag getötet. Nachdem Chung eingestanden hat, daß der Inhalt seiner Geschichte frei erfunden sei, treffen sich Frank und Giebelhouse mit einem Sprecher des Instituts, Robbinski, der darauf besteht, daß seine »Brüder und Schwestern« nicht imstande seien, jemanden zu ermorden. Unterdessen liest Mr. Smooth Chungs Geschichte und wird dabei so wütend, daß er dem Autor eine

Clownpuppe schickt, die von mehreren Messern durchbohrt ist. Chung teilt Frank diese Neuigkeit mit und erklärt, daß der Bösewicht in seiner Geschichte ähnliche Drohungen schickte, bevor er einen Mord beging. Auf dem Höhepunkt der Story, so Chung, stellt der »Selbstlehrepsycho« den Autor und tötet ihn.
Chung begleitet Frank zum Tatort eines scheinbar nicht mit dem Fall zusammenhängenden Mordes auf einem Campus. Das Opfer ist ein gewisser Professor Amos Randi, ein Nostradamus-Gelehrter. Frank nimmt an, daß der Täter es auf Opfer abgesehen hat, von denen er annimmt, daß es sich dabei um die drei Antichristen handelt, von denen Nostradamus geschrieben hat, was bedeutet, daß er versuchen wird, noch zwei weitere Kapazitäten auf diesem Gebiet zu ermorden. Chung hingegen ist der Ansicht, daß der Täter den Lehrer seiner Freundin beseitigen wollte. Die Spur, so glaubt er, führt zu einem Kino. Das nächste Opfer ist tatsächlich Ticketverkäuferin in einem Lichtspieltheater. Frank erkennt, daß Chung den Mord quasi vorhergesagt hat, und vermutet, daß er der dritte »Antichrist« des Killers ist. Frank, Watts und Giebelhouse fahren zu Chungs Hotel. Doch Smooth ist zuerst da. Er zieht seine Waffe und tadelt Chung, weil er den Glauben der Goopta-Anhänger lächerlich mache. Plötzlich stürzt Frank durch die Tür. Smooth schießt auf Chung, verfehlt ihn aber und flieht. Frank folgt dem Killer bis hinaus aufs Dach. Mr. Smooth überzeugt sich selbst davon, daß er auf eines der Nachbargebäude springen und so entkommen könne. Doch alle positiven Gedanken der Welt können ihn nicht retten, als er in seinen Tod stürzt. Unterdessen taucht »Nostradamus Nutball« auf, überrascht Chung und tötet ihn mit einer Spitzhacke. In der letzten Szene sehen wir, wie Frank anfängt, eines von Jose Chungs Büchern mit dem Titel *Doomsday Defense* zu lesen, in dem der Autor spekuliert, daß das neue Millennium nur weitere »tausend Jahre vom selben alten Mist« mit sich bringen wird.

Kommentar

Was kann eigentlich nur dabei herauskommen, wenn ein begnadeter Komödienautor wie Darin Morgan, der mit »Humbug«, »War of the Coprophages« und »Clyde Bruckman's Final Repose« einige der denkwürdigsten Episoden von *The X-Files* abgeliefert hat, nicht bloß zu einer *Millennium*-Folge das Skript verfaßt, sondern auch noch auf den Regiestuhl klettert? Korrekt: Ein Klassiker! Und »Jose Chung's Doomsday Defense« erfüllt diese Erwartung, wenn auch vielleicht nicht ganz so souverän wie sonst. Die Rückkehr von Jose Chung, der seinen ersten Auftritt in der *X-Files*-Episode »Jose Chung's From Outer Space« hatte, kommt genau zum rechten Zeitpunkt, um den Handlungsspielraum von *Millennium* zu erweitern, und bietet Charles Nelson Reilly die Möglichkeit zu einer bestechenden Vorstellung. Als Regisseur läßt Morgan sowohl technisch als auch dramatisch das Flair erkennen, das man von ihm erwartet, und arbeitet mit der Kamera mindestens so geschickt wie mit seinem Textcomputer, so daß man sich im großen und ganzen nur dem Ruf der vielen Fans anschließen kann, die nach Morgans phantastischen Arbeiten bei *The X-Files* und *Millennium* lautstark fordern, ihm so schnell wie möglich seine eigene Fernsehserie zu geben.

MLM-210

»Midnight of the Century«
Regie: Dwight H. Little
Drehbuch: Erin Maher, Kay Reindl
US-Erstausstrahlung: 19.12.1997
Wertung: **MMMMM**

Gaststars

Kristen Cloke (Lara Means), Allan Zinyk (Roedecker), Darren McGavin (Henry Black), Cheryl McNamara (Linda Black), Trevor White (Caspar), Gerry Currie (Simon), Donny Lucas (Balthazar), Tim Bissett (Melchior), Andrew Binks (Neil), Jessica Schreier (Barbara Watts)

Inhalt

Vergangenheit. Der fünfjährige Frank Black malt einen Engel auf ein Blatt Papier. Eine Frau, deren Gesicht wir nicht sehen, schreibt das Datum 24.12.1946 auf den unteren Rand des Blattes.
Gegenwart. Frank kehrt mit Geschenken und Weihnachtsdekoration nach Hause zurück. Er hört die Nachrichten auf seinem Anrufbeantworter ab; der erste Anruf ist von seiner Tochter Jordan, die ihn an ihre bevorstehende Weihnachtsaufführung erinnert, während der zweite von seinem Vater stammt, mit dem er seit Jahren keinen Kontakt mehr hatte. Ohne die Nachricht zu Ende anzuhören, löscht

Frank sie. Kurz darauf erhält er eine Weihnachtskarte in Form eines Engels. Er dreht die Karte um und stellt verblüfft fest, daß der Poststempel vom 24. Dezember 1946 stammt. Jordan und Catherine statten ihm am Heiligen Abend einen Besuch ab. Jordan zeigt dem ebenfalls anwesenden Roedecker eines ihrer Weihnachtsgeschenke, ein mechanisches Tier, genau wie das, das Frank eigentlich für seine Tochter gekauft hat. Er fährt schnell zu einem Spielzeugladen, um ihr ein anderes Geschenk zu besorgen. Vor dem Laden erinnert er sich kurz an eine Szene aus seiner Kindheit, als er seine Mutter Linda fragte, ob er zu Weihnachten neues Spielzeug bekäme. Dann geht er hinein und wird von drei Angestellten mit Beschlag belegt, die wie die Heiligen Drei Könige verkleidet sind: Caspar, Melchior und Balthasar. Sie wollen Frank zu einem bestimmten Spielzeug überreden, doch er entscheidet sich für eine Danny-Dinosaurier-Puppe. Als er den Laden verläßt, sieht er das Bild eines jungen Mannes, Simon, das sich im Schaufenster spiegelt, wo eine Engelsfigur über einem Krippenspiel wacht. Simon sagt dieselben Worte wie Franks Mutter in seiner Erinnerung. Doch als er herumwirbelt, ist der Mann fort.

Frank kommt bei der Kirche an und bemerkt Simon, der neben dem Bauwerk steht. Neugierig folgt er ihm auf den Friedhof, wo ihm Simon erklärt, daß sogenannte Fetches, die Seelen derjenigen, die dazu bestimmt sind, im Verlauf des kommenden Jahres zu sterben, sich »ihren Weg in die Kirche bahnen, um nach jenen zu suchen, die bald ihre Begleiter sein werden«. Nachdem die Feier zu Ende ist, gibt Catherine Frank ein Blatt Papier, das einen ungeschickt gemalten Engel zeigt, den Jordan gezeichnet hat; sie behauptet, daß sie von ihrer toten Großmutter zu dem Bild angeleitet wurde. Frank erkennt, daß Jordan den Danny-Dinosaurier bereits im letzten Jahr zu Weihnachten bekommen hat. Er kehrt erneut zu dem Spielzeugladen zurück, wo er die Angestellten nach einer anderen Puppe fragt. Sie schieben den Profiler in einen Gang, der eine Auswahl an Puppen enthält, darunter auch einen Engel. Doch als Frank ihn in die Hand nimmt, verwandelt sich das niedliche Gesicht in eine abscheuliche Totenfratze. Nachdem sich die Engelspuppe zurückverwandelt hat, verläßt er verärgert und frustriert mit leeren Händen den Laden. Er kehrt nach Hause zurück, wo er ein Blatt Papier aus einer Kiste mit persönlichen Erinnerungsstücken holt; darauf ist ein Engel, identisch mit jenem, den Jordan gemalt hat. Frank lädt Lara Means zu sich ein, um die Ereignisse der letzten Tage mit ihr zu diskutieren. Lara beschreibt, wie sie langsam begann, die Gegenwart von Engeln zu spüren, und eines Tages exakt den Tod des Geschäftspartners ihres Vaters vorhergesagt hatte. Sie erklärt, daß die Engel Boten seien und versuchen würden, mit Frank in Kontakt zu treten. Widerwillig begibt sich der Profiler zum Haus seines Vaters Henry, wo er in das Zimmer geht, in dem seine Mutter starb. Er entdeckt, daß jeder Zentimeter Wand mit Bildern von Engeln tapeziert ist. Später während des Gesprächs mit seinem Vater beschreibt Henry, wie Linda den Tod ihres Bruders Joe vorhergesagt hat, der 1944 bei der Invasion der Normandie ums Leben kam. Obwohl Henry den Worten seiner Frau glaubte, fürchtete er, sie könnte in eine Anstalt eingewiesen werden, wenn sich Gerüchte über ihre Fähigkeiten verbreiteten. Schließlich sah Linda ihren eigenen Tod voraus. Bevor sie starb, sagte sie ihrem Mann, sie werde »von der anderen Seite« eine gewisse Engelsfigur bewegen zum Beweis, daß sie auf ihn wartete. Doch der Engel hat sich nie bewegt und steht noch immer so wie vor Jahren, bedeckt mit einer Staubschicht. Frank zeigt seinem Vater den Engel, den Jordan gemalt hat. Mit Tränen in den Augen nimmt Henry die Engelsfigur und gibt sie seinem Sohn, als Geschenk für Jordan.

Frank trifft Catherine und seine Tochter bei der Kirche. Als er Jordan die Engelsfigur gibt, sagt sie, daß ihre Großmutter möchte, daß sie sie bekommt. Frank und Jordan blicken über den Kirchhof, wo sie geisterhafte Schemen sehen, die Seelen der Menschen, die im kommenden Jahr sterben werden – eine davon gehört Henry Black. Frank sieht zu, wie sich die Gestalten in Luft auflösen, und ist froh, daß er mit seinem Vater endlich Frieden geschlossen hat.

Kommentar

»Midnight of the Century« aus der Feder von Erin Maher und Kay Reindl, die sich zuvor mit »A Single Blade of Grass« nicht unbedingt mit Ruhm bekleckert hatten, ist eine anrührende, oft unheimliche Weihnachtsgeschichte über Liebe, Verlust, Familie und zweite Chancen. Frank Black begibt sich auf eine Reise in seine eigene Vergangenheit, Gegenwart und mögliche Zukunft und wird mit bedeutenden Ereignissen wie der Aussöhnung mit seinem Vater und der endgültigen Trennung von Catherine konfrontiert, was Henriksen die Gelegenheit gibt, vor allem in den Szenen mit Darren McGavin (*Kolchak: The Night Stalker*) zu glänzen, der als verbitterter Henry eine meisterliche Vorstellung liefert. Zwar wäre es möglicherweise angebracht gewesen, der Episode durch einen Subplot mehr Spannung zu verabreichen, doch auch so ist »Midnight of the Century« eine eindrucksvolle Folge, die dem Zuschauer einen tiefen Einblick in Frank Blacks Seelenleben gewährt.

MLM-211

»Goodbye Charlie«
Regie: Ken Fink
Drehbuch: Richard Whitley
US-Erstausstrahlung: 09.01.1998
Wertung: **MM**

»Let us go in; the fog is rising.«

»Laßt uns hineingehen;
der Nebel lichtet sich.«

Emily Dickinson,
ihre letzten Worte, 1886

Gaststars

Kristen Cloke (Lara Means), Stephen James Lang (Detective Giebelhouse), Tucker Smallwood (Steven Kiley), Deanne Henry (Eleanor Norris), Stefan Arngrim (Delbert), Bethoe Shirkoff (Mabel), Ally Warren (Nello), David MacKay (Jeff Lubo), Dave Hurtubise (J. E. Hill), Dan Weber (Preston), Gina Stockdale (Tammy)

Inhalt

In einem Motelzimmer benutzt Steven Kiley eine selbstgebaute »Selbstmordmaschine«, um das Leben eines unheilbar Kranken in mittleren Jahren zu beenden, Preston Williams. Als Terry Jacks Song »Seaons In The Sun« aus der Anlage dröhnt, sehen wir, daß Preston ans Bett gefesselt ist, sein Mund bedeckt mit grauem Dichtband. Steven nimmt seine Hand und zwingt ihn, auf den Injektionsknopf zu drücken, woraufhin eine tödliche Lösung in seine Blutbahn injiziert wird. Sowohl Lara Means als auch Frank werden von der Millennium-Gruppe auf den vermeintlichen Selbstmord von Williams angesetzt, dem letzten in einer Reihe ähnlicher Todesfälle. Obwohl eine gefundene Notiz in der Handschrift des Opfers nahelegt, daß der Tod selbst herbeigeführt war, und die Autopsie außerdem ergibt, daß Williams an einer unheilbaren Krankheit litt, findet Frank Beweise dafür – Quetschungen am Handgelenk und Rückstände von Heftpflaster am Mund des Opfers –, daß er ermordet wurde. Unterdessen macht Steven Kiley, der als freiwilliger Helfer am Seelsorgetelefon des Seattle Crisis Center sitzt, sein nächstes Opfer ausfindig, eine anonyme weibliche Anruferin, die zu viel Angst hat, um frei über ihre Krankheit zu sprechen. Steven macht die Frau mit dem Namen Eleanor ausfindig. Sie ist wie betäubt, als Steven bis ins letzte Detail beschreibt, wie es mit ihr zu Ende gehen wird. Frank und Lara besuchen die Beerdigung eines anderen Opfers. Eine Karte, die an einem der Blumengebinde hängt, erregt ihre Aufmerksamkeit. Die seltsame Nachricht ist signiert mit Dr. Steven Kiley. Eine Computersuche fördert keine Einträge auf einen Mediziner dieses Namens zutage, doch Frank und Lara sind sicher, ihn schon einmal gehört zu haben. Ein Officer, der das Motel überwacht, wo sich die »Selbstmorde« abgespielt haben, alarmiert Giebelhouse, daß ein möglicher Verdächtiger dort aufgetaucht ist. Frank und Lara begeben sich zu dem Motel, wo sie in einem der Zimmer Eleanor finden, die an die Selbstmordmaschine angeschlossen ist, während im Hintergrund der Song »Goodbye Charlie« läuft. Doch der Killer hat anscheinend einen Hinweis erhalten, daß sie kommen würden, denn er ist längst fort. Frank kommt zu dem Schluß, daß der Verdächtige ein verlassenes Hospital geplündert haben muß, um die Teile für seine Selbstmordmaschine zu bekommen. Daraufhin fahren sie zu einer in Frage kommenden Klinik und entdecken dort in großen Schubfächern weitere Leichen. Frank wird klar, daß der Mörder in einem Krankenhaus arbeiten muß und durch ein spezielles Ereignis in seiner Vergangenheit dazu gebracht wurde, zu versuchen, Leben zu retten, indem er sie tötet. Geistige Verwirrung vortäuschend, rufen die Profiler die Telefonseelsorge an, um unter den Angestellten des Crisis Center den Verdächtigen zu ermitteln, wobei sie sich bald auf Steven Kiley konzentrieren. Als sie ihn im Krankenhaus aufsuchen, wo er als Pfleger arbeitet, wird Lara mit einemmal bewußt, daß Steven Kiley der Name eines Arztes aus der Seifenoper *Marcus Welby* ist. Kiley, der in Wirklichkeit Ellsworth Beedle heißt, wird zur Befragung ins Verhörzimmer der Polizei geschafft. Unterlagen besagen, daß er an der Harvard Medical School graduiert hat und eigentlich Arzt ist. Beedle erklärt, daß er statt als Arzt lieber als Pfleger arbeitet, weil Pfleger den Patienten wirklich helfen würden. Während ihrer Unterhaltung erwähnt Beedle eine Daseinsebene, an die verschiedene Kulturen in Tibet, Westafrika und Mexiko glauben, und erklärt, daß er sie gefunden habe, als er eines Tages einer sterbenskranken alten Frau dabei half, ihr Leben zu beenden.

Nachdem er aus Mangel an Beweisen wieder auf freien Fuß gesetzt wurde, versammeln sich Beedle und einige Patienten aus dem Crisis Center beim Haus von Mabel Shiva, jener Motelangestellten, die Beedle vor der Polizei gewarnt hat, als er Eleanor »half«, Selbstmord zu begehen. Frank wird klar, daß Beedle eine Befreiung von der

Anspannung braucht, die er während des Verhörs empfunden hat. Sie fahren zurück zu dem Motel, wo sie feststellen, daß Mabel Ellsworth Beedles Komplizin ist, woraufhin sie sich zu ihrem Haus begeben. Doch sie kommen zu spät. Alle Personen im Haus haben sich bereits das Leben genommen – alle, mit Ausname von Beedle selbst, der spurlos verschwunden ist. Doch er hat eine Notiz für sie zurückgelassen: »Es war nicht meine Bestimmung.«

Kommentar

Im Grunde hätte »Goodbye Charlie« zu einer beunruhigenden Studie über Euthanasie in der modernen Gesellschaft werden können. Die Voraussetzungen dazu waren durchaus vorhanden, und mit Tucker Smallwood, bekannt als Commodore Ross aus Morgans und Wongs Serie *Space: Above And Beyond*, hatte man die perfekte Besetzung für den Part des Steven Kiley. Doch das Fehlen einer anständigen Szene mit Frank Black, die Nutzlosigkeit von Lara Means, die hier einmal mehr vollkommen überflüssig erscheint, und der unbefriedigende Schluß sorgen dafür, daß eine solide Idee durch gravierende Plotmängel beinahe ruiniert wird, so daß »Goodbye Charlie« unterm Strich neben »A Single Blade of Grass« und »Monster« einen der Tiefpunkte der 2. Staffel markiert.

MLM-212

»Luminary«
Regie: Thomas J. Wright
Drehbuch: Chip Johannessen
US-Erstausstrahlung: 23.01.1998
Wertung: **MMMM**

»I never thought it would end like this. To tell the truth,
I never thought it would end at all. There are forces acting on us,
with or without our consent, forces sure of themselves as gravity.
I thought knowing myself with the same certainty
would keep me safe. But … surprise!
As they say: What a long, strange trip this has been.«

»Ich hätte nie gedacht, daß es so enden würde.
Um die Wahrheit zu sagen, hätte ich nie gedacht,
daß es überhaupt je enden würde.
Wir sind Kräften ausgesetzt, mit oder ohne unsere Zustimmung,
Kräften, die so unwiderlegbar sind wie die Schwerkraft.
Ich dachte, mit derselben Bestimmtheit an mich selbst zu glauben
würde mich schützen. Aber – Überraschung!
Wie sagen sie gleich noch?
Was für eine lange, seltsame Reise das gewesen ist.«

Alex Glaser

Gaststars

Terry O'Quinn (Peter Watts), Jessica Schreier (Barbara Watts), Tobias Mehler (Alex Glaser), Rob Freeman (Mr. Glaser), Judith Maxie (Franklin), Brion James (Sheriff Bowman), Matthew Walker (Inquisitor), Kira Allen (Erin), Courtney Nichols (Taylor), Tamsin Kelsey (Mrs. Glaser), Gardiner Millar (MG Male), John Moore (Lecturer), Syd Van Roode (Astrologe), Robin Collins (Fischer), Hagan Beggs (Local G. P.), Bart Anderson (Clerk), Bernie Coulson (Pilot), Marke Dreisschen (Weatherman), Alicia Thorgrimsson (Krankenschwester)

Inhalt

Frank trifft sich mit Mitgliedern der Millennium-Gruppe. Während eines angespannten Gesprächs kommt die Sprache auf Franks Familienverhältnisse und den Tod des Polaroidmannes. Frank wird ungehalten und verläßt den Raum. Später wollen sich er, Catherine und Jordan im Planetarium einen Vortrag anhören. Catherine stellt Frank die Glasers vor, deren Sohn Alex vor einiger Zeit in der Wildnis Alaskas spurlos verschwunden ist. Während Frank mit den Glasers spricht, interessiert Catherine sich für eine astrologische Darstellung der Sterne und der Jahrtausendwende. Anschließend begleitet Frank die Glasers zu ihrem Haus. Dort sieht er sich im Schlafzimmer von Alex um, wo sich zeigt, daß es Alex offenbar nie an materiellen Dingen gemangelt hat. Die Glasers erzählen ihm, daß sie Alex den Trip nach Alaska bezahlt haben, als Geschenk für den erfolgreichen Highschoolabschluß. Frank geht ins Zimmer von Alex' jüngerem Bruder Ian, der sich mit einem Refraktorteleskop beschäftigt. Dann erklärt er den Glasers, daß er umgehend nach Alaska fliegen wird, um ihren Sohn zu suchen. Peter Watts erklärt ihm, daß die Millennium-Gruppe Zweifel an ihm bekommen hat und ihn deshalb nicht unterstützen wird, was bedeutet, daß Frank auf sich allein gestellt ist. Doch er läßt sich nicht entmutigen und reist nach Stebbins, Alaska, wo er sich mit Sheriff Bowman trifft. Der Sheriff erzählt ihm, daß sich Alex unter den Einwohnern Feinde gemacht hat, da er für mehrere Frauen teure Geschenke gekauft hat. Außerdem berichtet Bowman, Alex während einer Schlägerei in einer Bar das Leben gerettet zu haben. Kurz darauf verfängt sich eine Leiche im Netz eines Fischers. Ein lokaler Arzt untersucht den schon stark verwesten Leichnam. Der Sheriff nimmt an, daß es sich bei dem Toten um Alex Glaser handelt, doch Frank ist anderer Meinung. Der Profiler entdeckt im zerstörten Gesicht der Leiche einen Zedernzweig. Als er später Probleme hat, mittels seines Laptop eine Verbindung zu seinem Computer zu Hause herzustellen, bittet er Catherine, zu seinem Haus zu fahren, um den Fehler zu beheben. Mit ihrer Hilfe findet er heraus, daß Alex in einem Laden in Stebbins für fünfhundert Dollar mit seiner Kreditkarte bezahlt hat. Dann dringen Watts und seine Männer in Franks Domizil ein und fangen an, Franks Computerzubehör abzubauen. Von einem Angestellten des Ladens erfährt der Profiler unterdessen, daß Alex das Pseudonym Alex Ventoux benutzt und dort ein Teleskop gekauft hat, das in die zweite Klasse einer örtlichen Grundschule geliefert werden sollte. Frank erkennt, daß Alex all seine materiellen Besitztümer in dem Versuch hinter sich gelassen hat, Frieden mit der Welt zu schließen – und ein neues Leben zu beginnen. Mit einem Taschenrechner und Flußkarten, die saisonale Strömungen zeigen, bestimmt Frank den Ort, an dem die Leiche vermutlich ins Wasser gefallen ist. Er chartert ein Seeflugzeug, um die Küste entlangzufliegen. Der Pilot erklärt, daß er um Punkt vier Uhr dreißig wieder verschwinden wird – mit oder ohne Frank. Er beginnt eine mühsame Wanderung das Flußbett hoch. Schließlich kommt er zu der Stelle, wo die Leiche ins Wasser gefallen ist, und entdeckt dort ein zerbrochenes Funkgerät, eine große Zeder und das Tagebuch von Alex Glaser, das ganz in der Nähe liegt. Außerdem hört er eine Stimme in seinem Kopf – die Stimme von Alex. Er berichtet Frank, daß er sich das Bein gebrochen hat und niemals den Weg zurück nach Hause schaffen wird. Der Profiler versäumt es, rechtzeitig zur vereinbarten Zeit zurück beim Flugzeug zu sein, so daß der Pilot davonfliegt und ihm nur ein Überlebenspaket zurückläßt. Er sucht sich eine Stelle, wo er die Nacht verbringen kann, und bemerkt, daß der Nachthimmel von pulsierendem Licht erhellt ist. Dann hört er erneut die Stimme von Alex Glaser, doch diesmal wirklich. Er dreht sich um und sieht Alex gegen einen Felsen gelehnt, sein Bein gebrochen, sein Körper ausgemergelt. Er verspricht ihm, daß er ihn nicht sterben lassen wird, und baut eine Trage, um den Verletzten durch die Wildnis zu schleifen. Als er eine heimtückische Strömung im Fluß überquert, verliert Frank den Boden unter den Füßen. Alex fällt ins Wasser. Frank springt hinterher, um ihn zu retten. Alex stößt mit dem Kopf gegen einen Felsen und verliert das Bewußtsein. Frank nimmt ihn auf seine Arme und bahnt sich seinen Weg zum Wasserflugzeug, wo Sheriff Bowman, Peter Watts und eine Rettungsmannschaft ihn schon erwarten. Alex wird zur Behandlung in ein Krankenhaus geflogen. Doch als Frank dort vorbeischaut, um ihm einen Besuch abzustatten, erfährt er von einer der Schwestern, daß er fort sei. Später liest Frank Mr. und Mrs. Glaser laut die letzte Eintragung von Alex' Tagebuch vor. Darin erwähnt er ein vergangenes Leben und unterschrieb mit Alex Ventoux. Frank erklärt, daß vor fünfhundert Jahren ein Mann namens Petrarch einen Berg erklomm und damit den Beginn der Renaissance einleitete. Der Name des Berges, auf den Petrarch stieg, lautete Ventoux. Zuletzt gibt Catherine ihm einen Brief der Millennium-Gruppe, in dem steht, daß er die erste Prüfung bestanden habe.

Kommentar

»Luminary« von Chip Johannessen präsentiert eine interessante Geschichte mit einem soliden philosophischen Subtext. Zwar gibt es eine Reihe von Szenen, die offenkundig dazu dienen, den vergleichsweise dünnen Plot zu strecken, um genug Material für eine Dreiviertelstunde Fernsehunterhaltung zu bekommen, doch sozusagen als Ausgleich erhält man weitere Informationen über die Millennium-Gruppe und darf zudem einen Blick auf die Familie von Peter Watts werfen – inklusive seiner Töchter, alle mit Damenbart. Darüber hinaus bietet »Luminary« den Akteuren Gelegenheit, ihr Können zu zeigen, vor allem Lance Henriksen und Megan Gallagher bestechen in den Szenen, als Catherine und Frank miteinander telefonieren. Zwar ist »Luminary« für Neueinsteiger mit Sicherheit uninteressant, doch für Fans der ersten Stunde hat die Episode genug zu bieten, so daß man über einige Schwächen der Handlung getrost hinwegsehen kann.

MLM-213

»The Mikado«
Regie: Roderick J. Pridy
Drehbuch: Michael R. Perry
US-Erstausstrahlung: 06.02.1998
Wertung: **MMMMMM**

Gaststars

Terry O'Quinn (Peter Watts), Allan Zinyk (Roedecker), Greg Michaels (Bauman), Gillian Carfra (Web-Frau), Micah Gerdener (Brandon), Tony Sampson (Anthony), Justin Wong (Danny), Rachel Hayward (Angels), Jonathan Bruce (Haverford Man), Aaron Fry (Colombus Man), Dawn Murphy (Agent Tully Harrison), R. Coe (S. F. Officer), Patrick Phillips (Detective Brusky), Eileen Pedde (Opfer), Bobby Stewart (Sgt. Collier)

Inhalt

Drei Teenager, die im Internet surfen, kommen zu einer vermeintlichen Live-Sex-Homepage, wo eine Frau mit einem weißen BH an einen Stuhl gefesselt ist. Hinter ihr an der Wand steht eine Zahl: 37122. Die Teenager sehen zu, wie der elektronische Zähler die »Treffer« aufzeichnet, die die Webseite bislang erhalten hat. Als der Zählerstand schließlich 37122 erreicht, taucht hinter der Frau ein Mann auf, der eine schwarze Kapuze trägt. Während die Jungen

entsetzt zusehen, plaziert der Mann eine Machete an der Kehle der Frau und tötet sie. Einer der Teenager drückt geistesgegenwärtig die Drucken-Taste am Computer, um ein Bild der Website als Beweis für das zu erhalten, was sie eben gesehen haben.
Die Millennium-Gruppe erhält Berichte von Polizeibehörden aus sämtlichen Teilen der Vereinigten Staaten, die alle Zeuge des »Mordes« im Internet geworden sind. Während einige glauben, die Sache sei nichts als ein böser Scherz, ist Frank davon überzeugt, daß die Frau wirklich ermordet wurde. Mit Hilfe von Roedecker vergleicht er das Bild des Opfers, das die Teenager ausgedruckt haben, mit Fotos, die in der nationalen Vermißtendatenbank gespeichert sind. Sie kommen zu dem Schluß, daß es sich bei dem Opfer um Rebecca Damsen handelt, die selbst regelmäßig das Internet zu benutzen pflegte. Roedecker verschafft sich Zugang zu Damsens E-Mail-Post und reduziert den Kreis der möglichen Verdächtigen auf drei Korrespondenten. Mittels einer speziellen Videoverbindung verfolgt Frank aus dem Computerraum der Gruppe, wie Beamte in drei verschiedenen Städten sich auf den Weg zu den Verdächtigen machen. In San Jose bahnen sich Watts und ein Polizist mit Gewalt ihren Weg in das Anwesen von Branson Heygood, nachdem sie zu dem Schluß gekommen sind, daß niemand zu Hause ist. Während Frank das Geschehen am Monitor beobachtet, bemerkt er das Gemälde eines Friedhofs, das dort an der Wand hängt. Er erklärt Watts, daß Damsens Leichnam auf diesem Friedhof zu finden sei. Watts fährt daraufhin zu dem Todesacker, wo tatsächlich die Leiche von Damsen und der abgetrennte Kopf eines jungen Mannes in einem Schuppen gefunden werden. Frank erkennt, daß Heygood nicht der Killer, sondern ebenfalls ein Opfer ist. In dem Schuppen entdecken sie eine Reihe von Nummern. Es stellt sich heraus, daß es sich dabei um eine Internetadresse handelt, die zu einer weiteren Homepage des Mörders führt, doch diesmal enthält die Seite nur einen leeren Stuhl. Roedecker

versucht vergeblich, die elektronische Spur der Page zu verfolgen, da der Mörder irgendwie verhindern konnte, daß man die Daten bis zu ihrem Ursprung zurückverfolgen kann. Gleichwohl hat der Killer einen neuen Brotkrumen für sie hinterlassen, wiederum in Form einer Zahl, die hinter dem Stuhl an die Wand gemalt ist: 696314. Frank kommt zu dem Schluß, daß es sich dabei um eine FBI-Akte über einen Serienkiller handelt, der als Avatar bekannt ist und von dem man das letzte Mal vor zwölf Jahren etwas gehört hat. Kurz darauf enthüllt der Killer einen weiteren Hinweis, diesmal ein Buchstabenchiffre, das zweimal übertragen wird. Außerdem plaziert er sein nächstes Opfer auf dem Stuhl auf der Webseite, doch er ist vorsichtig genug, ihr Gesicht zu verbergen, damit man sie nicht vorzeitig identifizieren kann. Roedecker erkennt, daß es eine geringfügige Diskrepanz zwischen den Chiffren gibt, die der Killer ihnen geschickt hat. Der Unterschied besteht in einem Soundfile, in das ein Hinweis auf *The Mikado* eingebettet ist, offenbar die Lieblingsoperette des Mörders. Frank antwortet, indem er sein eigenes Chiffre auf einer Newsgroup postiert, die der Killer anscheinend im Auge hat – ein Zitat von Henry James, bei dem das letzte Wort fehlt. Avatar reagiert, indem er das Wort SCHMERZ auf die Stirn seines Opfers brennt – und auf diese Weise ein falsches Zitat vollendet, das Jahre zuvor in einer von Avatars Chiffren enthalten war. Dem Profiler wird bewußt, daß ein anderer Zahlenhinweis des Killers die Längen- und Breitengrade von San Francisco sind. Doch die Millennium-Gruppe bekommt von Captain Bachman von der dortigen Polizei keine Unterstützung. Während der Zähler der Website höher steigt und damit die Zeit für das Opfer allmählich verrinnt, hat Frank einen Einfall. Die Computerspezialisten der Gruppe stellen eine exakte Kopie der Website des Killers her, in der sie das Opfer mit einer identisch gekleideten Frau ersetzen, und vertauschen die Netzadressen, was den Zähler des Killers daran hindert, weiter anzusteigen. Trotzdem ermordet der

Kapuzenmann augenscheinlich das Mädchen auf der Website und schickt ein weiteres Chiffre. Dieses Mal handelt es sich um zwei Internetadressen. Die erste gehört zu einer Homepage, die einen weiteren (leeren) Stuhl enthält. Die zweite zeigt die Außenfront eines Wohnmobils. Die Polizei ist in der Lage, den Trailer ausfindig zu machen. Als ein Officer die Tür öffnet, löst er jedoch eine Kettenreaktion aus und wird von einer Schrotgewehrsalve getötet. In der Zwischenzeit fliegt Frank nach San Francisco und begibt sich, einer plötzlichen Eingebung folgend, zu einem verlassenen Theater, wo ein Plakat der Operette *The Mikado* im Foyer hängt. Auf einmal sind die Schüsse einer Schrotflinte zu hören. Frank verfolgt Avatar, dessen Gesicht noch immer von der Kapuze verhüllt ist, durch das leere Gebäude. Er findet Avatar in einem düsteren Gang, die Flinte und eine Pistole in Händen. Als er gerade schießen will, erkennt er jedoch, daß irgendwas nicht in Ordnung ist, und zieht dem vermeintlichen Killer die Kapuze vom Kopf; es ist die gekidnappte junge Frau. Er muß erkennen, daß alles von Anfang an eine Verschwörung war mit dem Ziel, ihn dazu zu bringen, eine Unschuldige zu erschießen und sich damit selbst ins Abseits zu befördern. Avatar kann unerkannt fliehen.

Kommentar

Von der ersten Szene des Teasers, bei der die drei Jungen um ihren Computer herumsitzen und im Net surfen, bis zum explosiven Finale kann man »The Mikado« nur als perfekt bezeichnen. Das Drehbuch von Michael Perry, der hier sein *Millennium*-Debüt feiert, hangelt sich in atemberaubendem Tempo von einer überraschenden Wendung zur nächsten und erzeugt trotz technischer Unwahrscheinlichkeiten bezüglich der Manipulation des Internets durch die Millennium-Gruppe schier überwältigende Spannung, wobei einmal mehr auch die Schauspieler ihren Teil zum Gelingen der Episode beitragen. Lance Henriksen bekommt Gelegenheit, sein Talent glänzen zu lassen, und Allan Zinyks Porträt des liebenswerten Roedecker ist einfach umwerfend. All dies und der wunderbare Schluß, der genug Raum für Interpretationen liefert, machen »The Mikado« nicht nur zu einer der besten Folgen der 2. Staffel, sondern der gesamten Serie.

MLM-214

»The Pest House«
Regie: Allen Coulter
Drehbuch: Glen Morgan, James Wong
US-Erstausstrahlung: 27.02.1998
Wertung: **MMM**

Gaststars

Terry O'Quinn (Peter Watts), Melinda McGraw (Dr. Stroller), Justin Louis (Edward), Michael Massee (Purdue), Darcy Laurie (Jacob Woodcock), Amber Warnat (Christy Morris), Brendan Fehr (Kevin Galbraith), C. Ernst Harth (Bear), Michael Weaver (Ted Johnson), Jada Stark (Callie), Tyronne L'Hirondelle (Brennan), Greg Anderson (Detective Munsch), John Callander (Attendant), Holly Ferguson (Katie), Bonnie Panych (Wilda)

Inhalt

Ein junges Paar – Kevin und Christy – sitzt eines Abends an einem abgelegenen Ort im Wagen und spricht über verschiedenste Dinge, bevor Kevin seiner Freundin die Geschichte eines Insassen einer nahegelegenen psychiatrischen Klinik erzählt, die den Spitznamen Pesthaus trägt. Er erklärt, daß der Irre sieben Mädchen einer Studentinnenverbindung die Kehle aufschlitzte, die hier draußen beim Camping waren. Ein achtes Mädchen bekam ein Hackmesser zu fassen und schlug dem Killer eine Hand ab. Kurz nachdem Kevin seinen Bericht beendet hat, hören sie ein kratzendes Geräusch auf dem Dach des Wagens. Kevin steigt aus, um nachzusehen, und kehrt nicht zurück. Die ängstliche Christy verläßt das Auto ebenfalls und findet Kevin, der mit dem Kopf nach unten tot von einem Baum hängt. Später sehen sich Peter Watts und Frank Fotos vom Tatort an. Nachdem Watts ein Profil des Täters erstellt hat, zeigt sich, daß es exakt einem Mann namens Woodcock entspricht, der in der Nähe des Tatorts in einer psychiatrischen Klinik sitzt, obwohl er selbst aus naheliegenden Gründen nicht der Täter sein kann und sich zudem in erbärmlicher physischer Verfassung befindet, so daß er auch rein körperlich nicht dazu imstande gewesen wäre, Kevin zu töten. Nichtsdestotrotz fahren sie zu dem Irrenhaus, wo sie von einer Psychiaterin namens Dr. Stroller empfangen werden, die Woodcock betreut. Mit ihrer Erlaubnis unterhalten sie sich mit dem verwirrten Killer, der erklärt, daß er den Mord nicht begangen habe, dennoch aber seine Handschrift darin erkennen würde. Später kommt es in der Klinik zu einem Kampf, als ein großer Mann namens Bear einen Mitinsassen angreift. Mit Hilfe von Frank und Watts kann die Situation wieder unter Kontrolle gebracht werden.

In dieser Nacht hält ein anderes junges Paar, Ted und Callie, entlang einer verlassenen Landstraße, um einen platten Reifen zu reparieren, wobei sie von einem Unbekannten angegriffen und getötet werden. Unterstützt von Detective Munsch, untersuchen Peter und Frank den Tatort. Der Profiler vermutet, daß die beiden jungen Paare von verschiedenen Mördern getötet wurden, die nichts miteinander zu tun haben, da der *modus operandi* vollkommen unterschiedlich sei. Nachdem sich Frank eingehend mit der Vergangenheit von Bear beschäftigt hat, kommt er zu dem Schluß, daß die Morde, für die er überführt wurde, und die Ermordung von Ted und Callie fast identisch sind, da der Täter beiden weiblichen Opfern die

Hände abgeschnitten und sie mitgenommen hat. Dr. Stroller widerspricht seiner Theorie – bis sie den falschen Fingernagel einer Frau in ihrem Mittagessen findet. Frank untersucht den Inhalt des Eintopfs, der dem Personal der Klinik serviert wurde – und findet darin eine menschliche Hand. Später befragt er Bear, der behauptet, daß jemand etwas von ihm »genommen« hat, doch ehe er dazu kommt, seine Aussage zu präzisieren, hat er plötzlich einen Anfall. Frank glaubt, daß jemand aus der Klinik für die Morde verantwortlich ist. Stroller erlaubt ihm, ein Gruppentreffen zu beobachten. Seine Aufmerksamkeit wird geweckt, als Woodcock einem Pfleger namens Edward vorwirft, seine Träume zu »stehlen«. Während einer Vision sieht Frank den Mord an Stroller voraus, die in ihrem Wagen durch den Sitz erstochen werden soll. Da er noch immer im dunkeln tappt, was die Identität des Mörders angeht, warnt er die Ärztin, daß ihr Leben in Gefahr sein könnte. Doch sie glaubt ihm nicht. Kurz darauf wird sie von Purdue aufgesucht, einem Patienten, der wie Woodcock behauptet, daß der Pfleger Edward die Träume seiner Mitinsassen stiehlt, und erklärt, daß er nicht zulassen wird, daß er das auch bei ihm macht. In der Zwischenzeit durchleuchtet Peter Watts die Vergangenheit der Patienten des Pesthauses auf der Suche nach jemandem, der ein Messer benutzen würde, um sein Opfer in einem Wagen zu töten. Watts erklärt, daß der Hauptverdächtige für eine solche Tat Purdue sei. Frank sieht, wie Dr. Stroller in ihren Wagen steigt und davonfährt. Er heftet sich an ihre Fersen, doch sie kann ihn kurzzeitig abhängen, bevor sie an einer Tankstelle hält. Ein Tankwart informiert sie darüber, daß sich auf dem Rücksitz ihres Wagens ein bewaffneter Mann versteckt. Frank trifft ein und untersucht das Fahrzeug, doch das Auto ist verlassen. Während der Tankwart hineingeht, um die Polizei zu alarmieren, fahren Frank und Dr. Stroller zusammen zurück zur Klinik. Aber bevor der Tankwart den Anruf tätigen kann, wird er im

Kassenhäuschen von einem Unbekannten ermordet. Als Frank später in der Klinik nach Purdue sucht, trifft er auf Edward, der ihm erklärt, wie Jahre zuvor ein anderer Pfleger von Woodcock ermordet wurde. Er ist davon überzeugt, daß der einzige Weg, die Patienten von ihrem »Leiden« zu heilen, darin bestehe, jeden gewalttätigen Impuls aus ihren Körpern zu vertreiben. Als plötzlich jemand die Stromzufuhr unterbricht, senkt sich Finsternis über das Irrenhaus. Beim Durchsuchen der finsteren Korridore stoßen Frank und Dr. Stroller auf die Leiche der Nachtschwester Wilda, der jemand ihren Schlüsselbund gestohlen hat. Mit einemmal ist Purdues Stimme über das Lautsprechersystem zu hören. Sie begeben sich zu dem Raum, in dem sich die Anlage befindet, und treffen dort auf Purdue und eine zweite Gestalt, einen unbekannten Mann. Purdue stößt Frank einen Stuhl in den Rücken und schickt ihn zu Boden. Der Unbekannte wendet sich mit einem Messer in Händen Dr. Stroller zu. Für sie sieht es so aus, als würde sich die Gestalt verändern, würde von Edward zu Purdue zu Bear und schließlich zu Woodcock werden, doch bevor der Killer sie umbringen kann, wird er plötzlich von Purdue attackiert. Es kommt zu einem Kampf, bei dem Purdue den Mann, der sich letztlich als der Pfleger Edward erweist, tötet. Sie untersuchen Edwards Leiche und finden bei ihm die Schlüssel von Schwester Wilda. Da es nicht den Hauch einer Erklärung dafür gibt, was eigentlich genau vorgefallen ist, erklärt Frank, daß das Böse wie die Materie niemals zerstört werden könne – es verändere nur seine Gestalt. Obwohl Edward offenbar einen Weg gefunden hat, anderen Menschen das Böse zu nehmen, das in ihnen wohnt, konnte er sich selbst davon nicht befreien.

Kommentar

Obwohl der Plot von »The Pest House« weit davon entfernt ist, in irgendeiner Form originell zu sein, plätschert die Episode eine Weile ansehnlich vor sich hin, wenn sie auch durch einige Ungereimtheiten im Skript von Glen Morgan und James Wong merklich an Spannung verliert. Die Insassen der Klinik sind durchweg überzeugend dargestellt, und Melinda McGraw kann in ihrer Rolle als Dr. Stroller glänzen. Im letzten Drittel beginnt die Episode allerdings überaus konfus zu werden, und der letzte Teil, in dem Frank und Stroller durch die dunklen Flure der Irrenanstalt wandern, muß bei Henriksen ungute Erinnerungen an die Direct-to-Video-Horrorstreifen geweckt haben, in denen er mitgespielt hatte. Doch die eindringliche Atmosphäre und der für *Millennium* typische Subtext verhelfen »The Pest House« trotzdem zu einer gewissen Existenzberechtigung.

MLM-215

»Owls« 1. Teil
Regie: Thomas J. Wright
Drehbuch: Glen Morgan, James Wong
US-Erstausstrahlung: 06.03.1998
Wertung: **MMMMMM**

Gaststars

Terry O'Quinn (Peter Watts), Kristen Cloke (Lara Means), Kim Patton (Clear Knight), R. G. Armstrong (alter Mann), Malcolm Stewart (Mr. Johnston), Bob Dawson (Helmut Gunsche), Michael Tiernan (Fahrer), Brian Downey (Mr. Dean), Judith Maxie (Ms. Kelcher), John Juliani (Mr. Plunkett), Mark Holden (François Amadou), Bruno Verdoni (Robert LeFur), Gardiner Millar (Mr. Otto), Nino Caratozzolo (Sentry)

Inhalt

In Damaskus, Syrien, macht eine Gruppe Männer mit Hilfe eines hochempfindlichen Radargeräts in der Nähe einer Moschee die Überreste eines alten Stücks versteinerten Holzes ausfindig und gräbt sie aus; angeblich handelt es sich dabei um das Kreuz, an das Jesus Christus bei seiner Kreuzigung genagelt wurde. Ihre geheime Mission wird unterbrochen, als plötzlich zwei Killer aus dem Schatten auftauchen und das Feuer eröffnen. Einer der Männer, LeFur, drückt das Holz verzweifelt an sich. Plötzlich blockieren aus unerfindlichen Gründen die Waffen der Attentäter, woraufhin LeFur sie töten kann. Als er später versucht, das Holzstück durch die Flughafenkontrolle zu bringen, taucht auf einmal ein Mann mit Namen Helmut Gunsche auf, der LeFur nachhaltig aus dem Verkehr zieht, bevor er mit Hilfe eines Elektroniksenders das Überwachungssystem des Flughafens ausschaltet und sich mit dem Holzfragment unbemerkt aus dem Staub macht. Gunsche telefoniert mit einem Kollegen in Paraguay, einem Mann namens Axmann, und informiert ihn, daß seine »Mission« erfolgreich verlaufen sei. An Axmanns Ärmel ist ein Manschettenknopf zu sehen, auf den ein altes deutsches Symbol eingraviert ist.

Unterdessen trifft sich Catherine Black in den Vereinigten Staaten mit Clear Knight, dem Vizepräsidenten von Aerotech International. Clear bietet ihr einen Job als psychologische Beraterin an und erklärt, daß viele der Angestellten der Firma neu in Seattle seien und deshalb Probleme mit dem Einleben zu erwarten wären. Catherine nimmt die Stellung an. Peter Watts trifft sich unterdessen mit Mitgliedern der Millennium-Gruppe in einem abgelegenen Lagerhaus. Sie diskutieren den Diebstahl des Kreuzes, und daß die Gefahr droht, daß die Gruppe dadurch noch mehr gespalten würde als bisher. Es stellt sich heraus, daß die Gruppe anscheinend aus zwei Gruppierungen besteht; eine davon sind die Owls (Eulen), die glauben, daß das nächste Millennium Normalität und Kontrolle mit sich bringen wird, sofern in den nächsten 672 Tagen kein bedeutendes theologisches Ereignis stattfindet. Die andere Gruppe, zu der auch Watts und theoretisch alle bei dem Treffen gehören, sind die Roosters (Hähne). Watts vermutet, daß die Owls das Kreuz gestohlen haben, um den Glauben der Roosters zu schwächen und sich selbst unüberwindlich zu machen. Während Lara Means die psychologischen Effekte von Halluzinationen untersucht, um mehr über ihre eigenen Engelsvisionen zu erfah-

ren, sucht sie ein gewisser Mr. Johnston auf, der auch bei dem Treffen von Watts und den anderen Roosters anwesend war. Er gibt sich als Owl zu erkennen und drängt Lara, mit ihnen zusammenzuarbeiten. Als Frank mit seiner Tochter nach Hause kommt, findet er drinnen Watts vor. Watts rechtfertigt die Störung damit, indem er erklärt, daß Franks Modemleitung heimlich angezapft wurde. Die beiden Männer beginnen eine heftige Auseinandersetzung. Am Ende erklärt Frank, daß er nichts mehr mit der Millennium-Gruppe zu tun haben will. Später erzählt Watts Lara von Robert LeFur und seinen Bemühungen, das Kreuz in die Vereinigten Staaten zu schaffen. Der Legende zufolge macht das Kreuz seinen Besitzer unbesiegbar, weshalb während des Zweiten Weltkriegs auch die Nazis danach suchten. Lara erklärt Watts, daß sie nicht glaube, daß die Owls für das Verschwinden der Reliquie verantwortlich seien, sondern jemand dahinterstecke, der durch den Diebstahl einen Glaubenskrieg innerhalb der Gruppe anzetteln wolle.
Als Catherine am Abend Aerotech verläßt, springt ihr Wagen nicht mehr an. Sie ruft Frank an, um ihn um Hilfe zu bitten, doch auch er kann den Fehler nicht finden. Clear Knight, der ebenfalls Manschettenknöpfe mit dem deutschen Symbol trägt, kommt hinzu und lädt Frank, Catherine und Jordan freundlich zu sich nach Hause zum Abendessen ein. Unterdessen fährt Johnston eine verlassene Straße entlang und wird von einem anderen Auto überholt, an dessen Steuer Helmut Gunsche sitzt. Unvermittelt erstirbt der Motor seines Wagens, als Gunsche das Gerät benutzt, das er bereits auf dem Flughafen angewendet hat, um entkommen zu können. Mr. Johnston steuert den Wagen auf den Seitenstreifen. Gunsche hält ebenfalls und schlägt ihn nieder, wobei man erkennt, daß auch er die Manschettenknöpfe mit dem deutschen Symbol trägt. Gunsche zwingt einen Schlauch in Johnstons Mund, dessen anderes Ende im Benzintank des Wagens steckt. Nachdem Johnston das Bewußtsein verloren hat, plaziert er

ein Holzbrett von denselben Maßen wie das Christus-Kreuz im Kofferraum von Johnstons Auto. Dann steckt er den Wagen an; Johnston geht ebenfalls in Flammen auf.
Später untersuchen Watts, Lara und die Pathologen der Millennium-Gruppe Johnstons verbrannte Überreste. Sie werden von einigen Owls unterbrochen, die behaupten, befugt zu sein zuzuschauen. Es stellt sich heraus, daß die Planke, die man in Johnstons Kofferraum gefunden hat, wegen des Feuers ohne weitere Analyse nicht datiert werden kann. Als Watts Johnstons teilweise verkohltes Notizbuch durchsieht, stößt er auf einen Eintrag über sein Treffen mit Lara. Augenblicklich schließt er die sprachlose Frau aus der Gruppe aus. Mit Hilfe seines Computers identifiziert Frank unterdessen ein Aquarell, das in Clear Knights Büro hängt, als eines der Bilder, die früher Hitler gehörten. Er bemerkt, daß zwei Männer vom Auto aus sein Haus überwachen. Als Frank sich ihnen mit der Waffe in der Hand nähert, gibt der Fahrer sich als Mitglied der Millennium-Gruppe aus, während sein Beifahrer, ohne daß der Profiler es bemerkt, seine Pistole entsichert …

Kommentar

»Owls«, einmal mehr aus der Feder von Glen Morgan und James Wong, quillt förmlich über vor Originalität und Energie. Der Fokus der Serie konzentriert sich nicht mehr nur auf Frank, sondern bietet auch die Gelegenheit, Peter Watts, Lara Means und den geheimnisvollen alten Mann in die Story einzubringen, die wie Schachfiguren von einer unbekannten Macht hin- und hergeschoben werden. Die Enthüllungen über die Gruppe sind überraschend und dramatisch und geben *Millennium* einen neuen, epischen Blickwinkel. Die Entscheidung, zu enthüllen, daß zwei Untergruppen existieren, die an verschiedene Arten der Auswirkungen des Millenniums glauben, ist ausgesprochen geschickt und eröffnet für die Zukunft große Möglichkeiten. Es gibt einige wunderbare Szenen und großartige schauspielerische Leistungen, vor allem von Lance Henriksen und Terry O'Quinn, obwohl Kristen Cloke einmal mehr kaum über Durchschnitt hinauskommt. Alles in allem eine brillante Folge, die für die weitere Entwicklung der Serie richtungweisend sein wird!

MLM-216

»Roosters« 2. Teil
Regie: Thomas J. Wright
Drehbuch: Glen Morgan, James Wong
US-Erstausstrahlung: 13.03.1998
Wertung: **MMMM**

Gaststars

Terry O'Quinn (Peter Watts), Kristen Cloke (Lara Means), Kim Patton (Clear Knight), R. G. Armstrong (alter Mann), Malcolm Stewart (Mr. Johnston), Bob Dawson (Helmut Gunsche), Michael Tiernan (Fahrer), Brian Downey (Mr. Dean), Judith Maxie (Ms. Kelcher), John Juliani (Mr. Plunkett), Mark Holden (François Amadou), Bruno Verdoni (Robert LeFur), Gardiner Millar (Otto), Nino Caratozzolo (Sentry)

Inhalt

Als Frank mit der Waffe in Händen das Auto erreicht, befiehlt er den Insassen, ihre Hände auf die Köpfe zu legen. Der Fahrer behauptet, Mitglied der Millennium-Gruppe zu sein. Plötzlich zieht der Beifahrer seine Pistole und richtet sie auf Frank. Beide Männer schießen. Frank verschwindet hinter dem Wagen und geht in Deckung. Einige Nachbarn werden durch den Schußwechsel alarmiert, und kurz darauf sind Polizeisirenen in der Ferne zu hören. Frank feuert mehrere

Kugeln in den Wagen und trifft dabei den Beifahrer. Als der Fahrer davonbraust, schießt Frank einen der Hinterreifen platt, doch als er nachsieht, ist der Fahrer verschwunden. Unterdessen sichtet Lara Means die Unterlagen des Johnston-Falles und entdeckt, daß Watts anscheinend eine Infrarotfotografie unterschlagen hat. Die Vertuschung erregt die Aufmerksamkeit des Älteren, der eine Erklärung von Watts verlangt. Watts behauptet, daß Johnston in eine Verschwörung verstrickt war, um die Owls und die Roosters gegeneinander auszuspielen. In dem Infrarotfoto sah er eine mögliche Spur, und da er sicher war, daß es die Uneinigkeit innerhalb der Gruppe noch weiter verstärken würde, ließ er es verschwinden, bis er sich über die Bedeutung klar war. Später treffen sich Mitglieder von beiden Gruppen, um die Krise zu diskutieren. Der alte Mann, der Anführer der Millennium-Gruppe, beschließt, die Ergebnisse des Karbontests zu verschweigen, den man an dem verkohlten Holzstück durchgeführt hat, das man im Kofferraum von Mr. Johnstons verbranntem Wagen fand, bis die Gruppenmitglieder ihre Differenzen beigelegt haben. Catherine wird von Jim Ford, einem Arbeiter von Aerotech, aufgesucht, der ihr erklärt, daß Clear Knight und Aerotech Teil einer Organisation seien, die sich ODESSA nennt. Unterdessen stattet Frank Knight einen Besuch ab. Als er das Aquarell an der Wand betrachtet, hat er Visionen von Nazideutschland. In dieser Nacht erhält er Besuch von Lara Means und dem alten Mann. Lara erklärt, daß die Gruppe zu jedem Zeitpunkt der Geschichte Zugang zu Informationen hatte, die vor der Öffentlichkeit geheimgehalten wurden. So kam es, daß Johnston eine Theorie entwickelte über eine »Träne in der Fabrik des Universums«, die die Erde in sechzig Jahren erreichen würde. Lara gibt zu, daß die Theorie für sie zwar Sinn machen würde, sie sich aber nicht den Owls anschließen wird, weil sie anhaltende apokalyptische Visionen hat, die wissenschaftlich nicht erklärt werden können. Danach offenbart der alte Mann, daß

eine außenstehende Gruppierung die Mitglieder der Millennium-Gruppe zu manipulieren versucht, um ihre Auflösung einzuläuten, bevor er berichtet, daß die Nazis in den letzten Wochen des Zweiten Weltkriegs ein streng geheimes Projekt mit dem Codenamen ODESSA ins Leben riefen, um hochrangige SS-Offiziere in Länder südlich des Äquators zu bringen. Einer dieser Männer, Rudolf Axmann, half ODESSA in den achtziger Jahren, den Erzfeind Kommunismus zu besiegen. Nun hat ODESSA seine Aufmerksamkeit der Millennium-Gruppe zugewandt. In der Zwischenzeit findet Catherine heraus, daß Jim Ford tot ist. Aus Angst um ihre Sicherheit verläßt sie die Büros von Aerotech und eilt hinaus auf den Parkplatz, wo sie Frank über den Weg läuft. Er erklärt ihr, daß ODESSA seinen Widerwillen mitbekommen habe, der Millennium-Gruppe beizutreten, und sie von Aerotech angeheuert wurde, weil die Organisation so Zugang zu Frank bekommen wollte.
Gunsche ermordet unterdessen den alten Mann im Keller des gelben Hauses. Niedergeschlagen von dem schweren Verlust, entschuldigt sich Watts bei Frank und Lara für die Art, wie er sie behandelt hat. Er trifft den Entschluß, daß ODESSA zerstört werden muß. Als der Ältere, der die Position des alten Mannes übernommen hat, später auf der Beerdigung seines Vorgängers weilt, treten die Maßnahmen zur Vernichtung von ODESSA in Kraft. Gunsche wird von einer Autobombe getötet, Axmanns Haus in Paraguay in die Luft gejagt, Aerotech nach einer Razzia dichtgemacht. Einige Zeit darauf reist der Ältere zur abgelegenen Hütte des alten Mannes, wo er ein Paket öffnet, das dem Absender zufolge in Amman, Jordanien, abgeschickt wurde. In dem Paket befinden sich die versteinerten Überreste des Kreuzes der Kreuzigung Jesu Christi.

Kommentar

Nach dem mythisch abgehobenen »Owls« kehrt »Roosters« in vieler Hinsicht wieder mehr auf den Boden der Tatsachen zurück, indem einige Fragen, die in der letzten Episode aufgeworfen wurden, beantwortet werden und die Autoren noch einmal die wichtige Aufgabe der Millennium-Gruppe im ewigen Kampf von Gut und Böse unterstreichen. Wie bei Morgan und Wong üblich, sind die realen Hintergründe solide recherchiert, doch auch wenn die Energie und die Action des ersten Teils fehlen, halten sich Emotionen und Enthüllungen hier angenehm die Waage. Bedauerlich ist bloß, daß der alte Mann, von R. G. Armstrong als eine Art Obi-Wan Kenobi der Millennium-Gruppe gespielt, in »Roosters« ermordet wird; damit verliert *Millennium* nach Cheryl Andrews wieder eine seiner interessantesten Figuren. Gleichwohl macht »Roosters« vor allem durch seine emotionale Tiefe und das gezielte Ausarbeiten einzelner Charaktere deutlich, daß die Serie nach wie vor einige Asse im Ärmel hat.

MLM-217

»Siren«
Regie: Allen Coulter
Drehbuch: Glen Morgan, James Wong
US-Erstausstrahlung: 20.03.1998
Wertung: **MMM**

Gaststars

Terry O'Quinn (Peter Watts), Kristen Cloke (Lara Means), Stephen James Lang (Giebelhouse), Vivian Wu (Tamara), Ricky Cheng (Yee Chun), Colin Foo (Lo Fat), Cory Dagg (Stan), Tzi Ma (Youfook Law), Simon Wong (Chin), Derek Lowe (Ming), Heather McCarthy (Terri), Alannah Ong (Jennifer), Darryl Quon (Fung Lum), Mikela Mikael (Dinae)

Inhalt

Eine Polizeieinheit und Fahrzeuge der I.N.S. nähern sich einem Frachter, auf dem es von illegalen asiatischen Einwanderern nur so wimmelt. Kapitän Law beauftragt zwei Crewmitglieder, Yee Chun und Lo Fat, das »Monster zu töten«, das in einem der Frachtcontainer ist. Widerwillig nähern sich Chun und Fat mit Waffen in den Händen der Tür des Containers. Doch bevor sie ihre Aufgabe beenden können, werden sie gefangengenommen und unter Arrest gestellt. Die Männer warnen die Agenten, nicht in den Container zu gehen, da er etwas überaus Gefährliches enthalte. Die Männer ignorieren die Warnung und öffnen die Tür. Drinnen ist eine schöne Asiatin, mit Stahlketten gefesselt.

Während Jordan die Korridore des Krankenhauses entlanggeht, in dem ihre Mutter arbeitet, bemerkt sie die Asiatin in einem der Untersuchungsräume. Sie erklärt Catherine, daß sie etwas für die Frau tun müsse, da sie dabei helfen würde, Franks Leben zu retten. Catherine stattet ihrem Mann einen Überraschungsbesuch ab und unterbricht ein Treffen mit Lara Means. Sie wiederholt Jordans Geschichte über die mysteriöse Asiatin, die sein Leben retten wird, und übergibt ihm die Unterlagen der Frau. Der Profiler besucht das Lager, in dem die Einwanderer interniert sind. Yee Chun reagiert erschrocken, als er ihm ein Foto der Asiatin zeigt. Sofort ist Franks Interesse geweckt. Catherine und ein Übersetzer versuchen, mit der Asiatin zu reden, doch ihre Mühe ist vergebens, da sie einen unbekannten Dialekt spricht. Später sehen sich Frank, Lara und Detective Giebelhouse auf dem Frachter um, wo sie vier Leichen entdecken, die in Holzkisten versteckt wurden. Der Pathologe erklärt, daß alle Männer an Unterkühlung gestorben sind. Danach befragen sie Kapitän Law, Yee Chun und Chin. Alle drei geben verschiedene Versionen davon zum besten, wie die Frau an Bord des Schiffes kam. Law behauptet, er habe sie aus dem Wasser geborgen, während Yee Chun beschreibt, wie er sie und ein Crewmitglied, Fung Lum, in einer leidenschaftlichen Umarmung vorfand. Chin hingegen behauptet, sie sei einfach aus dem Nichts erschienen. Die Männer erklären, daß Lum auf der Überfahrt erfroren am Bug gefunden und bereits am nächsten Tag eine weitere Leiche entdeckt wurde. Da er um die Sicherheit der übrigen Männer fürchtete, kettete der Kapitän die Asiatin im Frachtraum an. Chin bricht in Tränen aus, als Giebelhouse ihm Fotos von den Toten zeigt, von denen einer sein Bruder war. Mit Hilfe der Datenbank der Gruppe analysiert Frank das Foto der Frau und ihre

Fingerabdrücke. Er findet heraus, daß Tamara Shui Fa Lee eine Chinesin aus Hongkong ist, die angeblich vor zehn Jahren, 1988, auf See verschollen ist. Frank glaubt, daß sie zehn Jahre lang tot war. Er stattet Tamara im Krankenhaus einen Besuch ab, die mit einemmal sehr gut Englisch spricht. Während der Unterhaltung erwähnt sie Dinge aus Franks Leben, die sie eigentlich gar nicht wissen kann, etwa, daß er den Polaroidmann getötet und seine Familie verlassen hat. Er weist ihre Annäherungsversuche harsch zurück und fährt nach Hause. Unterwegs hat er eine Vision von Tamara, die vor ihm mitten auf der Fahrbahn steht. Er steigt voll in die Bremsen und endet schließlich auf dem Seitenstreifen. Doch es ist keine Spur von ihr zu finden, deshalb fährt er weiter. Im gelben Haus essen Frank, Catherine und Jordan chinesisches Essen und genießen ihre Zeit zusammen. Als Frank nach oben ins Schlafzimmer geht, ist er überrascht, daß Catherine das Bett mit ihm teilt. Langsam beginnt er zu erkennen, daß er offenbar eine Art Alternativuniversum erlebt, wo er der Inhaber einer Privatdetektei und kein Mitglied der Millennium-Gruppe ist. Im Keller des gelben Hauses findet er den Gehenna Devil, der über Jordans Leiche gebeugt steht.
Zurück in der »realen« Welt, kämpfen Rettungssanitäter um das Leben von Frank, der, wie sich herausstellt, das Bewußtsein verloren hat, nachdem er die Vision von Tamara hatte und die Kontrolle über den Wagen verlor. Weil er einige Zeit dem Wind ausgesetzt war, leidet er an Unterkühlung. Als der Profiler schließlich wieder zu sich kommt, beschreibt er Lara seine Vision. Er glaubt, daß Tamara ihm einen Blick auf sein Leben gezeigt hat, wie es hätte sein können – oder sein wird. Doch er ist sich nicht sicher, ob seine Verbindung zur Gruppe wirklich Unheil über seine Familie bringt oder vielmehr hilft, sie zu beschützen. Er sucht Tamara auf, die mittlerweile zu demselben Lager gebracht wurde, wo Kapitän Law und die Crew des Frachters untergebracht sind. Law, Chin und Lo Fat tun sich zusammen,

um sie zu töten. Nachdem sie versehentlich eine falsche Frau ermordet haben, lauern sie Tamara auf, die die Männer dazu bringt, sich gegenseitig zu attackieren. Frank rettet sie vor den Seeleuten, doch als er ihr Fragen über die Gruppe stellen will, und darüber, wie er sich verhalten soll, spricht sie wieder in einem unbekannten chinesischen Dialekt. Er erkennt, daß sie die Antworten auf seine Fragen nicht besitzt – oder sie ihm nicht geben will.

Kommentar

Manchmal gibt es Episoden, über die man eigentlich gar nichts weiter sagen kann, weil es im Grunde keine besonders guten oder schlechten Teile gibt, die man hervorheben müßte. »Siren« aus der Werkstatt von Glen Morgan und James Wong ist so ein Fall. Die Folge rauscht zwar ohne große Überraschungen über den Bildschirm, ist auf der anderen Seite aber so solide geschrieben, gespielt und inszeniert, daß das nicht weiter ins Gewicht fällt. »Siren« ist einfach nur eine schnörkellose, geradlinige kleine Episode ohne nennenswerte Höhen und Tiefen, die eine Dreiviertelstunde akzeptable Unterhaltung bietet.

MLM-218

»In Arcadia Ego«
Regie: Thomas J. Wright
Drehbuch: Chip Johannessen
US-Erstausstrahlung: 03.04.1998
Wertung: **MMMMMM**

Gaststars

Mary-Pat Green (Sonny), Missy Crider (Janette), Dean McKenzie (John Bayton), Steve Oatway (Chris Taylor), Ed Lauter (Warden Kellard), David Jean-Thomas (Captain Stephens), Ronald Selmour (Ernie Shiffer), Wanda Wilson (Jennifer Bayton)

Inhalt

Im Garrison-Frauengefängnis überwältigen Juliet »Sonny« Palmer und ihre Zellenmitbewohnerin Janette Viti einen der Wächter, stehlen seine Uniform und bahnen sich ihren Weg zum Wachraum. Dort überraschen sie einen weiteren Beamten und zwingen ihn, seine Uniform auszuziehen. Während der Wächter ihrem Befehl nachkommt, greift er nach seinem Knöchelholster und schießt auf Janette. Sonny schnappt sich einen Schlagstock und schlägt den Mann zusammen. Als sie aufhört, erkennt sie, daß Janette unverletzt ist. Sie betrachten die Kugel, die auf das Abzeichen an der Uniform getroffen ist und dabei abgeflacht wurde; darauf ist etwas zu erkennen, das die

»Was mich erschreckte, das kam über mich. Wovor mir bangte, das traf mich auch. Noch hatte ich nicht Frieden, nicht Rast, nicht Ruhe, fiel neues Ungemach mich an.« Hiob 3, 25–26

Frank Black und die geheimnisvolle *Millennium Group* kämpfen unablässig gegen das Böse an, das die Welt immer mehr zu verschlingen droht.

Silhouette eines Gesichts zu sein scheint. Später trifft sich Frank Black im Gefängnis mit dem Direktor Kellard. Kellard klärt den Profiler über Sonnys Straftaten auf und berichtet, daß sie ihren Stiefvater mit einer Eisenstange erschlagen hat, ihren Ehemann mit einem Kaminbock umbrachte und nun einen Wächter zu Tode prügelte. Frank sieht sich eine Karte der umliegenden Gegend an. Er nimmt an, daß die Frauen ihren Fluchtwagen so bald wie möglich zurücklassen werden. Gleichwohl ist er verwirrt darüber, warum Sonny beschlossen hat zu fliehen, wenn sie in vier Monaten zur Entlassung auf Bewährung in Frage käme. Sonny und Janette überwältigen unterdessen einen Autofahrer, Chris Taylor, und bemächtigen sich des Wagens. Sie fahren zu einem abgelegenen Haus und sind enttäuscht, daß niemand daheim ist. Sie fahren weg, während Taylor hinten zwischen den Rücksitzen liegt.

Frank studiert Sonnys Unterlagen. Er kommt zu dem Schluß, daß sie nur Gewalt anwendet, um andere Menschen zu beschützen; so hat ihr Stiefvater ihre jüngere Schwester mißbraucht, und in der Nacht, in der sie ihren Mann tötete, erlitt sie eine Fehlgeburt, vermutlich, weil ihr Gatte sie schlug. Er nimmt an, daß Sonny ausgebrochen ist, um ihre Freundin Janette vor etwas oder jemandem zu schützen. In dieser Nacht mieten die beiden ein Zimmer in einem Motel. Als Janette sich im Spiegel betrachtet, sehen wir, daß sie hochschwanger ist. Ein Angestellter des Motels entdeckt Chris Taylor gefesselt und geknebelt im Zimmer der Ausbrecherinnen. Nachdem Sonny und Janette sich aus dem Staub gemacht haben, berichtet er Frank, Watts und Kellard von Janettes Schwangerschaft. Der Profiler vermutet, daß einer der Wärter der Vater des Kindes ist. Er konzentriert sich auf einen Afroamerikaner namens Ernie Shiffer, der auch zugibt, Janette in der Krankenstube vergewaltigt zu haben, als sie unter dem Einfluß von Beruhigungsmitteln stand. Janette und Sonny suchen eine Klinik auf. Eine Ultraschalluntersuchung ergibt, daß es Komplikationen bei der Schwangerschaft gibt, aber bevor ein Arzt Junette dies mitteilen kann, erfährt Sonny, daß der Wächter, den sie im Gefängnis zusammengeschlagen hat, an seinen Verletzungen gestorben ist, woraufhin das Paar das Krankenhaus hastig verläßt. Watts erklärt Frank, daß Janette verbluten könnte, wenn sie außerhalb des Hospitals und ohne medizinische Hilfe entbunden werden sollte. Schließlich kommt Frank dem Haus auf die Spur, das die Frauen zuvor besucht haben. Als er dort ankommt, rast ein Wagen mit Sonny hinter dem Steuer auf ihn zu. Im letzten Moment weicht sie aus und verfehlt Frank. Kurz darauf setzen bei Janette die Wehen ein. Frank findet heraus, daß Sonny früher bei einem Güterbahnhof in der Stadt gearbeitet hat. In der Annahme, daß das Paar versuchen wird, mit einem Zug zu fliehen, fährt er dorthin. Er kann den betreffenden Zug tatsächlich ausfindig machen, mit dem Sonny und Janette sich aus dem Staub machen wollen, doch Sonny kann ihn überrumpeln und nimmt ihn als Geisel. Frank erklärt, daß er weiß, wer Janette vergewaltigt hat. Außerdem informiert er sie über Janettes kritischen Zustand. Sonny entgegnet, daß das Baby ein »Wunderkind« sei – Gottes Kind. In einem Güterwaggon setzen sich Janettes Wehen fort, ebenso wie ihre Blutungen. Watts begleitet ein SWAT-Team zu dem Bahnhof, wo die Männer den Waggon umstellen. Als Sonny Franks Handy benutzt, um einen Arzt zu rufen, verbindet Watts sie mit einer Krankenschwester in der Klinik. Die Schwester versucht Janette klarzumachen, daß sie kein Kind Gottes erwartet, sondern bloß ohne ihr Wissen von einem der Wärter vergewaltigt wurde. Als Janette reagieren will, reißt Sonny ihr das Handy aus der Hand und fordert sofortige medizinische Hilfe. Zwei Polizisten ziehen die Uniformen von Sanitätern über und begeben sich zu dem Waggon. Doch Frank greift ein, indem er Sonny rät, ihre Taschen zu durchsuchen und kein Ziel für Scharfschützen abzugeben. Als sie erkennt, daß Frank auf ihrer Seite ist, schneidet sie das Klebeband durch, mit dem seine Hände gefesselt sind. Frank hilft dabei, Janettes Kind auf die Welt zu bringen, wobei sich herausstellt, daß es helle Haut hat, was nahelegt, daß Shiffer nicht der Vater ist. Bevor Janette an dem Blutverlust stirbt, gesteht sie Sonny, wie sehr sie sie liebt. Kurz darauf verläßt Sonny den Waggon. Sie provoziert die Cops, das Feuer zu eröffnen, indem sie plötzlich die Hand aus der Tasche zieht, als hätte sie eine Waffe. Sie stürzt tot zu Boden. Frank kehrt zu dem Haus zurück, wo.Sonny und Janette hingefahren sind, und trifft dort John und Jennifer Bayton, ein afroamerikanisches Paar in mittleren Jahren. Die beiden erzählen ihm, daß sie für Sonny und Janette gebetet haben, die sie als »vergessene Menschen« bezeichnen, welche die Hand Gottes am dringendsten brauchen. Eine Schwester steigt aus Franks Wagen und tritt mit dem Baby vor. Mrs. Bayton nimmt das Kind und wiegt es sanft in den Armen. Unterdessen entdeckt Frank den Umriß des Gesichts auf der abgeflachten Kugel; es stimmt genau mit einer Radierung im Haus der Baytons überein, die die Jungfrau Maria zeigt.

Kommentar

Wenn Chip Johannessen, der nachweislich für einige der besten Episoden von *Millennium* verantwortlich zeichnet, sich an seinen Computer setzt und eine Geschichte über zwei aus dem Gefängnis entflohene Frauen schreibt, von denen eine wie einst die Jungfrau Maria ein Kind in sich trägt, ohne Verkehr gehabt zu haben, kann man sicher sein, daß dabei unterm Strich eine gelungene Episode herauskommt, und tatsächlich ist »In Arcadia Ego« ein Highlight der zweiten Staffel. Die Handlung legt ebensoviel Wert auf Dramatik wie auf Logik und schildert die Flucht von Sonny und Janette wie eine Odyssee durch eine fremde, wilde, trostlose Welt, zu der sie selbst nicht gehören. Das Ende ist erschreckend düster, wenn Janette an

Blutverlust stirbt und Sonny die Beamten provoziert, sie zu erschießen, um wieder mit ihrer Freundin vereint zu sein. Gleichzeitig gibt es aber wie so oft bei *Millennium* auch einen Hauch der Hoffnung, als die Baytons Janettes Kind zu sich nehmen und Frank klar wird, daß das Gesicht auf der Kugel dem der Jungfrau Maria gleicht. Mary-Pat Green (Sonny) und Missy Crider (Janette) liefern eine eindrucksvolle Vorstellung und heben »In Arcadia Ego« zusammen mit Lance Henriksen auch schauspielerisch auf ein Niveau, das man selbst bei einer qualitativ hochwertigen Serie wie *Millennium* nur selten findet. Kurzum: Ein Meisterwerk!

MLM-219

»Anamnesis«
Regie: John Kousakis
Drehbuch: Erin Maher, Kay Reindl
US-Erstausstrahlung: 17.04.1998
Wertung: **M**

Gaststars

Kristen Cloke (Lara Means), Genele Templeton (Clare), Kimberly Warnat (Maureen), Garry Davey (Ray McKenna), Jenny Mitchell (Lydia), Melanie Manuel (Kelly), Jessica Murdoch (Leslie), Gwynyth Walsh (Emma Shetterly), Eryn Collins (Shelly), John Pyper-Ferguson (Ben Fisher), John B. Lowe (Sam Hanes), Brendan Fletcher (Alex Hanes), Christopher Gray (Buddy)

Inhalt

Catherine eilt ängstlich den verlassenen Korridor einer High School entlang. In einem der Räume sind fünf Mädchen – Clare, Leslie, Shelley, Maureen und Kelly – zu einem Gebetskreis versammelt. Eine Gestalt öffnet die Tür des Klassenzimmers, holt eine Handfeuerwaffe hervor und richtet sie nach drinnen. Der Mann schießt. Schreie hallen durch die Schule.
Zwei Tage früher. In Rowan, Washington, trifft sich Catherine mit Emma Shetterly, der Vizedirektorin der örtlichen High School. Die

Kleinstadt wurde bis in ihre Grundfesten erschüttert, als fünf Studentinnen behaupteten, eine Vision der Jungfrau Maria gehabt zu haben. Emma wundert sich, warum eine solche heilige Vision ausgerechnet Mädchen erscheinen sollte, die in ihren Augen »unwürdig« sind. Die Anführerin der Gruppe, Clare, ist bereits einige Male in Schwierigkeiten gewesen. Catherine bemüht sich, das Vertrauen der Mädchen zu erlangen. Maureen erzählt, wie ihre Freundinnen während der Predigt von Reverend Sam Hanes ihre Vision erlebten. Kurz darauf wird Catherine von Hanes' Sohn Alex aufgesucht. Alex will eine eigene Version der Ereignisse zum besten geben; er behauptet, daß die Mädchen seinen Vater während der Messe unterbrochen hätten. Als Hanes ihnen daraufhin seine Aufmerksamkeit schenkte, hatte Clare die »Vision«. Alex behauptet, daß Clare weit davon entfernt sei, göttlich zu sein. Später, als Catherine noch einmal mit Emma spricht, kommt Lara Means hinzu. Lara informiert die beiden Frauen darüber, daß die Millennium-Gruppe im Lauf der Jahre eine Reihe ähnlicher Erscheinungen untersucht hat. Obwohl es zuerst Reibungen zwischen Lara und Catherine gibt, beginnt das Eis langsam zu schmelzen, als sie die fünf Schülerinnen bei einem Gebetstreffen beobachten. Lara wechselt einen seltsamen Blick mit Ben Fisher, einem Dramalehrer, der sich um Clare kümmert. Als das Treffen weitergeht, setzt Alex sich mit Clare über die Rezitation einer Passage auseinander, von der sie behauptet, sie stamme aus der Bibel. Clare fährt fort und spricht dabei die Worte »der Anfang und das Ende«, dieselben Worte, die damals der Polaroidmann benutzt hat (siehe »The Beginning and the End«). Catherine ist verwirrt. Als sie später mit Clare spricht, weiß das Mädchen noch mehr über den Polaroidmann zu enthüllen. Lara hat eine Vision, bei der sie eine Frau mit einem Umhang in der Nähe von Bäumen stehen sieht. Später diskutieren sieund Catherine über Clare. Während Lara glaubt, daß Clare eine Seherin ist, meint Catherine, daß das Mädchen sie mit einem

Trick hinters Licht führen wolle. Doch Lara erklärt, daß die Worte, die Clare rezitiert hat, aus gnostischen Texten stammten, die damals aus der Bibel herausgenommen wurden, weil sie den Gedanken verbreiteten, daß Maria Magdalena der einzige Apostel war, der wirklich die Lehren von Christus verstand.

Lara und Catherine treffen sich mit Clares Vater Ray. In Clares Schlafzimmer finden sie zahlreiche Bücher, die sie von Ben Fisher erhalten hat. Ray glaubt, daß Ben der einzige sei, der aufrichtig am Wohl seiner Tochter interessiert ist. Dann entdecken die Frauen bei Clare eine schwarze Jungfrau, eine Statue, die mit Naturphänomenen in Zusammenhang gebracht wird. Laut Legende soll die Figur schwerer werden, wenn man versucht, sie gegen ihren Willen zu bewegen. Tatsächlich muß Catherine feststellen, daß sie die Figur nicht heben kann. Einen Moment später läuft Clare ins Zimmer und hebt die Statue problemlos hoch, um sie wie eine Puppe zu wiegen. Ray telefoniert mit Catherine und informiert sie darüber, daß Clare und ihre Freundinnen verschwunden sind. Lara und Catherine beginnen, die umliegenden Wälder zu durchsuchen. Während ihrer Wanderung erklärt Lara, daß die Vision, die die Mädchen hatten, nicht von der Jungfrau Maria handelte, sondern von Maria Magdalena. Später treffen die beiden Frauen auf die Mädchen, die in einer Höhle stehen. Es kommt zu Streitigkeiten. Ben stürzt sich auf Lara, doch sie stoppt ihn mit einem eindrucksvollen rechten Haken; er wird festgenommen. Später tauft Reverend Hanes gewaltsam vier der Mädchen, da er glaubt, daß dies der einzige Weg sei, ihre »Gottlosigkeit« zu beenden. Doch als Clare an der Reihe ist, erscheint die verschwommene Form der Frau mit dem Umhang im Taufwasser. Alle Anwesenden sind fassungslos. Später tritt Lara Ben gegenüber. Ben, so wird enthüllt, ist ein Mitglied der Family, einem ehemaligen Teil der Millennium-Gruppe. Er ist Clares Beschützer und hilft ihr, ihre Kräfte zu leiten und damit umzugehen. Er wirft Lara vor, eifersüchtig zu sein, weil sie nicht »solches Glück« hatte. Catherine erfährt, daß Ben Fisher aus der Haft entlassen wurde. Sie fürchtet, daß er Clare irgend etwas antun wird, doch Lara warnt sie, sich nicht einzumischen. Als Catherine erfährt, daß Clare sich bei einem weiteren Gebetstreffen befindet, fährt sie zur High School. Sie sieht, wie die bewaffnete Gestalt den Klassenraum erreicht (siehe Teaser). Es ist Alex. Er eröffnet das Feuer und wird einen Moment später von Catherine angegriffen. Er brüllt, warum Jesus Clare mehr liebt als ihn. Als Catherine wieder auf die Füße kommt, erkennt sie, daß die Kugel anstatt Clare Ben Fisher getroffen hat, der sich direkt in die Schußlinie geworfen hat. Fisher stirbt. Später erklärt Lara ihr, daß ein Opfer notwendig war, um gewisse Ereignisse in Bewegung zu setzen. Sie zeigt Catherine zwei DNA-Untersuchungen – eine von Clare McKenna, die andere vom Turiner Leichentuch. Die Analysen stimmen perfekt überein. Lara enthüllt, daß einige glauben, daß Clare ein Nachkomme von Jesus Christus und Maria Magdalena sei. Sie übergibt Catherine die Mappen mit den DNA-Analysen und läßt sie darüber entscheiden, ob die Welt die »Wahrheit« erfahren soll.

Kommentar

Obwohl »Anamnesis« auf einer faszinierenden Idee beruht, wird die Umsetzung der Episode sowohl im Hinblick auf das Drehbuch als auch rein technisch gesehen zum Verhängnis. Die Geschichte dümpelt ohne Überraschungen oder gar Spannung dahin und zieht sich in die Länge wie ein Kaugummi. Die endlosen Diskussionen zwischen Catherine und Lara verlaufen ohne einen bestimmten Fokus und tragen nicht das geringste zur Handlung bei. Auch die Charakterisierungen der beiden Frauen passen nicht zu dem, was wir sonst über sie wissen. Während Lara wie eine verwirrte Idiotin auftritt, der man nicht zutraut, sich die eigenen Schnürsenkel zu binden, wirkt die sonst so gesittete, ruhige Catherine wie eine unflätige Schlampe. Doch das Schlimmste ist zweifellos der Schluß, da durch die Einführung der »Family«, einem Ableger der Gruppe, der Konflikt zwischen den Owls und den Roosters, der in dem Zweiteiler »Owls«/»Roosters« zuvor so überzeugend skizziert worden war, im nachhinein völlig unglaubwürdig wird, weil man sich unwillkürlich fragt, wo denn die »Familie« war, als es um das Kreuz Christi ging, wohl eine der bedeutendsten Reliquien überhaupt. Und nachdem sich die Episode durch diese ganzen Unzulänglichkeiten gequält hat und man vierzig Minuten lang nicht wußte, worum es eigentlich genau in der Geschichte geht, wird man in den letzten fünf Minuten förmlich mit Erklärungen überrollt. Wie schon »A Single Blade of Grass«, eine weitere Folge aus der Feder des glücklosen Autorenteams Erin Maher/Kay Reindl, kann auch »Anamnesis« in keinster Weise überzeugen und wird damit zum absoluten Tiefpunkt dieser qualitativ höchst wankelmütigen zweiten Staffel.

MLM-220

»A Room With No View«
Regie: Thomas J. Wright
Drehbuch: Ken Horton
US-Erstausstrahlung: 24.04.1998
Wertung: **MMMM**

Gaststars

Stephen J. Lang (Detective Giebelhouse), Sarah-Jane Redmond (Lucy Butler), Christopher Masterson (Landon Bryce), Timothy Webber (Mr. Bryce), Michael R. Coleman (Howard), Mariangela Pino (Teresa), Henri Lubatti (Stuart Sheslow)

Inhalt

In Oregon gräbt sich ein junger Mann seinen Weg frei aus einem Farmhaus und entkommt in die dunkle Landschaft. Er entdeckt am Straßenrand einen verlassenen Chevy Impala. Als er versucht, den Wagen zu starten, indem er die Motorhaube öffnet und den Motor kurzschließen will, erwacht das Auto mit einemmal zum Leben. Ein nicht näher zu erkennender Fahrer donnert über die Beine des jungen Mannes und beendet seine Flucht. Eine Frauensilhouette und ein langhaariger Mann nähern sich ihrem Opfer. Der Langhaarige wuchtet den schreienden Mann in den Kofferraum des Autos. Unterdessen treffen an der James K. Polk High School in Seattle zwei Freunde,

Landon Bryce und Howard Gordon, die Beratungslehrerin Teresa Roe. Während des Gesprächs drängt Bryce seinen Kumpel, sich für das College zu bewerben, obwohl Roe meint, daß Gordons Notendurchschnitt dazu zu mittelmäßig sei. Die Unterhaltung führt zu einem Streit, bis Landon Teresa beschuldigt, ihnen mit Absicht ihre Zukunft verbauen zu wollen. In dieser Nacht schleicht sich ein Eindringling in das Haus der Familie Bryce. Howard Gordon wird ermordet, Bryce entführt. Als Frank und Giebelhouse sich in die Ermittlungen einschalten, berichtet der Pathologe ihnen, daß Gordon allem Anschein nach an einem Herzinfarkt starb. Weitere neurologische Untersuchungen ergeben, daß der Infarkt durch Furcht ausgelöst wurde. Frank fährt zum Haus der Bryces und sieht sich in Landons Schlafzimmer um. Dort überkommt ihn eine Vision, die sich um den Gehenna Devil und Lucy Butler dreht, die Frau, die Bob Bletcher getötet hat. Unterdessen schleift der langhaarige Mann den gefesselten und geknebelten Bryce in ein abgelegenes Farmhaus irgendwo auf dem Land. Der Teenager wird in einen Raum geworfen, wo die mysteriöse Frau ihm sagt, daß sie ihn liebt. Nachdem sie weg ist, erkennt Bryce, daß er einen Zellenkameraden hat – den jungen Mann aus dem Teaser, der mit zerschmetterten Beinen in der Ecke liegt. Inzwischen versucht Frank beunruhigt, Jordan anzurufen, aber er kann seine Tochter nicht erreichen. Er erzählt Watts, daß seine Unruhe daher kommt, daß er die Gegenwart von Lucy Butler in Bryces Schlafzimmer gespürt hat. Watts gibt sich Mühe, ihn zu beruhigen, und erklärt, daß ein Mitglied der Millennium-Gruppe, Olson, alle Bewegungen von Lucy überwacht hat, seit sie aus Mangel an Beweisen bezüglich Bletchers Tod aus der Untersuchungshaft entlassen wurde. Kurz darauf fahren Frank und Peter zu Lucys letzter bekannter Adresse. Doch kaum sind sie dort, entdecken sie auch schon Olsons verrottenden Leichnam. Sie erkennen, daß Lucy Butler sich Zugang zu Olsons Akten der Millennium-

Gruppe verschafft hat und danach ihre eigenen Überwachungsprotokolle verfaßte. Unterdessen gelingt es Bryce, die Tür seiner Zelle aufzubrechen. Doch seine Flucht wird durchkreuzt, als der Gehenna Devil, der sich in den langhaarigen Mann verwandelt, ihn zu Boden schlägt und zurück in den Raum schleift. Lucy Butler wiegt Bryces Kopf im Schoß und beginnt damit, ihn einer Gehirnwäsche zu unterziehen.

Frank kommt zu dem Schluß, daß die beste Möglichkeit, Bryce aufzuspüren, darin besteht, mit Teresa Roe zu sprechen, da die Auseinandersetzung zwischen ihr und den Teenagern so laut war, daß sie auch außerhalb des Büros Aufmerksamkeit erregte. Bei der Unterhaltung bemerkt Frank, daß Roe die Vergangenheitsform benutzt, wenn sie von Landon Bryce spricht. Nach dem Treffen untersuchen er, Giebelhouse und Watts ihren Hintergrund. Sie finden heraus, daß überall, wo sie an einer Schule unterrichtete, Schüler verschwunden sind. Frank vermutet, daß es sich dabei um Teenager wie Bryce handelt – Kinder mit durchschnittlichen Noten, die aber das Potential besitzen, es einmal zu etwas zu bringen. Unterdessen gelingt es Bryce, das Vertrauen des überfahrenen Burschen zu gewinnen, der mental so verwirrt ist, daß er sich nicht einmal an seinen eigenen Namen erinnert. Bryce entdeckt, daß es einen Tunnel gibt, der unter der Farm verläuft, denselben Tunnel, den der junge Mann zuvor benutzt hat, um aus dem Farmhaus zu fliehen. Er überzeugt ihn davon, mit ihm zusammen auszubrechen. Sie bahnen sich ihren Weg durch den Tunnel, doch als sie auf der anderen Seite herauskommen, stellen sich ihnen Lucy und der langhaarige Mann in den Weg. Zurück in der Zelle, trichtert Lucy Bryce ein, daß er mittelmäßig sei – ein gewöhnlicher Teenager –, und je rascher er sich mit diesem Gedanken abfinde, desto besser sei es für ihn. Unterdessen legt Teresa bei einer Unterhaltung mit Frank, Watts und Giebelhouse dieselbe Auffassung über Leistung an den Tag wie bei ihrem Gespräch mit

Bryce und Gordon. Als sie den Namen Kate Lynn ins Spiel bringen, gibt sie zwar vor, nichts damit anfangen zu können, doch es zeigt sich, daß sie in Wirklichkeit selbst Lynn ist, eine einst vielversprechende Studentin. Frank fordert sie auf, sich der Polizei zu stellen. Die verängstigte Teresa enthüllt den Standort von Lucys Farm. Kurz darauf durchsucht die Polizei das Anwesen und befreit die vielen Teenager, die Lucy Butler entführt hat, darunter auch Bryce und seinen Zellengenossen. Als der überfahrene junge Mann von Sanitätern weggebracht wird, bemerkt er ein Foto von sich selbst, das mit der Aufschrift Marshal Lee Lambert versehen ist. Doch er erkennt seinen eigenen Namen nicht. Frank weist die Beamten an, überall nach Lucy zu suchen, aber sie wird nicht gefunden. Später ruft er erneut bei Jordan an. Als sie wieder nicht zu Hause ist, hinterläßt er eine Nachricht auf dem Anrufbeantworter, in der er zum Ausdruck bringt, wie sehr er seine Tochter liebt.

Kommentar

»A Room With No View« markiert die längst überfällige Rückkehr von Lucy Butler und zieht eine geschickte Parallele zu der Episode »Gehenna« aus der ersten Staffel, wo Eedo Frank Black erklärt, daß die Menschen nur Nummern seien und der Teufel sie alle kennen würde. Auch Lucys Motive, die Kinder zu entführen, fügen sich nahtlos in den apokalyptischen Kontext der Serie ein. Es sind Teenager, in denen das Potential steckt, in der Zukunft einmal Großes für die Menschheit leisten zu können. Indem sie ihren Geist bricht und sie »gewöhnlich« macht, nimmt sie ihnen dieses Potential und zerstört damit gleichzeitig einen Teil von unser aller Zukunft, die durch die Ambitionen und Ideen der nächsten Generation gestaltet wird. Nur das Ende der Folge kommt zu hastig und hätte ein wenig mehr Raum benötigt, um zu überzeugen. Abgesehen davon ist »A Room With No View« allerdings eine gut geschriebene und solide inszenierte Episode, die fast wie ein klassischer Horrorfilm daherkommt und auch nach dem zweiten Anschauen durchaus noch unterhalten kann.

MLM-221

»Somehow, Satan Got Behind Me«
Regie: Darin Morgan
Drehbuch: Darin Morgan
US-Erstausstrahlung: 01.05.1998
Wertung: **MMMMM**

Gaststars

Dick Bakalyan (Abum), Bill Macy (Blurk), Alex Diakum (Greb), Wally Dalton (Toby), Stephen Holmes (Perry), Michael Sunczyk Bill MacKenzie (Brock), Dan Zukovic (Waylon)

Inhalt

Nachdem er morgens Zeitungen in einem Wohnviertel ausgeliefert hat, begibt sich ein Mann namens Abum zu einem Doughnutladen. Dort verärgert der mürrische alte Bursche einen Angestellten mit seiner reizbaren Art so sehr, daß er in Abums Kaffeetasse pinkelt. Abum geht zu einem Tisch, wo er sich zu drei anderen Männern gesellt: Blurk, Greb und Toby. Als das Quartett plötzlich die Gestalt von Teufeln annimmt, erkennt Abum, daß der Angestellte in seinen Kaffee gepinkelt hat. Die Teufel lachen vergnügt darüber. Später jammert Blurk, daß es dem gegenwärtigen Jahrhundert an Persönlichkeiten mangeln würde. Er illustriert seinen Standpunkt, indem er eine Geschichte erzählt, wie er sich mit einem jungen Mann namens

Perry traf, dem das Wort Serienkiller praktisch auf die Stirn geschrieben stand. Sich als Anhalter ausgebend, macht sich Blurk an Perry heran und beginnt mit ihm eine Unterhaltung über Serienmörder. Perry holt eine kleine Teufelsstatue hervor und stellt sie auf das Armaturenbrett seines Vans mit der Bemerkung, daß Johnnie Mack Potter, der »produktivste« Serienkiller der Vereinigten Staaten, sie im Gefängnis angefertigt habe. Blurk erklärt, daß er ebenfalls Erinnerungsstücke von Mördern sammelt, und meint zu Perry, daß er sämtliche Eigenschaften eines klassischen Serienkillers besitzt. Er bestärkt ihn in seinem »Talent« und drängt ihn, die Karten auszuspielen, die das Leben ihm zugedacht habe. Kurz darauf beginnt Perry, Prostituierte zu ermorden, und bekundet schließlich seine Absicht, Potters »Rekord« zu brechen. An diesem Punkt schließlich schaltet sich Frank Black in die Ermittlungen ein. Während er sich mit dem Fall beschäftigt, sieht Frank Blurk in seiner Gestalt als Teufel, was ihn offenbar zutiefst verwirrt. Gelangweilt von den Morden, gab Blurk den Behörden letztlich einen Hinweis, der zu Perrys Verhaftung führte. Ironischerweise endete Perry in einer Zelle mit seinem Idol Johnnie Mack Potter, der ihn erdrosselte, um auch weiterhin der ungekrönte König der Serienkiller zu bleiben. Danach ist Abum an der Reihe, seine Geschichte zu erzählen, darauf beharrend, daß die Arbeit eines Teufels im Grunde nicht länger notwendig sei, weil die Menschheit einen Weg gefunden habe, ihnen die gesamte Arbeit abzunehmen. Er berichtet von der eintönigen Existenz eines Jedermanns namens Brock, der jeden Tag dieselbe langweilige Tagesroutine hinter sich bringt. Brock besucht ein Striplokal, was Abum zu der Schlußfolgerung veranlaßt, daß die Besucher dort schon so oft gesündigt haben, daß die Leidenschaft, die sie früher dazu trieb, solche Läden aufzusuchen, schon seit langem erloschen ist. Schließlich übernahm Abum es selbst, Brocks Leben aufzurütteln. Schließlich sprang Brock aus dem Fenster, weil er nicht fassen konnte, was er getan hatte. Während des Zwischenfalls bemerkte Frank Abums Teufelsgestalt, als er gerade seinen Wagen einparkte. Die Erwähnung des Profilers weckt bei den anderen Dämonen reges Interesse. Anschließend gibt Greb seine Story zum besten, in deren Mittelpunkt ein Fernsehzensor namens Waylon Figgleif steht. Waylon war der Meinung, daß die Last auf seinen Schultern ruhte, die Moral einer ganzen Nation aufrechtzuerhalten, und darum dachte Greb, daß es leicht wäre, ihn überschnappen zu lassen. Greb nahm die Gestalt eines Babys an und lief in Waylons Büro. Waylon vermutete, daß das Baby ein Beweis für seinen eigenen drohenden psychischen Zusammenbruch war, und beschloß, Dinge zu zensieren, die er im täglichen Leben entdeckte. Das Baby stattete ihm später einen zweiten Besuch ab und ermutigte ihn diesmal dazu zu töten. Waylon kam dem Befehl nach, indem er in Hollywood auf eine Studiobühne stürzte, wo zwei FBI-Agenten eben dabei waren, einen außerirdischen Leichnam zu obduzieren. Während ein Kameramann das Geschehen aufnahm, eröffnete er das Feuer und tötete mehrere Schauspieler, die die Außerirdischen spielten. An diesem Punkt schnippt Greb mit dem Finger und meint, daß es ebenfalls Frank Black war, der den Fall untersuchte. Greb schließt damit, daß er, indem er Waylons Seele verdammt habe, ebenso die Seelen von Millionen anderer Menschen verflucht habe – denn das Material des Massakers, das der Kameramann aufgenommen hatte, wurde von einem anderen TV-Sender als Bericht mit dem Titel »When Humans Attack!« (»Wenn Menschen angreifen!«) gesendet. Die anderen Teufel reagieren alarmiert, als Toby verkündet, daß Frank weiß, wer sie seien. Dann erzählt er seine Geschichte. Sie beginnt in einem Striplokal, wo ein naiv aussehender Jüngling sich umdreht und Toby mit blankem Entsetzen mustert. Toby wird klar, daß der Junge nicht seine Teufelsgestalt sieht, sondern sich selbst, seine potentielle Zukunft. Um den vielversprechenden Moment nicht verfliegen zu lassen, bezahlt er eine Stripperin mit

Namen Sally, ihren Hintern auf seinem Schoß kreisen zu lassen. Toby und Sally erkennen, daß sie wie zwei verlorene Seelen sind, die sich gefunden haben. Eines Nachts sieht Sally Tobys wahre Erscheinung, seine Teufelsgestalt, als er im Bett liegt. Doch sie vergibt Toby seine »Fehler«. Er nimmt sie mit zu dem Doughnutladen, wo er um ihre Hand anhält – aber in letzter Sekunde ändert er seine Meinung und beendet die Beziehung. Später begab er sich zu Sallys Apartment, wo die Polizei inzwischen ihre Leiche entdeckt hatte, offenbar Opfer eines Selbstmords. Dort war es auch, wo Frank Toby als Teufel sah. Doch statt schockiert zu reagieren, meinte Frank bloß zu ihm, daß er schrecklich einsam sein müsse. Plötzlich dämmert den anderen Teufeln, die in dem Laden sitzen, daß dies zutrifft, daß sie die einsamsten Kreaturen auf Erden sind. Als das Quartett schließlich den Laden verläßt, lobt Abum in höchsten Tönen den Kaffee des Angestellten.

Kommentar

Mit »Somehow, Satan Got Behind Me« präsentiert Darin Morgan die zweite *Millennium*-Episode, bei der er sowohl für das Skript als auch für die Inszenierung verantwortlich zeichnet. Zwar bewegt sich die Geschichte so weit ab von den üblichen *Millennium*-Pfaden, daß man sich zuweilen des Eindrucks nicht erwehren kann, daß die Macher den Fokus der Serie etwas zu sehr aus den Augen verloren haben, doch im Endeffekt schafft Morgan es, alles in den richtigen Verhältnissen zu zeigen. Selbst die groteskesten Szenen bekommen unter seiner sicheren Hand einen gewissen seriösen Touch, und damit verhindert er, daß die Grundstimmung der Serie gebrochen wird – ein Balanceakt, den er bereits bei *The X-Files* mehrfach erfolgreich vollführt hat. »Somehow, Satan Got Behind Me« ist ausgesprochen amüsant und dabei angemessen düster und tragisch, beispielsweise, wenn sich Toby in eine Menschenfrau verliebt, letztlich aber dennoch ihr Leben zerstört, weil er nun mal ein Dämon ist. Man kann nur hoffen, daß Darin Morgan *Millennium* auch nach dem Abgang von Glen Morgan und James Wong zum Ende der zweiten Staffel treu bleiben wird, denn ohne ihn wäre die Serie um einiges ärmer.

MLM-222

»The Fourth Horseman« 1. Teil
Regie: Dwight H. Little
Drehbuch: Glen Morgan, James Wong
US-Erstausstrahlung: 08.05.1998
Wertung: **MMMMM**

Gaststars

Terry O'Quinn (Peter Watts), David Longworth (Duffy Deaver), Bill Dow (Dr. Schroeder), Leslie Hopps (Susan Davis), Boyan Vukelic (Greg Davis), Anna Hagan (Barbara Davis), Terence Kelly (Gordon Davis), Curtis Bechdholt (Tim Davis), Max Wyman (Group Member), Lindsay Bourne (Physiker), Gerry MacKay (Millennium-Physiker), Glenn Morshower (Richard Gilbert), Fred Henderson (Russell), Eileen Pedde (Dr. Miriam Greenwald)

Inhalt

1986. In Wisconsin entdeckt ein Farmer Tausende toter Vögel in seinem Hühnerhaus, wahre Bäche von Blut umgeben die Käfige. Er läuft zum Telefon, bricht jedoch vorher zusammen. Schwarze Pusteln bilden sich über seinen Lymphknoten. In der Gegenwart erhält Frank unterdessen Besuch von dem Ex-FBI-Agenten Richard Gilbert. Er offeriert dem Profiler die Möglichkeit, in sein »Sicherheitsdreamteam« einzusteigen, das er »The Trust« nennt. Ihre Unterhaltung wird

jäh unterbrochen von der Neuigkeit, daß Franks Vater Henry gestorben ist. Frank, Catherine und Jordan gehen zur Beerdigung, wo Jordan Fragen über den Tod stellt. Als Frank nach Hause kommt, beschließt er, Lara Means zu kontaktieren, doch seine Nachrichten werden nicht beantwortet. Die Leiche eines zweiunddreißig Jahre alten Mannes namens Jason Molgilny wird am Ufer eines abgelegenen Sees entdeckt. Offenbar wurde Blut über die Leiche geschüttet, doch es gibt Hinweise darauf, daß etwas nicht mit rechten Dingen zugeht. Der Pathologe Dr. Schroeder stellt fest, daß das Opfer in seinem eigenen Blut ertrunken ist, möglicherweise aufgrund einer Virusinfektion, die seinen Körper innerhalb von Minuten überwältigt hat. Er ordnet an, daß jeder, der in Kontakt mit der Leiche kam, auch Frank und Watts, bis zu einer Blut- und Gewebeprobeanalyse unter Quarantäne gestellt werden. Während Frank in seiner Quarantänezelle sitzt, ruft er Peter an und wirft ihm und der Millennium-Gruppe vor, zu wissen, was hinter dem Tod des jungen Mannes steckt. Während des Gesprächs beginnt Watts, Passagen aus dem Buch der Offenbarung mit fast psychotischer Inbrunst zu rezitieren. Kurz darauf betritt eine Gruppe Ärzte in Schutzanzügen Franks Zelle. Einer der Männer erweckt in ihm Unruhe, doch er ist nicht in der Lage, den Grund dafür zu bestimmen. Später kommt ein Arzt in einem einfachen Laborkittel herein. Er erklärt, daß sowohl Frank als auch Watts gesund zu sein scheinen und man in ihrem Blut keine Infektionsträger festgestellt habe. Nachdem er aus der Quarantäne entlassen wurde, meint Frank zu Richard, daß er sein Angebot annehmen und bei »The Trust« mitmachen wolle. Gleichwohl erklärt er, daß er die Gruppe nicht verlassen könne, ohne seinen Freunden bei diesem seinen letzten Fall zu Hilfe zu kommen.
Als die Familie Davis ein Hühnchengrillfest genießt, bekommen mehrere Leute plötzlich Anfälle. Einer nach dem anderen stürzt zu Boden, und es sieht aus, als würden sie Blut schwitzen. Catherine

berichtet Frank, daß Jordan wiederkehrende Alpträume von einer Gruppe »böser Männer« hat, die in einen Dschungel eindringen. Kurz darauf tauchen laut Jordan blutbefleckte Affen auf den Bäumen auf, bevor die Welt nur noch aus ihr und ihren Eltern zu bestehen scheint, die in einer Hütte in den Wäldern leben. Catherine ist ratlos, wie ein sechs Jahre altes Mädchen sich solche Dinge zusammenphantasieren kann. Frank denkt über den Traum nach. Dann trägt er seiner Frau auf, einen Arzt zu suchen, dem sie vertrauen kann und der bereit ist, einige Tests mit ihm durchzuführen. Außerdem erklärt er, daß er das Gefühl habe, daß es sich bei der Millennium-Gruppe um eine Art Kult handelt. Da er um jeden Preis vermeiden will, daß Jordan ohne Vater aufwachsen muß, verspricht er Catherine, die Gruppe zu verlassen und in das gelbe Haus zurückzukehren, wo sie wieder zusammen als Familie leben werden – sobald er diese letzte Aufgabe erledigt hat. Catherine arrangiert für ihn ein Treffen mit einem Arzt. Frank trägt dem Mediziner auf, einige Tests durchzuführen und die Ergebnisse geheimzuhalten. Unterdessen erledigt Richard Gilbert einen Überwachungsjob und stellt dabei fest, daß Watts mit Lara Means Kontakt aufgenommen hat. Frank fährt zu einem abgelegenen Ort, wo Lara angeblich leben soll. Nachdem er einen Sicherheitsmann überwältigt hat, pirscht er durch ein bewaldetes Gebiet und beobachtet mit dem Fernglas eine Szene, bei der Watts offenbar den Vorsitz einer Zeremonie führt mit dem Ziel, Lara in die Millennium-Gruppe aufzunehmen. Zurück in Seattle, kauft er Jordan einen Sittich, weil er glaubt, daß es ihr dabei helfen wird, mit ihren Gefühlen besser umzugehen. Er fragt sie nach ihren Träumen. Jordan meint, daß »wir die Affen in den Bäumen lassen« sollten. Schließlich nimmt Frank Kontakt zu Peter Watts auf. Er erzählt ihm, daß das mysteriöse Team in den Schutzanzügen ihnen einen Impfstoff injiziert hat, während sie unter Quarantäne standen. Außerdem erklärt er, daß die Gruppe nicht am Ende der Welt interessiert sei und daran, es zu verhindern, sondern vielmehr daran, die Erde zu beherrschen. Watts gibt zu, daß die Millennium-Gruppe nicht das ist, was sie zu sein scheint, und daß sie zu einem Zeitpunkt in sein Leben trat, als er am anfälligsten dafür war: Er hatte gerade die Leiche eines enthaupteten Jungen entdeckt, die in einem Gefrierschrank auf einem See trieb (siehe »The Beginning and the End«). Frank drängt Peter dazu, ihm dabei zu helfen, Nachforschungen über die Gruppe anzustellen. Watts entgegnet, daß er, sollte er dies wirklich tun und dabei entdeckt werden, er schon so gut wie tot sei. Er sagt den genauen Zeitpunkt eines Erdbebens voraus, das über Seattle hereinbrechen wird, und teilt Frank mit, daß dieser, sollte seine Vorahnung sich erfüllen, das Angebot der Millennium-Gruppe, ein vollständiges Mitglied zu werden, »ohne weitere Fragen oder Zweifel« akzeptieren müsse. Später in dieser Nacht erhält der Profiler einen Anruf von Lara Means. Sie erklärt ihm, daß es keinen Grund gebe, an der Gruppe oder ihren Absichten zu zweifeln. Plötzlich bricht die Verbindung ab … und Sekunden später erschüttert ein Erdbeben die Stadt, genau wie Watts gesagt hat. Als Frank durch das Haus geht, bemerkt er den Sittich seiner Tochter, der tot im Käfig liegt.

Kommentar

Von einem Staffelfinale erwartet man gewisse Qualitäten, die das hohe Niveau der »normalen« Folgen noch übertreffen, und im Gegensatz zum enttäuschenden »Paper Dove« kann »The Fourth Horseman«, eine Anspielung auf den vierten apokalyptischen Reiter, der die Pest symbolisiert, diese Erwartungen auf ganzer Linie erfüllen. Die Episode mischt die gesamte Serie auf und hält einige großartige Szenen für Lance Henriksen und Terry O'Quinn parat, der vor allem in den Flashbacks mit dem toten Jungen glänzt. Die Enthüllungen folgen einander dicht auf dem Fuß, und Franks Vorsatz, die Millennium-Gruppe zu verlassen, trägt zum richtungsweisenden Charakter der Folge bei. Alles in allem ist »The Fourth Horseman« ein gelungener Einstieg in das jährliche Serienfinale und zugleich ein Versprechen, das mit der grandiosen Fortsetzung »The Time Is Now« mehr als erfüllt wird.

MLM-223

»The Time Is Now« 2. Teil
Regie: Thomas J. Wright
Drehbuch: Glen Morgan, James Wong
US-Erstausstrahlung: 15.05.1998
Wertung: **MMMMMM**

Gaststars

Terry O'Quinn (Peter Watts), Kristen Cloke (Lara Means), David Longworth (Duffy Deaver), Glenn Morshower (Richard Gilbert)

Inhalt

Die Episode beginnt damit, daß Frank, Catherine und Jordan den toten Sittich begraben, was Jordan zu noch mehr Fragen über Gott und das Jenseits bringt. Später dringt ein Team der Millennium-Gruppe in Schutzanzügen in das Haus der Davis ein, die alle von einem geheimnisvollen Virus ausgelöscht wurden. Im Garten finden sich ein Dutzend tote Vögel.
Catherine, Frank und Jordan kehren zum gelben Haus zurück, doch Frank erkennt, daß es bei all dem Unglück, das mit dem Gebäude verbunden ist – der Tod von Bletcher und dem alten Mann –, vielleicht an der Zeit ist, sich ein neues Zuhause zu suchen. Kurz darauf erhält er mit der Post ein Schreiben, in dem ihm mitgeteilt wird, daß sein Vater ihm ein Häuschen in den Wäldern hinterlassen habe. Er

erzählt Catherine von Watts' Vorhersage, daß es ein Erdbeben geben werde. Obgleich er der Gruppe mißtraut, kann er nicht eher fortgehen, bevor er weiß, was die Zukunft mit sich bringt. Auf einem Parkplatz trifft er sich mit Richard Gilbert. Als Frank erklärt, daß er sich entschlossen habe, vorerst bei der Gruppe zu bleiben, warnt Richard ihn, daß sie selbst in diesem Augenblick unter Beobachtung der Gruppe stünden. Gilbert fährt davon, und kurz darauf tritt tatsächlich Mr. Lott aus den Schatten. Er erklärt, daß die Millennium-Gruppe kein Interesse am Leben eines einzelnen Individuums habe, sondern sich für die gesamte Menschheit verantwortlich fühle.

Am nächsten Morgen muß Frank feststellen, daß Richard offenbar die Kontrolle über seinen Wagen verloren hat, als er von ihrem Treffen wegfuhr, und bei einem Unfall umgekommen ist. Er sieht sich den Wagen an und sucht nach Beweisen, daß sich jemand an dem Fahrzeug zu schaffen gemacht hat. Peter Watts informiert ihn darüber, daß die Gruppe keine Schuld am Tod von Richard trifft. Außerdem erklärt er, daß er sich heimlich Zugang zur Datenbank der Millennium-Gruppe verschafft und dabei herausgefunden hat, daß das Virus Jahre zuvor von den Sowjets im Dschungel Afrikas entdeckt wurde. Auf genetischem Weg wurde die Wirkung verstärkt, um eine gefährliche biologische Waffe zu schaffen. Als die Sowjetunion schließlich fiel, wurde das Virus unabsichtlich freigesetzt und von Vögeln in die restliche Welt davongetragen. 1986 starben in Wisconsin ein Farmer und seine Hühner daran, doch wie die spanische Grippe 1918 verschwand das Virus auf mysteriöse Weise, ohne weitere Opfer zu fordern. Der Junge, der letzte Woche bei dem See starb, hat die Krankheit irgendwie wieder freigesetzt. Watts glaubt, daß die Gruppe bereits 1986 einen Impfstoff gegen das Virus entwickelt hat, jedoch nur soviel produzierte, um seine Mitglieder zu impfen, wie Frank und Watts während ihrer Zeit in Quarantäne. Frank trägt ihm auf, Lara Means zu finden und ihn in seinem Haus zu treffen. Als Watts später das Landhaus erreicht, wo sich Lara aufhält, wird er von Blaylock und anderen Mitgliedern der Gruppe empfangen. Während des darauffolgenden Handgemenges löst sich ein Schuß. Frank erhält einen Anruf und hört den Lärm des Kampfes, gefolgt vom Geräusch eines Autos, das sich entfernt. Mit Hilfe von Giebelhouse verfolgt er den Anruf zurück zu dem Landhaus. Lara hat inzwischen überwältigende Visionen der Apokalypse. Für einen Moment erwägt sie, ob sie sich selbst das Leben nehmen soll. Statt dessen schreibt sie etwas auf einen Briefumschlag. Frank bricht die Tür auf und stürmt herein. Lara, die so verwirrt ist, daß sie kaum noch weiß, was sie tut, zieht ihre Waffe und eröffnet das Feuer, wobei sie Frank nur knapp verfehlt. Sanitäter kommen hinzu und helfen ihm, Lara zu beruhigen. Als sie in einem Rollstuhl weggebracht wird, nimmt Frank den Umschlag mit seinem Namen, der eine Spritze mit dem Impfstoff gegen das Virus enthält. Er telefoniert mit Catherine und fordert sie auf, Reisevorbereitungen zu treffen. Anschließend fährt er zu der psychiatrischen Klinik, wo er mit Lara sprechen will. Er befragt sie über Watts' Schicksal, doch sie kann ihn nur mit leblosen Augen anstarren. Er dankt ihr für den Impfstoff, ehe er seine Familie zu der Hütte seines Vaters bringt. Dort erzählt er Catherine, daß die Menschen während der Jahre, in denen die schwarze Pest wütete, ihre Familien versammelten und in die Berge schickten, um ihnen die Chance zu geben, den Ausbruch der Krankheit in der Abgeschiedenheit der Wildnis zu überleben. Später, als Jordan im Bett ist, hört Catherine die Nachrichten, wo die Symptome des Virus detailliert beschrieben werden. Sie bittet Frank, sie zu töten, wenn sie sich infizieren sollte. Er erwidert, daß er dazu nicht fähig sei, und weiht sie in seinen Plan ein, sich in die Wälder zurückzuziehen, um dort in aller Abgeschiedenheit zu sterben, sollte er auch krank werden. Er holt die Spritze mit dem Impfstoff hervor und erklärt, daß er bereits geimpft wurde, die Spritze aber nur genügend Impfstoff für eine Person enthält. Catherine will, daß Jordan die Spritze bekommt. Später in dieser Nacht erwacht Catherine und entdeckt bei sich Symptome des Virus. Sie verläßt leise das Häuschen und geht hinaus in die Wälder. Frank findet Blut auf Catherines Kopfkissen und betrachtet verzweifelt den düsteren Wald. Am nächsten Morgen ist sein Haar komplett grau geworden. Während er seine Tochter in den Armen hält, überkommt ihn eine apokalyptische Vision, durchsetzt von Leidensrufen in verschiedenen Sprachen. Frank und Jordan bleiben in der abgelegenen Hütte zurück, allein und ungewiß, was die Zukunft für sie bereithält.

Kommentar

Unglaublich. Unheimlich. Fesselnd. Unbeschreiblich. Das sind die Worte, die einem bei »The Time Is Now« unwillkürlich in den Sinn kommen. Die finale Episode der zweiten Staffel kommt angedonnert wie eine U-Bahn mit Höchstgeschwindigkeit, doch Glen Morgan und James Wong schaffen es, sie trotz der sich überschlagenden Ereignisse, die einem kaum Zeit lassen, Atem zu holen, perfekt auf den Schienen zu halten. Peter Watts tot? Catherine Black, infiziert mit dem tödlichen Virus, allein in den Wäldern, vielleicht ebenfalls tot? Lara Means wahnsinnig? Den Autoren gelingt es, die Serie in nur fünfundvierzig Minuten zu einem wahren Crescendo zu steigern, um sie dann in tausend Teile zu zerschmettern und nichts übrigzulassen als Frank Black und seine Tochter, die sich in der Hütte im Wald ängstlich aneinanderklammern. Der einzige Schwachpunkt ist die Szene, in der Lara Means in den Wahn driftet, da die Zeit, die ihr hierfür zugestanden wird, einfach zu lang ist und fast wie ein Musikvideo anmutet. Doch der atemberaubende, grimmige Schluß macht dieses Manko mehr als wett und sorgt dafür, daß man die Zeit bis zum Beginn der dritten Staffel im Herbst 1998 voller Ungeduld verbringen wird.

Wie es weitergeht ...

Nachdem Chris Carter im Anschluß an die erste Staffel von *Millennium* wegen Streitigkeiten mit Fox Television das Handtuch warf und den Posten des Executive Producers an Glen Morgan und James Wong abtrat, kehren die Wong Brothers der Serie nun nach der zweiten Season ebenfalls den Rücken, um in Zukunft verstärkt Formate für den Fox-Konkurrenten CBS zu entwickeln, darunter auch eine neue Show mit dem Titel *Skip Chasers*, in der neben Arsenio Hall und George Eads auch »Lara Means« Kristen Cloke zu sehen sein wird. Damit ziehen Morgan und Wong die Konsequenzen aus dem Umstand, daß Fox ihrer geplanten Serie *The Notorious Seven* nach den eher lauen Quoten von *Space: Above and Beyond* das Plazet verweigerte und nicht einmal den Pilotfilm realisieren ließ. Auch *The Notorius Seven* soll nun bei CBS produziert werden und wird dort mit ziemlicher Sicherheit eines der Highlights der Season 1998/99 werden.

Dessen ungeachtet hat Fox inzwischen offiziell die dritte Staffel von *Millennium* in Auftrag gegeben, so daß in den Vereinigten Staaten ab September/Oktober 1998 neue Folgen zu sehen sein werden, auch wenn zum Redaktionsschluß dieses Buchs im Juni 1998 noch nicht klar ist, wer Morgan und Wong ersetzen wird. Gleichwohl geht das Gerücht, daß *Millennium* einige einschneidende Veränderungen erfahren wird, darunter auch eine mögliche Rückkehr von Frank Black nach Washington, D. C., um dort wieder beim FBI zu arbeiten. Auch sollen angeblich zwei junge FBI-Agenten als Nebencharaktere eingeführt werden. Daneben steht mit einiger Sicherheit bereits fest, daß Megan Gallagher, Kristen Cloke und Alan Zinyk (Brian Roedecker) in der nächsten Staffel wohl nicht zurückkehren werden. Doch welche Veränderungen *Millennium* auch immer durchmachen wird, man kann sich in jedem Fall sicher sein, daß die Zukunft für Frank Black nicht weniger aufregend sein wird als die Vergangenheit.

Danksagung

Wie üblich möchte ich an dieser Stelle die Gelegenheit nutzen, um all jenen Leuten zu danken, die mir dabei geholfen haben, dieses Projekt auf die eine oder andere Weise auf den Weg zu bringen. Als da wären: Joachim Körber, Peter Thannisch, Frank Festa, der immer hilfreiche Walther Wiesheier, der es stets aufs neue schafft, sein Scherflein zum Gelingen eines Buches beizusteuern, Christian und Erika Merke, der Thordsen-Clan, Rolf Burtzlaff, Jürgen Heinzerling sowie die *Millennium*-Fans in aller Welt, die ihrer Lieblingsserie durch zahlreiche Homepages im Internet Anerkennung und Bewunderung zollen und es mit Sicherheit nicht verdient haben, daß Fox Television seit zwei Jahren gerichtlich gegen viele von ihnen vorgeht, um sie dazu zu zwingen, ihre inoffiziellen Seiten zu schließen.

Darüber hinaus stehe ich einmal mehr in der Schuld meiner Familie, die mir die Möglichkeit dazu gibt, das zu tun, woran mein Herz hängt: Amir, Tina, Dariush, Kerem, Harvey, Wendell, Scully und – vor allem – meine Frau Margrit, ohne die nichts so wäre, wie es ist.

Doch mein größter Dank gebührt erneut Martin Janik vom Droemer-Knaur-Verlag für die ruhige, besonnene und engagierte Art, mit der er unsere zweite Zusammenarbeit bestritten hat. Selten zuvor habe ich einen Lektor kennengelernt, der es selbst angesichts des größten Termindrucks noch schaffte, eine solche Engelsgeduld an den Tag zu legen, daß der gestreßte Autor seine Arbeit in der Gewißheit zu Ende bringen konnte, Qualität statt Quantität abzuliefern. Gäbe es hierzulande mehr Redakteure, die so arbeiten, ginge es dem deutschen Buchmarkt vermutlich um einiges besser.

Andreas Kasprzak
8. Juni 1998